普通高等学历教育(本科)"法律法规"系列教材
"工商"企业在职岗位培训系列教材

律师与公证

侯春平　张　兴　主编
苑莹焱　侯　斌　副主编

清华大学出版社
北　京

内 容 简 介

本书根据国家律师法与公证政策制度改革的最新精神,结合实际案例、具体介绍了律师制度的产生发展、律师执业基本要求、律师权利与义务、律师执业机构、律师管理、律师收费与律师援助、律师执业规范与法律责任、刑事与民事诉讼律师辩护代理、行政诉讼中的律师代理、律师担任法律顾问、律师办理诉讼外业务等律师制度,以及公证制度与实务等知识,并通过实证案例分析讲解,以提高培养读者的应用能力。

本书具有知识系统、选材新颖、观点科学、案例真实、突出实用性、易于理解掌握等特点;因而本书既可作为普通高等院校法学专业本科生教学的首选教材,也可以作为其他相关专业的学习教材,并可用于律师事务所及从业者的在职教育岗位培训。

图书在版编目(CIP)数据

律师与公证 / 侯春平,张兴主编. —北京:清华大学出版社,2016(2022.1重印)
(普通高等学历教育(本科)"法律法规"系列教材 "工商"企业在职岗位培训系列教材)
ISBN 978-7-302-44798-6

Ⅰ. ①律… Ⅱ. ①侯… ②张… Ⅲ. ①律师制度—中国—高等学校—教材 ②公证制度—中国—高等学校—教材 Ⅳ. ①D926

中国版本图书馆 CIP 数据核字(2016)第 189741 号

责任编辑:方 洁
封面设计:常雪影
责任校对:王凤芝
责任印制:朱雨萌

出版发行:清华大学出版社
   网 址:http://www.tup.com.cn,http://www.wqbook.com
   地 址:北京清华大学学研大厦 A 座   邮 编:100084
   社 总 机:010-62770175   邮 购:010-62786544
   投稿与读者服务:010-62776969,c-service@tup.tsinghua.edu.cn
   质量反馈:010-62772015,zhiliang@tup.tsinghua.edu.cn
印 刷 者:北京富博印刷有限公司
装 订 者:北京市密云县京文制本装订厂
经 销:全国新华书店
开 本:185mm×230mm 印 张:18.25   字 数:364 千字
版 次:2016 年 11 月第 1 版   印 次:2022 年 1 月第 2 次印刷
印 数:3001~5000
定 价:36.00 元

产品编号:070572-01

丛 书 序 言 PERFACE

随着我国改革开放进程的加快和我国社会主义市场经济的快速推进,我国经济建设一直保持着持续高速增长的态势,已成为全球第二大经济体。经济发展越快,市场竞争越激烈,越是需要法律法规作保障,法律法规既是规则,也是企业的行为道德准则;法律法规在开拓国际市场、国际商务活动交往、防止金融诈骗、打击违法犯罪、推动民族品牌创建、支持大学生创业、促进生产、拉动内需、解决就业、推动经济发展、保证国家税改、改善民生、构建和谐社会等方面发挥着越来越大的作用。

目前我国正处于经济稳步发展与社会变革的重要时期,随着经济转型、产业结构调整、传统企业改造,涌现了大批旅游、物流、电子商务、生物医药、动漫、演艺、文化创意、绿色生态、循环经济等新型产业;为支持"中小微"型企业和自主创业发展,为与国际经济接轨、适应中国经济国际化发展趋势,近年来国家不断加大税制改革、调整财政与会计政策,并及时颁布实施了一系列新出台和修订的法律法规,包括劳动法、旅游法、商标法、税法、保险法等,以及企业会计准则、税收征管制度等政策规定,为的是更好地搞活经营、活跃市场、确保我国经济的可持续发展。

市场经济是法治经济,经济活动必须遵纪守法,法律法规执行与监管是市场经济的永恒主题。随着我国法律体系的逐步建立,全民都必须尊重严守法律法规,随着世界逐步纳入法制化轨道,所有企业也必须依法办事规范经营。当前,面对经济的快速发展、激烈的国际市场竞争、就业上岗的压力,更新观念、学习新法律法规,调整业务知识结构、掌握各项新的管理制度,加强在职从业人员的法律法规应用技能培训、强化法规道德素质培养已成为目前亟待解决的问题。

社会需求和市场呼唤有知识、会操作、能顶岗的实务型法律法规专业人才,本套书的出版不仅有力地配合了高等教育法律教学的创新和教材更新,而且也满足了社会需求,起到了为国家经济建设服务的作用;对依法治国、依法办事、依法经营,对加强法治观念、树立企业形象、提升核心竞争力、有效进行自我保护具有积极的现实意义。

本套教材作为普通高等教育本科院校法律法规课程的特色教材,以读者应用能力训练为主线,以科学发展观为统领,严格按照国家教育部关于"加强职业教育、突出实践技能与能力培养"的教育教学改革要求,依据各项法律法规的教学特点和人才培养目标,根据当前国际法制改革新的发展趋势,结合国家正在启动的毕业生就业工程,针对社会、市场、企事业单位对各种法律事务岗位用人的实际需求;我们组织多年从事法律法规相关课程教学的专家教授与具有丰富实战经验的律师事务所律师共同撰写。

本套教材包括《经济法》《商法》《海商法》《税法》《国际商法》《劳动与社会保障法》《金融法律法规》《保险法律法规》《会计法律法规》《电子商务法律法规》等教材。参与编写的单位有:吉林工程技术师范学院、北京物资学院、华北科技学院、北京联合大学、哈尔滨师范大学、北方工业大学、山西大学、首钢工学院、牡丹江大学、北京教育学院、燕山大学、北京城市学院、东北财经大学、北京财贸职业学院、厦门集美大学、北京朝阳社区学院、大连商务学院、北京西城社区学院、郑州大学、北京石景山社区学院、大连海事大学、北京宣武社区学院、浙江工业大学、大连工业大学等全国 30 多所高校。

由于本套教材紧密结合中国经济改革与发展实际、融入法律法规实践教学理念,坚持改革创新、注重与时俱进,有效解决本科法律教材陈旧、知识老化、数据案例过时、重理论轻实践等问题,具有选材新颖、知识系统、案例真实、贴近实际、通俗易懂等特点,并采取规范统一的格式化体例设计;因此既可以作为普通高等教育本科院校、高职高专院校相关专业法律教学课程的首选教材,也可以作为各类企事业机构从业人员的在职教育和岗位培训教材,对于广大社会社区居民也是非常有益的普法参考读物。

在教材编著过程中,我们参阅借鉴了大量国内外有关金融、财税等各项法律法规的最新书刊资料和国家新出台的政策法规及管理制度,并得到有关行业企业领导与专家教授的悉心指导,在此一并致谢。为配合本套教材的发行使用,特提供配套电子课件,读者可以从清华大学出版社网站(www. tup. com. cn)免费下载。希望全国各地区普通高等教育、高职高专院校积极选用本套教材,并请同行多提改进意见,以使教材不断完善与提高。

牟惟仲

2014 年 6 月

　　随着我国改革开放和市场经济进程的快速发展,随着我国复关入世,特别是"一带一路"战略的提出和实践,中国经济国际化趋势日益凸显;市场经济是法治经济,所有经济活动必须遵纪守法,依法办事,完善法律法规框架体系、优化内外部环境,对我国经济发展具有特别重要的作用。

　　目前我国正处于经济和社会转型时期,随着国家经济转轨、产业结构调整,涌现了旅游、物流、电子商务、生物医药、动漫、演艺等一大批新兴服务和文化创意产业;随着我国政府倡导全民创新、大众创业的兴起,出现了许多新的经济现象;伴随经济的大发展、随之也产生了各种经济纠纷,并具有多样性和复杂性,律师执业与公证不仅有效解决了这类问题,而且对保护企业和个人合法权益、促进社会和谐具有积极意义。

　　律师执业与公证是高校法学专业非常重要的专业核心课程,也是法律就业从业人员必须具备的关键知识技能。根据教育部关于高等学校法学教育的要求、依据该课程的教学大纲和我国现行律师制度和公证制度,并结合国内外的权威理论以及律师执业与公证实务中的一些问题,编写本书旨在更好地服务于我国高校法律教学实践和经济建设。

　　本书作为普通高等学历教育教材,坚持科学发展观,严格按照国家教育部关于"加强职业教育、突出实践能力培养"的教育教学改革要求,力求做到:一是与时俱进,吸收新的立法内容;二是注重研究性和实用性的结合,增加了教材的理论深度,并引导学生用新的理论去解决一些复杂的案例,以体现教材的写作特色。

　　全书共十四章、以学习者应用能力培养为主线,根据《律师法》与《公证法》以及党的十八届四中全会关于《中共中央关于全面推进依法治国若干重大问题的决定》确立的最新精神,结合实际案例、具体介绍:律师制度的产生和发展、律师执业基本要求、律师的权利和义务、律师执业机构、律师管理、律师收费和律师援助、律师的职业规范与法律责任、刑事和民事诉讼中的律师辩护及代理、行政诉讼中的律师代理、律师担任法律顾问、律师办理诉讼外业务等律师制度,以及公证制度与实务等知识,并通过实证案例分析讲解、培养提高学生的应用能力。

　　由于本书融入了律师与公证实务最新的实践教学理念,坚持改革创新、力求严谨、注重与时俱进,具有知识系统、选材新颖、观点科学、案例真实、突出实用性、易于理解掌握等特点;因此本书既可作为普通高等院校法学专业教学的首选教材、同时兼顾高职高专、应用型大学的教学,也可以用于律师事务所从业者的在职教育岗位培训;并为广大社会参加法律专业自学考试者提供有益的帮助和指导。

　　本书由李大军筹划并具体组织,侯春平和张兴住主编、侯春平负责统改稿,苑莹焱、侯斌为副主编;由律师实务专家李遐桢教授审定、李爱华教授复审。作者编写分工:牟惟仲(序言),侯春平(第一章、第九章),苑莹焱(第二章、第三章),金哲(第四章、第五章),张旭光(第六章、第七章),张兴(第八章),董新义(第十章、第十一章),侯斌(第十二章),金香兰(第十三章、第十四章),王桂霞、孙勇(附录);华燕萍、李晓新(文字修改、版式整理、制作教学课件)。

　　在本书编著过程中,我们参阅了国内外有关律师与公证的最新书刊、网站资料、国家历年颁布实施的律师管理与公证实务相关法律、政策、管理制度,收集了大量具有实用价值的典型案例,并得到业界专家教授的具体指导,在此一并致谢。为了方便教学、本书配有教学课件,读者可以从清华大学出版社网站(www.tup.com.cn)免费下载使用。因作者学识水平有限,书中难免存在疏漏和不足,恳请同行和读者批评指正。

编者

2017 年 2 月

目　录

第一章　律师制度的产生和发展 ···················· 1

　　第一节　西方律师制度的产生和发展 ·············· 1

　　第二节　旧中国律师制度的产生和发展 ············ 6

　　第三节　新中国律师制度的产生和发展 ············ 9

第二章　律师执业的基本要求 ······················ 15

　　第一节　律师的称职性 ························ 15

　　第二节　律师的执业条件 ······················ 20

　　第三节　律师的素质与律师执业教育 ·············· 28

第三章　律师的权利和义务 ························ 36

　　第一节　律师的权利 ·························· 37

　　第二节　律师的义务 ·························· 44

第四章　律师执业机构 ··························· 58

　　第一节　律师事务所概述 ······················ 58

　　第二节　律师事务所的组织形式 ················· 60

　　第三节　律师事务所的设立、变更和终止 ··········· 61

　　第四节　律师事务所的内部管理 ················· 64

　　第五节　律师事务所的发展趋势 ················· 66

第五章　律师管理 ····························· 69

　　第一节　律师管理体制 ························ 70

　　第二节　律师协会 ···························· 74

　　第三节　国外律师管理体制介绍 ················· 82

第六章　律师收费和法律援助 ·················· 86

　　第一节　律师收费制度 ······················ 86
　　第二节　律师法律援助 ······················ 93

第七章　律师的职业规范与法律责任 ············· 99

　　第一节　律师职业规范 ······················ 99
　　第二节　律师法律责任 ······················ 103
　　第三节　律师执业处分 ······················ 108

第八章　刑事诉讼中的律师辩护及代理 ··········· 111

　　第一节　辩护制度及律师辩护 ················· 111
　　第二节　律师介入刑事诉讼的基本规范 ··········· 115
　　第三节　侦查阶段律师介入刑事诉讼 ············ 118
　　第四节　审查起诉阶段律师担任辩护人或诉讼代理人 ·· 122
　　第五节　担任公诉案件辩护人 ················· 129
　　第六节　律师办理部分刑事特别程序 ············ 132

第九章　民事诉讼中的律师代理 ················ 136

　　第一节　民事诉讼中的律师代理概述 ············ 136
　　第二节　民事诉讼中的律师代理关系 ············ 140
　　第三节　第一审程序中的律师代理 ·············· 142
　　第四节　第二审程序中的律师代理 ·············· 153
　　第五节　再审程序中的律师代理 ··············· 159
　　第六节　涉外民事诉讼中的律师代理 ············ 159

第十章　行政诉讼中的律师代理 ················ 164

　　第一节　律师代理行政诉讼概述 ··············· 164
　　第二节　律师代理行政复议的工作流程 ··········· 167
　　第三节　律师代理行政诉讼的工作流程 ··········· 169
　　第四节　律师代理行政执行案件 ··············· 182
　　第五节　律师承办涉外行政案件应注意的问题 ······ 186

第十一章　律师担任法律顾问 ································· 192

第一节　律师担任法律顾问概述 ····················· 192

第二节　律师顾问合同 ····························· 195

第三节　律师顾问的业务范围 ······················· 200

第四节　担任政府法律顾问应注意的问题 ··············· 205

第五节　律师担任企业法律顾问应注意的问题 ··········· 207

第六节　公职律师的试点 ··························· 210

第十二章　律师办理诉讼外业务 ··························· 215

第一节　律师办理诉讼外业务概述 ··················· 215

第二节　律师办理仲裁业务 ························· 219

第三节　律师办理房地产业务 ······················· 223

第四节　律师办理金融与国际贸易业务 ··············· 225

第五节　律师办理证券业务 ························· 229

第十三章　公证制度概述 ······························· 239

第一节　公证的概念及特征 ························· 240

第二节　公证制度的概念、特征及功能 ··············· 241

第三节　公证制度的历史沿革 ······················· 246

第十四章　公证实务 ··································· 251

第一节　合同公证 ······························· 252

第二节　继承、遗嘱和遗产分割协议公证 ··············· 255

第三节　与婚姻关系有关的公证 ····················· 261

第四节　收养关系的公证 ··························· 267

第五节　身份关系的公证 ··························· 269

第六节　涉外公证 ······························· 275

参考资料 ··· 281

第一章
律师制度的产生和发展

学习目标

1. 了解西方律师制度的产生和发展，了解旧中国律师制度的产生和发展；
2. 掌握新中国律师制度的产生和发展。

引导阅读

中国历史上第一位讼师

邓析(公元前445—前501年)，春秋时期郑国大夫，在野政治家，是一位生前及死后都引起争议，自古到今褒贬不一的人物。在中国法律史上，邓析也算一位"闻人"有数项"第一"被他占据：第一个公开反对西周以来的"礼治"；第一次提出了"事断于法"的主张；编修了第一部私家刑书——《竹刑》。当然，这些"第一"大都还有传闻的色彩，难以确信。不过，另有一项"第一"的可信度极高，即他是中国历史上有据可查的第一位讼师。

中国律师的历史不足百年，而且是舶来品。在此之前，中国古代社会存在着一种以帮助他人处理诉讼事务为业的人，这种人被称为"讼师"。讼师素为官府所痛恨，亦为社会舆论所不容，但他毕竟艰难地生存了下来。若要追根溯源，他们的鼻祖，就是邓析。

第一节 西方律师制度的产生和发展

一、律师的萌芽

据史料记载，早在公元前5世纪，古希腊雅典已出现"雄辩家"。当时古希腊雅典的诉讼为侦查和庭审两个阶段：庭审时允许双方当事人发言并进行辩论，也允许当事人委托他人撰写发言稿,并由被委托人在法庭上宣读。法官听取了双方的辩论并检验了双方提交的证据后,作出裁决。

这种受委托为当事人撰写发言稿,并在法庭上为其辩论的人被称为"雄辩家",有点类似于现代的诉讼代理人。但由于这些"雄辩家"的活动没有形成一种职业,"雄辩家"也没有形成一个阶层,国家也没有相应的法律制度对其进行调整,所以古希腊雅典的"雄辩家"只能看作是律师的萌芽。

二、律师制度的起源

律师制度起源于古罗马。大约在奴隶制的罗马共和国时期,就有了律师制度的雏形。古罗马的"保护人"制度被认为是世界各国律师制度的起源。

所谓"保护人"制度,是指保护人代表被保护人进行诉讼行为,即由作为保护人的亲属、朋友陪同被保护人出席法庭,在法庭审理时提供意见和帮助。当然,能够作为保护人的只是少数地位显赫的公民,而且诉讼代理人的选任必须在法庭上为之。起初当事人进行诉讼时必须亲自到庭,后来发展到当事人确有正当理由不能出庭时可委托他人到庭诉讼,代理人出庭应诉都以自己的名义。

公元前3世纪,僧侣贵族对法律事项的垄断被取消。此后,凡权利能力不受限制的罗马公民均享有出席法庭为当事人利益进行辩护的资格,诉讼代理行为扩大了适用范围。一些善于辞令的人就经常代人出庭辩护和代人办案,被称为"辩护士"。著名的古罗马法律文献《十二铜表法》中有多处关于辩护人出庭进行辩护活动的记载。

罗马共和国后半期,经济生活迅速发展,各种社会矛盾异常尖锐,原有的法律规范已不能适应新的形势。为了缓和社会矛盾,维护其统治秩序,罗马共和国制定和颁布了大量法律、法令和规定。这一时期,法学家的活动十分活跃,不仅从事法学研究、著书立说,而且解答法律上的疑难问题,为诉讼当事人提供咨询意见等。

法学家的一系列活动,迎合了统治阶级的需要,法律顾问、律师和法学研究人员三位一体的崇高地位得以确立。后来,罗马皇帝又以诏令的形式承认了诉讼代理制度,律师可以为平民咨询法律事项,法律也允许他人委托和聘请律师从事诉讼代理活动,而且国家通过考试来遴选具有完全行为能力、丰富法律知识的善辩之人担任诉讼代理人,规定他们代理诉讼可以获得报酬。自此,人类历史上第一批职业律师正式诞生,标志着律师制度得以确立。

 延伸阅读

古罗马律师制度的主要特点

1. 实行"二元制"的律师制度

古罗马的律师分为从业律师和候补律师。统治阶级出于多种考虑,将全罗马分为若干司法管辖区,每一司法管辖区都有一定数量的从业律师,不得超过此限;当从业律师的名额空缺时,候补律师才能予以替补。这样一种"二元制"的律师替补制度保证了从业律师具有较高的社会地位。

2. 取得律师资格的条件严格

古罗马时期,公民要成为律师必须具备相当的条件,主要包括:

(1)必须具有完全行为能力。根据罗马法的规定,完全的行为能力以权利能力为前提,公民要享有权利能力必须具有"人格",而人格又由自由权、市民权和家属权三种身份权构成,其中,自由权是自由民不可缺少的权利,市民权是罗马公民拥有的如选举、担任官职、荣誉、婚姻、财产和遗嘱能力等方面的特权,家属权是指家长享有的操纵家庭的全权,同时具有这三种身份权,才可在政治、经济和家庭等方面享有完全权利能力;这三种身份中有一个消失或发生变化,即所谓"人格减等",就不能享有完全的权利能力。按照此规定,排除了未成年人、精神病人、奴隶以及异邦人。

(2)必须是男性公民。

(3)必须具备相当的法律知识。古罗马的法学教育比较发达,在历史上首创了五年制大学法律教育。与此同时,是否受过专门的高等法律教育,成为国家任免司法官吏、遴选律师的先决条件。因此,古罗马时期的律师基本上是法学家或长期从事法律教育和研究的人。

3. 律师业务范围较为广泛

古罗马时期的律师业务范围很广,包括:参与诉讼代理和辩护;代写合同、诉状和其他法律文书;解答司法、行政官员和公民提出的各种法律问题;指导辩护人进行法庭辩论;研究法律,著书立说,从事法律教育工作。

4. 律师的社会地位较高

古罗马律师一般都学识渊博、口才出众,在社会上很受尊重和推崇。他们成立了律师团体,形成了社会特殊阶层,接受执政官的领导和监督。而且,不少政界人士是律师出身。

律师制度起源于古罗马奴隶国家并不是一种偶然现象,而是由于当时存在一系列促

使律师制度产生的政治、经济及法律原因。首先,律师的活动有利于维护统治秩序,促进奴隶制经济的发展。罗马共和国社会经济繁荣,手工业和商业已经比较发达,市场贸易和产品交换中的契约行为日益增多,诉讼纠纷也随之增长。

另外,随着商业的发展和罗马征服地区的扩大,罗马公民与异邦人以及被征服地区广大居民间关于适用法律的矛盾越来越突出,古代的法律规范已无法调整社会中层出不穷的各种法律关系。

为此,统治阶级颁布了大量法律、法规和规定,并将法律分为"公法"和"私法",以此来适应古罗马奴隶制经济发展和统治阶级利益的要求。奴隶主阶级本身作为统治者和经济活动的参与者不可能通晓所有法律规范,为及时解决各种纠纷,就需要借助熟知法律人士的帮助,职业律师的出现恰好迎合了这种需要,因此才能为统治阶级所认可,并受到重视。

其次,古罗马采用辩论式诉讼结构模式,使职业律师的出现成为可能。被控诉人享有与控诉人相同的权利,双方诉讼地位平等,均可以在法庭上充分陈述自己的意见,提出证据,反驳对方的诉讼请求,而且可以委托他人代理诉讼。法官本身不调查取证,只是根据双方的辩论结果作出裁判。这样,在辩论式诉讼中,当事人被允许委托他人代理诉讼,从而使律师的出现成为可能。另外,由于诉讼的结果取决于双方的辩论,通晓法律的人士善辩的口才总是给法律的裁决造成影响,这也促使当事人愿意花钱请律师代为诉讼。

三、西欧封建制时期的律师制度

5世纪,西罗马帝国灭亡,欧洲大陆进入封建社会。此时,多数国家为适应封建政治需要,废除了古典的辩论式诉讼,代之以纠问式诉讼。在民事诉讼中,当事人代诉讼权利法受到很大限制,不能聘请诉讼代理人提供法律帮助或参加诉讼。

在刑事诉讼中,刑讯逼供盛行,不准当事人抗辩,当事人成为被审讯、拷问的对象,没有任何诉讼权利;法官主动询问当事人和证人,审判一般不公开进行,实行书面审理或间接审理。宗教势力的膨胀,使得诉讼制度具有浓厚的神秘主义色彩。

在这种条件下,传统的律师业务无法开展,这一时期的律师制度不可避免地走向衰落。在法国,12世纪以前,只有僧侣阶层才有资格担任律师,他们主要在宗教法院执行职务。世俗法院虽然也允许请律师辩护和代理,但只有僧侣可担任辩护人和代理人。这些僧侣参加诉讼的目的,不是维护当事人的合法权益,而是向当事人灌输宗教思想,促使当事人认罪服判。封建时期的英国与法国在律师制度上有所不同;英国在13世纪以前,任何公民只要申请到专门的"国王许可证",并在法庭上证明其有代理权,都可以作为代理人参加诉讼。事实上僧侣是最通晓法律的人,诉讼代理人也基本上由僧侣担任。后来当教会法逐渐渗入世俗法院后,诉讼代理权就完全转到僧侣手中,当时规定不是僧侣不得被委托为诉讼代理人。

13 世纪末,法国腓力四世因向教会领地征收土地税,和教皇卜尼法八世发生冲突,结果教会的权力被大大削弱,僧侣在世俗法院执行律师职务被禁止,代之以受过封建法律教育、经封建统治者严格挑选和严密监督的律师。13 世纪以后,英国禁止僧侣在世俗法院从事律师业务。14 世纪初,英国成立了格雷、林肯、内殿、中殿四大学院和其他一些较小的法学院,专门负责培训律师。此后,律师行业开始兴旺起来。16 世纪,英国律师开始划分为大律师和小律师,形成了延续至今的英国律师等级制度。

四、资本主义时期的法律制度

封建社会末期,资本主义经济萌芽开始迅速发展,资产阶级同封建专制的等级制度、宗教特权和司法专横之间的矛盾异常尖锐。当时的资产阶级思想家和启蒙学者,如英国的李尔本、洛克,法国的伏尔泰、孟德斯鸠、狄德罗、卢梭等,无情地抨击封建社会的政治制度和法律制度,提出"天赋人权""主权在民""民主""自由""平等""博爱"等口号,主张建立资本主义政治制度和法律制度。洋溢着资本主义精神的法律理论也广泛传播,洛克的《政府论》、孟德斯鸠的《论法的精神》、贝卡利亚的《论犯罪与刑罚》成为人民争相传阅的作品。17 世纪中期,英国发生资产阶级革命。

随着欧美资产阶级相继掌握国家的统治权,资产阶级开始建立起律师制度。1679年,英国国王查理二世签署公布了《人身保护法》,明文规定诉讼中实行辩论原则,承诺被告人有权获得辩护。这是资产阶级的第一个带有律师法色彩的法律文件。

1695 年,英王威廉四世颁布法令规定,不论任何案件,被告人都享有受法庭律师辩护协助的权利。1791 年颁布的《美利坚合众国宪法》修正案即《权利法案》第 6 条规定,刑事案件被告人享有受法庭律师辩护协助的权利。1789 年,法国制宪会议法令规定,从追究被告人犯罪时起,就允许辩护人参加诉讼。1793 年,法国《雅各宾宪法》规定,国家要有"公设辩护人"。1808 年,《拿破仑刑事诉讼法典》系统地规定了律师制度。日本明治维新以后,1876 年颁布实行的《代言人法则》,在其历史上第一次规定了律师制度的基本内容。德国在 16 世纪末、17 世纪初引进了古罗马的律师制度,于 1878 年颁布《国家律师法》,奠定了近现代德国律师制度的基础。

资本主义国家的律师制度一经确立,便以空前的速度向前发展,现在,它成为资本主义法律制度的重要组成部分。律师在社会中的地位越来越高,活动范围越来越广泛,从主要在法院参加刑事、民事诉讼,发展到社会生活的各个领域,包括从对外战争到家庭纠纷,为政府、企业社会团体和个人提供各种各样的法律服务。律师人数也急剧增长,对外不断扩大。

有关律师的法规越来越多,日趋复杂、完善,由原来单纯调整律师在诉讼、管理中的权利义务关系的法律、法规。现在,资本主义国家的律师制度又出现了新的发展趋势,例如,律师事务所开始向公司化、大型化发展,律师业务中非诉业务比重大幅度上升,专业色彩日益突出,律师的跨国服务也逐渐增多等。

第二节　旧中国律师制度的产生和发展

中国封建社会在政治上实行高度集权统治,经济上以自给自足的自然经济为主,诉讼结构实行的是纠问式的诉讼形式,被告人是被刑讯拷打的对象,有时对原告甚至证人进行刑讯,当事人原本无诉讼权利可言,更谈不上委托他人代为行使权利。由于缺乏律师制度产生的基础,中国古代虽然存在一些类似现代代理和辩护的现象,但是始终没有产生现代意义上的律师及律师制度。直到清末,才从西方引进了律师制度。

一、中国古代代理诉讼现象

据《周礼·秋官》记载:"凡命夫命妇不躬坐狱讼。"《周礼疏》又解释说:"古者取囚要辞皆对坐,治狱之吏皆有威严;恐狱吏亵,故不使命夫命妇亲坐。若取辞之时,不得不坐,当使其下属或子弟代坐也。"也就是说,为了使奴隶主不致在狱吏面前受辱,大夫以上的贵族涉及诉讼,必要时可以派下属或子弟代替出庭。

据史料记载,公元前7世纪春秋时期,在元咺指控卫侯杀死叔武一案的审判中,卫侯因不便与其臣下元咺同堂辩论,就委派宁武子为证人,针庄子为坐、士荣为大士代表其出庭。著名法律史学者杨鸿烈在《中国法律发达史》中认为:"士荣系充律师也。"公元前563年,楚王叔陈生和伯舆争讼,王叔派其家载、伯舆派其大夫坐狱于庭,双方各自代表自己的主人进行了激烈的争辩。以上事例说明我国古代已有诉讼代理现象存在。

史料还记载,春秋战国时期郑国大夫邓析能言善辩,素好刑名,《淮南子》称他是"巧辩"之人,刘歆的《邓析子·序》称他可以"操两可之说,设无穷之间",并且"持之有故,言之成理"(《荀子·非十二子》)。邓析在诉讼中,不以周礼为准,《吕氏春秋·离谓》中记载,邓析"以非为是,以是为非,是非无度,可与不可日变,所欲胜因胜,所欲罪因罪"。邓析不仅助人诉讼,而且教人诉讼。《吕氏春秋·离谓》中还记载:"与民有狱者约:大狱一衣,小狱襦袴。民之献衣襦袴而学讼者,不可胜数。"

由于邓析的法律思想及助人诉讼、传播诉讼法律知识的行为危害到奴隶主贵族到统治,邓析的活动和思想受到禁锢,最后本人也被奴隶主阶级以"巧辩而乱法"为由杀害。应该说,邓析的活动有些类似于现在的律师代理、辩护行为。

从元代开始,如诉讼当事人为老弱病残者,除了某些重大案件和涉及告者本身利益的案件外,可令家人亲属代理诉讼。《明会典》还有规定:"诬告者,罪坐代告之人。"中国古代的诉讼代理现象,就代理目的及代理人的身份而言与现代的诉讼理大相径庭:古代的诉讼代理主要是为维护贵族特权而设立,并不具有普遍意义。

另外，在中国古代诉讼中还有一种现象非常值得注意，那就是讼师。中国古代有关诉讼的法律制度较为完备，法律对于案件起诉、受理等都有明文规定，如违反规定，则要受到处罚，例如，控告不实的，控告者要受处罚；越级诉讼的，越诉者要受处罚；告状不合要求的，告者要受处罚。在当时的社会条件下，普通人对于法律规定和如何打官司基本不懂，一旦诉诸公堂，不得不求助于人，于是，就出现了一些读书识字的人开始代人写诉状和从事其他文字抄写工作，并以此为生，被人称为讼师。

在明清两代，讼师普遍存在，而且还有了专门传授如何代写词状的专著，如明代的《做状十段锦》。但这些人的活动没有法律依据，也没有法律来规范和约束，有些讼师常挑词架讼、骗取钱财、坑害百姓，被人称为"讼棍"，既被百姓痛恶，也为统治阶级所不容。

早在《唐律》中就规定："诸为人作词牒，加增其状，不如所告者，笞五十；若加增罪重，减诬告一等。"《明律》还规定："凡教唆词讼及为人作词状，增减情罪诬告人者与人同罪，若受人雇诬告人者与自诬告同，受财者计赃以枉法从重论。其见人愚而不能申冤教令得实，及为人书写词状而无增减者，勿论。"由于讼师缺乏法律保障，一直没有合法地位，所以直至清朝灭亡，在我国漫长的封建社会，讼师始终没能发展成为律师。

二、旧中国律师制度的发展

1840 年鸦片战争后，中国沦为半封建半殖民地社会。外国侵略者凭借着不平等条约攫取了领事裁判权，设立了公审公廨，外国律师开始在中国出现。外国律师先在"租界"的法庭中执行职务，后来也在中国的庭堂之上出现，他们不仅担任外国当事人的代理人，一些中国人在与外国人发生诉讼时也往往寄希望于洋律师的帮助，请他们做代理人。

为维护风雨飘摇的王朝政权，清政府于 1902 年设立修订法律馆，决定变法改制。修律大臣沈家本目睹这一现象，上书光绪皇帝：华人讼案借助外国律师"已觉扞格不通"，如果遇到与外国人打官司的"交涉事件"，请外国律师为自己"申诉"，外国律师绝没有帮助华人打官司而限制其本国人的，如此下去，"后患何堪设想"。因此，其提出了建立中国律师制度的设想。

1906 年《大清刑事民事诉讼法》修订完成，其中律师一节（第 199～207 条）对于取得律师资格的条件、律师注册登记的程序、律师的职责、违法违纪的处罚以及外国律师在通商口岸办案的获取程序等，都作了大体的规定。这个法典遭到各省督抚的一致反对，未能颁布实施。1911 年，修订法律馆重新编成《刑事诉讼法典》和《民事诉讼草案》，再次规定了律师制度，但是未及审核、颁布，清王朝就被推翻了。

辛亥革命胜利后，孙中山领导的南京临时政府进行大量的立法工作和司法改革，准备仿效资本主义国家采用律师制度，制定了中国历史上第一部律师法草案，后因袁世凯窃取了革命果实、解散了临时政府而未能公布。这一时期，苏杭地区率先建立了辩护士会，接着上海地区也组织起中华民国律师总工会。苏沪地区的律师组织、律师纷纷到都督府领凭注册,出庭办案。

1912年4月,袁世凯就任中华民国临时大总统,临时政府从南京迁往北京,开始北洋政府统治时期。北洋军阀政府在继承清末法统的同时,又颁布了大量新的法规。在律师制度方面,北洋政府于1912年9月开始相继制定了《律师暂行章程》《律师登录暂行章程》《律师惩戒暂行规则》《律师甄别章程》等,并颁布施行,其中,《律师暂行章程》标志着中国律师制度的开始。

该章程共8章38条,规定有律师资格、律师证书、律师名簿、律师职务、律帅义务、律师公会、律师惩戒等,其中主要内容包括:律师必须是男性;律师年龄限制在20岁以上;律师履行职务无区域限制等。此外,1920年北洋政府还公布了《无领事裁判权国律师届庭暂行章程》,这是有条件地承认外国人充任中国律师的最初立法规定,也是中华民国默认司法主权不统一的一个实例。这一时期律师队伍有了较大发展,全国律师达两千多人。

 **延伸阅读**

民 国 律 师

民国时候,法律的近代化使公民取得了聘请诉讼代理人代理法律事务的权利,伴随着西方律师制度的引进,真正意义上的律师终于出现了,从那时起到今天,律师不再是法律打击的对象。律师与讼师不同,讼师多是半路出家,律师要开展业务,必须经过专业的法律培训,通过资格考试后取得执业证书。

民国时期的律师章程规定了律师应具备的资格:首先必须是满21岁以上的中国公民;其次是参加律师考试成绩合格,或依本章程有免试之资格。所谓免试资格指:第一,具有司法官之资格者;第二,经甄拔律师委员会审议合格者,主要是在国外学习法律专业成绩优秀或曾修读法律专业,毕业后长期从事与法律相关的工作。

1927年7月,南京国民政府制定了《律师章程》,用以代替北洋政府的《律师暂行章程》,1935年还起草了《律师法》,1941年公布实施。之后,相继颁布了《律师法实施细则》《律师登录规则》《律师惩戒规则》《律师公会平民法律扶助实施办法大纲》《外国人在中国充任律师办法》《律师检核办法》等。

这些律师立法基本上沿袭了北洋政府的律师制度,并参照西方国家律师制度,增添了一些新的内容,如:提高律师年龄至21岁以上;允许女性担任律师;增加律师公会就法律修改问题向司法行政部长提出建议的权利;律师登录限于两个地方法院和高等法院;增设高等法院接受律师惩戒诉讼和惩戒委员会及司法部长复审的规定等。

1928年，经各地律师公会发起，"中华民国律师协会"经司法行政部核准成立，于1929年5月在南京召开成立大会，此后每年召开会员大会一次。1948年，"中华民国律师公会全国联合会"成立，并于同年9月9日在南京召开第一届代表大会，通过章程，选举理、监事，成立理事会及监事会，9月9日也成为中华民国律师节。国民党政府时期，律师可以个人开业，著名律师收取高额酬金，面且与司法界、政界关系密切，能请得起这些律师的往往是有产者。

总体而言，这一时期律师业有所发展，律师法规较以前完备，律师人数也有所增加。律师队伍中也不乏像沈钧儒、史良、施洋这样追求民主、维护正义的进步律师。

第三节　新中国律师制度的产生和发展

1949年10月，中华人民共和国宣告成立，在中共中央《关于废除国民党的六法全书与确定解放区的司法原则的指示》的基础上，彻底废除了旧的司法制度，同时，通过颁布法律建立新的司法制度。1950年7月颁布的《人民法院组织通则》和1954年《宪法》以法律的形式确立了辩护制度。

然而，要使被告人的辩护权利得以实现，还需要一系列制度的保障，而律师辩护是实现被告人辩护权的重要手段。因此1950年12月，中央人民政府发出《关于取缔黑律师及讼棍事件的通报》，取缔了黑律师的活动，解散了旧律师组织。与此同时，开始着手建立新的律师制度。一些大城市如上海专门设立了公设辩护人室，重点帮助一些刑事被告人进行辩护。

1954年7月，司法部发出《关于试验法院组织制度中几个问题的通知》，决定在北京、上海、天津、重庆、沈阳等城市试行律师工作。1956年5月，国务院全体会议通过了司法部关于建立律师工作的请示报告。在总结全国各地律师工作经验的基础上，国务院授权司法部起草《律师暂行条例》等法规。1956年7月，《律师收费暂行办法》颁布。1957年上半年《律师暂行条例（草案）》脱稿，6月至7月间司法部通过座谈等方式，广泛征求了各地法学家、律师和司法工作者的意见，在第二次全国律师工作座谈会上，讨论并批准了《律师暂行条例（草案）》，呈请国务院批准颁布。

截至1957年6月，全国已有法律顾问处817个，专职律师和兼职律师分别发展至2582名和350名，30万人口以上的城市和中级人民法院所在地的县一般都设有法律顾问处，同时，全国已有14个省、市、自治区开始筹建律师协会。

1957年下半年，由于极左思潮的影响，"反右"斗争扩大化，一批律师被打成"右派"，被下放、劳动改造甚至被判刑，律师队伍受到严重摧残。律师执行职务被说成是"丧失立场""为罪犯开脱"，律师制度被宣布为资产阶级的东西、被彻底否定，律师机构相继瓦解，

《律师暂行条例(草案)》也被打入"冷宫",新中国的律师制度被扼杀在摇篮里。"文化大革命"期间,公、检、法机关被砸烂,"群众专政"盛行,公民的辩护权被取消,社会主义法制遭到践踏,许多律师成了专政对象,律师制度荡然无存。

1976年,"文化大革命"结束,民主、法制得到加强。1979年7月,五届全国人大二次会议通过了《刑事诉讼法》,对律师制度作出专章规定,重新恢复了律师制度。全国各地开始陆续重建律师队伍,全国人大也加快了《律师暂行条例》的起草工作,经过广泛讨论,1980年8月26日五届全国人大常委会第十五次会议通过了《律师暂行条例》,该条例共4章21条,规定了我国律师的性质和任务、律师的权利与义务、律师的主要业务、律师资格、律师的工作机构及组织原则、律师协会等。

《律师暂行条例》规定:律师是国家的法律工作者,法律顾问处是律师的工作机构,受国家司法行政机关的组织领导和业务监督。律师协会的职责是维护律师的合法权益,交流工作经验,促进律师行业的发展,增进国内外法律工作者的联系。《律师暂行条例》对于我国律师制度的建立和健全起了极大的促进作用,律师参加诉讼活动和开展其他法律业务有了法律保障。从此,我国律师工作开始走上正轨。1981年年底,我国已有法律顾问处1456个、律师5500多人。

然而,随着我国改革开放事业的全面展开和不断深化,《律师暂行条例》的许多规定在新的形势下开始表现出历史的局限性,并影响到律师事业的进一步发展,律师体制改革势在必行。1983年3月,司法部召开了六市一县律师工作体制改革座谈会,探索律师体制改革的道路,并指定到会单位进行试点。1984年8月全国司法工作会议后,一些法律顾问处改名为律师事务所,并在经营管理上进行了改革的尝试,打破了收入和支出由国家包办的框框。1986年7月,中华全国律师协会在全国第一次代表大会上成立;同年8月,司法部举行了第一次全国律师资格考试。

1987年,中华全国律师协会正式加入亚太律师协会。1988年年初,深圳3名青年律师创办了新中国第一家个体制律师事务所;同年3月,河北保定市成立了全国第一家合作制律师事务所;随后,上海、天津、北京等地创办了合作制律师事务所。1988年5月,司法部下发了《合作制律师事务所试点方案》,对合作制律师事务所的设立、组织形式、经营管理分别作了规定,随后,律师体制改革不断深入,配套法规相继制定。

1993年12月26日,国务院批准了《司法部关于深化律师工作改革的方案》,该方案提出:要进一步解放思想,不再采用生产资料所有制模式和行政管理模式来界定律师机构的性质,大力发展经过主管机关资格认定、不占国家编制和经费的自律性律师事务所。积极发展律师队伍,努力提高律师素质,建立起适应社会主义市场经济体制和国际交往的,具有中国特色的,实行自愿组合、自收自支、自我发展、自我约束的律师体制。

逐步建立激励机制、竞争机制和优胜劣汰机制,使律师工作充满生机和活力。强调努力建设有中国特色的律师管理体制,从我国的国情和律师工作的实际出发,建立司法行政机关的行政管理与律师协会的行业管理相结合的管理体制,经过一个时期的实践后,逐步向司法行政机关宏观管理下的律师协会行业管理体制过渡。

1995年7月召开的第三次全国律师代表大会审议通过了新的《中华全国律师协会章程》,选举了新一届全国律师协会理事会,141名理事全部由执行律师组成,会长、副会长、常务理事全部由理事会产生,这对于充分发挥律师协会的自律作用无疑具有重要的意义。

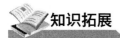 **知识拓展**

中国执业律师人数超过 29 万①

截至2016年3月,中国执业律师人数已经超过29.7万人,律师事务所达到2.4万多家,与四年前相比增幅分别达38%和20%。全国有党员律师8.6万名,3名律师担任党的十八大代表。全国共有1445名律师担任各级人大代表,4033名律师担任各级政协委员,其中有27名律师担任全国人大代表、政协委员。

2010年以来,全国律协共办理诉讼案件1000多万件、办理非诉案件300多万件,为50余万家政府和企业事业单位担任法律顾问,办理法律援助案件154万多件,提供公益法律服务近1000万件次,全行业业务收入达2000多亿元。

随着我国对外开放的不断扩大,对外经济往来不断发展,我国的律师事业也开始走向国际化,我国律师同外国律师之间在业务上的联系和协作也日益增多。1991年5月,司法部在给江西省司法厅的批复中就律师事务所与外国律师事务所建立业务协作关系一事作出了原则规定。为进一步推动涉外律师业务的开展,1992年2月,司法部发出《关于律师事务所与外国事务所建立业务协作关系的有关问题的通知》,就律师事务所与外国律师事务所建立业务协作关系的有关问题作出具体规定。

1992年司法部开始进行允许外国律师事务所在中国境内设立办事处的试点工作,确立北京、上海、广州、深圳和海南省为首批试点城市(地区)。司法部于1992年10月20日首批批准了12家外国及中国香港地区的律师事务所分别在北京、上海、广州设立办事处。截至2012年年底,共有来自21个国家和地区的263家律师事务所在中国内地设立了324家代表机构。

在律师事业发展的同时,律师立法也在加紧进行,1992年10月22日,司法部发布了《律师惩戒规则》,规定了对于律师或律师事务所违反法律、法规、律师执业纪律的行为进

---

① 2016年3月30日,第九次全国律师代表大会材料。

行惩戒的程序、惩戒的种类、惩戒的事由、惩戒的原则、惩戒的执行以及惩戒的机构等。

1993年12月27日,司法部发布了《律师职业道德和执业纪律规范》,明确规定律师在执行职务过程中应遵守的职业道德和执业纪律,规定:律师因违反执业纪律给当事人造成损失的,应进行赔偿;需要惩戒的,由律师惩戒委员会予以惩戒;触犯刑律的,由司法机关依法追究刑事责任。1994年7月2日,司法部颁布了《律师事务所审批登记管理办法》和《律师事务所设立分所管理办法》,对于律师事务所及分所的设立条件、设立程序、律师事务所及分所的登记作了明确规定。

1995年2月20日,司法部颁布了《律师事务所在外国设立分支机构管理办法》。《关于反对律师行业不正当竞争行为的若干规定》规定律师及律师事务所的执业行为必须遵循公平、平等、诚实信用的原则,遵守律师职业道德和执业纪律,遵守律师行业公认的执业准则;规定了属于不正当竞争的行为及对违反规定的律师或律师事务所的检查、监督和惩戒。

《律师事务所在外国设立分支机构暂行管理办法》规定了律师事务所在外国设立分支机构应具备的条件、律师事务所驻外分支机构的名称、律师事务所申请在外国设立分支机构的申请审批程序等。1995年2月22日,司法部发布了《律师事务所名称管理办法》,对律师事务所的名称的组成、核定、使用等作了规定。

1996年5月15日,八届全国人大常委会第十九次会议通过了《中华人民共和国律师法》,这是我国律师事业发展的里程碑,它规定了律师执业条件、律师事务所、执业律师的权利与义务、律师协会、法律援助、法律责任等,从而构成了具有中国特色的、比较完备的我国律师法体系。这一系列法律、法规,对于加强完善律师制度,保障律师依法执业,规范律师行为,维护当事人的合法权益和法律的正确实施,发挥律师在社会主义政治、经济、法制建设中的积极作用具有重要意义。

2001年6月30日,九届全国人大常委会第二十二次会议对《中华人民共和国法官法》作了修改。修改后的法官法和检察官法确立了国家对于初任法官、检察官和取得律师资格的报考人员实行统一司法考试的制度。首次国家统一司法考试定于2002年年初进行。统一司法考试,要求报考取得律师资格和初任法官、检察官的人员具备统一的学历条件。但是,律师法规定的报考人员学历条件与修改后的法官法、检察官法规定的报考人员学历条件不一致。为了依法组织首次国家统一司法考试,并从提高律师队伍整体素质考虑,宜将报考取得律师资格人员的学历条件适当提高,同法官法、检察官法规定的学历条件一致起来,严格律师入门条件。

据此,2001年12月29日九届全国人大常委会第二十五次会议将1996年《律师法》第6条修改为:"取得律师资格应当经过国家统一的司法考试。具有高等院校法律专业本科以上学历,或者高等院校其他专业本科以上学历具有法律专业知识的人员,经国家司法考试合格的,取得资格。""适用前款规定的学历条件确有困难的地方,经国务院司法行政部门审核确定,在一定期限内,可以将学历条件放宽为高等院校法律专业专科学历。"自此,律师资格考试被国家司法考试取代。

随着我国进入全面建设小康社会、加快推进社会主义现代化新的历史时期,律师行业的发展面临前所未有的机遇,也面临新的更高的要求。为进一步完善律师制度,自2004年6月起,《律师法》修订工作正式启动,在修订过程中,开展了大量研究,广泛征求了各方面的意见,历经多次深入讨论,反复修改。

2007年10月28日,十届全国人大常委会第三十次会议表决通过了修订后的《律师法》,修订后的律师法对原律师法作了较大调整、补充和修改,新增、修订条款四十余条,从诸多方面进一步改革和完善了我国律师制度,主要内容包括:

(1)进一步明确了律师的职业使命,规定律师应当维护当事人合法权益,维护法律的正确实施,维护社会公平和正义。

(2)进一步规范和完善了律师执业许可制度,包括完善律师执业许可条件,调整律师执业许可的权限和程序,规定律师执业特别许可制度等。

(3)调整和完善了律师执业组织形式,明确了普通合伙和特殊合伙两种律师事务所合伙组织形式,增加了设立个人律师事务所的规定。

(4)充实了律师执业权利保障内容,增加了对律师依法行使会见权、阅卷权和调查取证权保障的规定,增加了律师参与法庭诉讼活动责任豁免的权利和对律师采取强制措施方面的保障措施。

(5)增加了规范律师执业行为的规定,在严格律师执业申请、担任合伙人的程序和条件,完善律师执业禁止内容等方面作出了规定。

(6)完善了对律师的行政管理和行业自律的措施。对司法行政机关的监管职责和行政处罚权层级配置作相应调整,强化对律师执业的管理,同时,进一步明确了律师协会的职责,为发挥律师协会的自律作用进一步作出了规定。

2007年修订的《律师法》以立法的形式肯定了我国律师制度改革和发展取得的成果,进一步完善了我国律师制度。它的颁布、实施,是完善中国特色社会主义法律制度的重要组成部分,是进一步依法治国、建设社会主义法治国家的实际步骤,是保障我国律师工作适应经济、社会发展要求的重要举措,为律师更好地履行职责、维护当事人的合法权益、维护法律的正确实施、维护社会公平和正义提供了法律保障,为进一步推进律师工作、加强律师队伍建设、完善律师管理体制、提高律师工作水平提供了重要的法律依据。

从1979年我国恢复重建律师制度以来,在30余年的时间里,律师队伍的数量和质量都有了较大提高。截至2016年3月,中国共有29.7万多名执业法师和2.4万多家律师事务所。与此同时,律师业务领域大大拓宽,业务数量逐年提高,尤其是近几年广大律师逐步介入金融、证券、房地产、知识产权保护、国际贸易、反倾销等市场经济发展的新兴行业。律师在国家政治、经济和社会生活中发挥着越来越大的作用。

《吕氏春秋·离谓》载:(邓析)与民之有狱者约:大狱一衣,小狱襦袴。民之献衣、襦袴而学讼者不可胜数。以非为是,以是为非,是非无度,而可与不可日变。所欲胜,因胜;所欲败,因败。邓析凭借着他对法律的熟悉,不但以有偿的形式指导别人打官司,甚至还制定了收费标准,这种类似于现代律师的行径,便是古代讼师的正宗。

古人素来对诉讼抱有恐惧心理,这主要的原因在于司法的专横和官方对诉讼的垄断,它使涉讼者孤立无援,听任宰割。另一个原因则在于当事人欠缺基本的法律知识,从而视诉讼为深威莫测的畏途。所以,邓析的行为一方面也为许许多多的涉讼者提供了他们急需的法律帮助,"学讼者不可胜数"一句道出了邓析的行为在民众中所受欢迎的程度,同时也为我们解释古代的讼师在官方的打击和道德的谴责之下仍不曾灭迹这一奇特现象提供了令人深思的材料。

诉讼的关键在于分辨是非曲直,但是非曲直的标准却因人而异,官与民的标准往往大相径庭,而史家之言则难免受正统所左右,故所谓"以非为是,以是为非"恐怕只能说明邓析的辩驳之才,而绝不应以此为据,认定邓析是故意颠倒是非。显而易见的是,在春秋时期,政治及法律都具有专制的性质,邓析以民间人士的身份参与诉讼,绝无靠歪曲是非的手段来控制诉讼胜败的可能。他之所以"所欲胜,因胜;所欲败,因败",恐怕根本的原因在于他一方面对法律了如指掌(他个人曾编过刑书),另一方面又能言善辩,是一位雄辩家,"操两可之说,设无穷之词",且他的善辩又非狡言诡辩,《荀子》中就称邓析之辩"其持之有故,其言之成理",这才达到了驾驭诉讼胜败的境界。[1]

---

① 百度百科,邓析生平。

律师与公证

第二章
律师执业的基本要求

学习目标

1. 掌握律师执业基本要求；
2. 了解我国律师资格取得制度，了解我国律师执业的相关规定。

引导案例

　　2013 年 7 月 11 日，北京市律师协会接到北京某商贸公司的投诉，称原北京市某律师事务所律师陈某某存在违反执业纪律和职业道德的行为，私自收取代理费和非法谋取委托人利益。后经北京市律师协会深入调查，有证据证实律师陈某某在履职过程中，不仅私自收取了当事人的案件代理费，而且还在代理案件期间，个人向委托人随意借款。为此，2014 年 8 月 10 日，北京市律师协会作出决定，给予陈某某取消会员资格的行业纪律处分。

　　[解析]

　　律师不得非法谋取委托人的利益，也不得从事对委托人不利的活动；这一规则是世界各国基于律师职业的性质和工作特点所普遍确认的律师必须遵守的重要规则之一。律师接受案件收取服务费应当坚持标准与原则。任何情况下，律师均不能与当事人进行商业交易，也不能有意获取某种与当事人利益相抵触的不正当的利益。

第一节　律师的称职性

案例 2-1

　　2011 年 8 月 12 日，北京某律师事务所律师李某在为被告人王某涉嫌以办理经济适用房房号为名，诈骗 35 名被害人 350 万元财产一案辩护时，出人意料地提出本案应定比诈骗罪更重的罪名,"类似非法集资罪或合同诈骗"。事后李某辩解这只是他的一个"另辟蹊径"的辩护思路,意图将此案认定为一种新的犯罪形态而适用无罪推定原则。由于这种意图并未在法庭上清晰表达,这种说法显然不被外界所理解和认可,以致酿成不但被告人王某当庭要求更换律师,而且业内有人认为应当取消李某的律师资格的严重后果。

[问题]

律师李某对当事人的罪名选择何以背离了辩护人的职责?

[解析]

《律师法》第31条规定:"律师担任辩护人的,应当根据事实和法律,提出犯罪嫌疑人、被告人无罪、罪轻或者减轻、免除其刑事责任的材料和意见,维护犯罪嫌疑人、被告人的合法权益。"可见,无论律师李某的动机如何,然而在其辩护方法,特别是对当事人罪名的选择问题上,均背离了律师职责定位和职业操守要求。

《中华全国律师协会律师执业行为规范》(2009年修订版)明确规定,律师应当诚实守信,勤勉尽责,依照事实和法律,维护当事人合法权益,维护法律正确实施,维护社会公平和正义。衡量律师是否"勤勉尽责"不能以诉讼胜败为标准,而应当看律师是否发现了所有应当发现的事实及法律适用问题,是否很好地表达出有利于当事人的辩护意见或代理意见,是否能审时度势地采用恰当的方式让法庭接受律师的意见。对于律师来说,刑事辩护业务绝不是低端业务,律师或律师事务所应当设立必要的专业门槛,使刑辩律师成为更加值得追求、更为民众认可、更加崇高的职业。

一、律师与委托人的关系是律师执业行为规范的核心内容

在我国,律师被定义为依法取得执业资格,为委托人提供法律服务的专业人员。律师的执业权利源于法律的规定和委托人的授权。律师遵循法律的规定和律师执业规范,依委托人授予的权限,合法地为委托人提供法律服务。

一名称职的律师,当然需要具备仗义执言的职业品格和维护社会公平正义的职业价值追求,但是要实现这样的职业理想必须以崇高坚实的操守为支撑。其中一个极为重要的方面,即在于如何正确界定律师与委托人的关系,以及怎样依法依规来规范地建立、维系和发展律师与委托人的关系。这种关系能否合法、恰当、有效地建立起来并稳健可持续地发展下云,不仅能反映出律师职业能力如何,也将在某种程度上预示着律师职业前景。

每一位律师在执业的整个过程中,始终面临着许多选择。选择的关键不仅在于律师自身,还取决于与之最终建立起委托关系的委托人。律师要成为一名成功的律师,必定

要基于律师职业行为规则和职业操守,与委托人建立起稳定、健康、相互信任的委托关系。律师如若忘记了自身的职业操守和执业起点,不能准确识别自己的委托人,怠于维护委托人的利益,那么他一定不会成为称职的律师。

律师和委托人之间的关系是通过法律指导下的委托合同而建立起来的。不论这种合同是律师还是当事人首先提出了要约,只有双方最终达成了具体的可操作的委托协议,律师才会具备实践意义上的从业根据、理由和责任。

可见,依法建立并全面履行委托合同就是律师的具体从业方式。律师职业追求的直接目的是通过合法履行合同上的服务义务,而实现委托人和律师双方通过合同的应得权利。当然在合同签订和履行过程中,律师必须忠于宪法与法律,弘扬法治精神,在此基础上,律师从业的基本态度就是通过对客观证据、法律事实和相关法律进行严谨而妥当的论证,以寻求对委托人有利的法律和事实结果。这就决定了律师与委托人的关系始终是律师职业行为规范中的核心内容。

因此,《中华全国律师协会律师执业行为规范》(2009 年修订版)明确规定,律师应当诚实守信,勤勉尽责,依照事实和法律,维护当事人合法权益,维护法律正确实施,维护社会公平和正义。

二、律师与委托人关系的本质

《律师法》规定,律师不得私自接受委托,不得私自向委托人收取费用或私自收受委托人财务,否则应当承担法律责任。可见,律师与委托人之间的关系表现为律师事务所与委托人之间的合同关系。但合同关系并不能揭示律师与委托人关系的本质,其在本质上是超越合同关系和合同文关系的。

知识拓展

《律师法》第 40 条规定:律师在执业活动中不得有下列行为:

(一)私自接受委托、收取费用,接受委托人的财物或者其他利益;

(二)利用提供法律服务的便利谋取当事人争议的权益;

(三)接受对方当事人的财物或者其他利益,与对方当事人或者第三人恶意串通,侵害委托人的权益;

(四)违反规定会见法官、检察官、仲裁员以及其他有关工作人员;

(五)向法官、检察官、仲裁员以及其他有关工作人员行贿,介绍贿赂或者指使、诱导当事人行贿,或者以其他不正当方式影响法官、检察官、仲裁员以及其他有关工作人员依法办理案件;

(六)故意提供虚假证据或者威胁、利诱他人提供虚假证据,妨碍对方当事人合法取得证据；

（七）煽动、教唆当事人采取扰乱公共秩序、危害公共安全等非法手段解决争议；

（八）扰乱法庭、仲裁庭秩序，干扰诉讼、仲裁活动的正常进行。

构成律师与委托人关系的核心要素是信任、合法、合作、诚信、独立。在这几项要素中，信任，是建立、维系和发展律师与委托人良好关系的前提。合法，是律师提供法律服务所须遵循的底线和原则。合作，是达成委托人委托目标的先决条件。诚信，是律师职业价值标准的基本定位。独立，是律师维护自身社会地位和实现职业使命的基本保证。

律师是根据委托合同而具体从业的。律师作为委托人的代理人，始终遵循为委托人依法据实辩护和委托人合法利益至上的原则，负有竭力维护委托人合法权利的义务。委托人的目标几乎是唯一的，委托人基于诉讼业务或非诉讼业务之专业需要而聘请律师，期待通过其执业活动使自身利益最大化，而律师在努力实现委托人合法权益和追求自我发展的同时，还要注重社会正义和法律公正，所以，律师和委托人的利益取舍和价值标准有时差异颇大。

律师必须依据事实和法律来开展业务，必须始终做到依据法律和法治标准来断善恶、明是非、辨正邪、知荣辱，从来不应当被委托人的意志所左右，或被其不正当利益所绑架。

三、提供积极合理的法律服务

律师的称职性是指律师提供积极合理的法律服务。具体而言，律师提供的法律服务主要包括以下几方面。

（一）法律知识和技能

称职的律师应当能够就法律向委托人提供足够的信息，以便有效解决法律问题。一般认为，作为一种职业，取得了律师执业证书以后，其所具有的法律知识和技能就已经外在化，达到了称职性的一般要求。即只有取得了律师执业证书，一般认为该律师就已经达到了向社会提供法律服务的最低要求。我国在《律师法》和司法部发布的有关规定中也规定了严格的律师执业证书取得制度。

一个人要成为律师，除了要通过国家统一司法考试取得法律职业资格以外，还要经过实习以及其他方面的必要培训和考察，从而保证律师在法律知识和技能方面具有基本的称职性。此外，我国还建立了律师继续教育制度，使得律师在法律知识和技能方面的称职性，能够处于动态的发展状态中。

（二）适当的工作条件

所谓适当的工作条件,是指律师在接受委托事务后,能够有充分的时间和便利的条件来准备该案件。律师要管理好自己的时间,在其没有充分时间和条件来准备该案件的情况下,法律服务的质量很难得到保障。因此,律师在办理案件时,应当根据具体情况来保持适当的工作量,在业务撞车而又无法解决的情况下,我们不能说该律师具有接受该案件委托的适当性。

李律师代理未出庭案

当事人王某等三人聘请南京某律师所的李律师为其劳动争议案代理,劳动争议仲裁后,王某等三人因对裁决结果不满,又委托李律师继续向南京某法院起诉,委托权限为特别授权。李律师代拟了起诉状并在法院立案时确认了法律文书送达地址为李律师住址。

该案经两次开庭审理,第一次简易程序李律师到庭,第二次开庭程序转为合议庭审理,经法院合法传唤当事人、代理人均无正当理由未出席开庭,法院最后以原告自动撤诉为由下达裁定书。不久原告重新起诉,法院又以当事人已无诉讼权利为由裁定驳回起诉。经查,李律师签署了两次开庭通知和当事人传票,第二次开庭通知送达后,李律师因忙于在外地办案未及时通知当事人,导致被法院裁定撤诉。

（三）有效管理

所谓有效管理,是指律师在提供法律服务时,应当处于律师事务所的有效管理之下。这是律师向社会提供法律服务的基本要求之一。这里面包括两方面内容。

第一,律师应当在律师事务所执业。按照《律师法》的规定,律师事务所是律师的执业机构。律师承办业务,由律师事务所统一接受委托,与委托人签订书面委托合同,按照国家规定统一收取费用并如实入账。《律师执业行为规范》第85条规定:"律师事务所是律师的执业机构。律师事务所对本所的执业律师负有教育、管理和监督的职责。"因此,律师未经律师事务所的正常手续,不能以律师名义对外提供法律服务。

第二,律师在提供法律服务时,能够通过律师事务所的管理避免利益冲突。律师事务所在接受当事人委托之前,先要对所委托的法律事务是否构成利益冲突进行检索,在确定不构成利益冲突的前提下才能接受委托。

因此,律师接受律师事务所的有效管理,一方面能保证律师法律服务的有效性;另一方面也更好地保障了委托人的基本权益。

案例 2-3

律师私自接受委托构成违纪

2012 年，某市某律师事务所张律师得知林女士为一欠款 200 万元案件遭到法律强制执行，即向林女士承诺：此案属刑事诈骗案，我可疏通公安部门将此案作为刑事案件立案。林女士信以为真，即同意委托张律师办理此案，并支付律师费 30 万元。

张律师用白纸起草了一份委托律师合同，并由林女士和张律师双方签署确认。第二天，林女士将 30 万元汇入了张律师妻女的银行账户。事后，张律师并没有完成委托约定的事项，即此案公安部门不予立案。林女士遂投诉到律师协会。

[问题]

如何规范律师收案？

[解析]

律师办理业务首先应当规范收案，由律师事务所统一收案，统一管理，律师事务所办理委托手续应当按照司法行政部门和律师行业协会的相关规定进行，委托手续应该使用具有律师行业通用内容的文本办理，并加盖律师事务所的公章或合同专用章。律师在执业活动中不得私自接受当事人的委托。

第二节 律师的执业条件

一、律师资格的概念

律师资格是指国家通过相应的程序予以确认的，从事律师职业所必须具备的资格条件。律师资格是公民从事律师职业必须具备的条件和身份，是律师执业的前提和基础。律师资格不同于律师执业资格，律师执业资格是指具有律师资格的人员，在符合了国家规定的执业条件后，经司法行政机关批准，可以律师名义从事律师业务的从业资格。

律师行业实行执业资格准入制度，这是由律师的行业特点决定的。律师行业是专业性很强的服务行业，律师通过自己所掌握的法律知识、技能为公众提供法律服务，其服务质量与当事人利益密切相关，因此，对律师的业务素质和职业道德素质要求较高。实行资格准入制有利于提高律师队伍的整体素质，发挥其在社会主义建设中的作用，对于维护社会的公平正义、实现国家的法治也具有重要意义。

二、律师资格制度的发展与演变

我国律师资格的演变分为两个阶段：2001年以前为律师行为单独的职业资格；2002年以后过渡为与法官、检察官统一的法律职业资格。

（一）单独的律师职业资格

1979年我国律师制度恢复，一直到1980年《律师暂行条例》才确立了选题资格制度，但开始时主要以内部授予为主。1984年江西省首创全省律师资格统一考试制度，面向社会招考。1986年司法部决定实施律师资格统一考试制度，先由各省自己出题、自己评卷，后由司法部统一出题、各省分别评卷和录取。

1995年开始由司法部统一组织出题、统一评卷、统一录取，这种办法一直持续到2000年律师资格考试制度终止。全国律师资格统考经过十几年不断的完善，以组织严密、程度公开公正、高难度、低通过率逐渐赢得了社会认可，为后来过渡为全国统一司法考试打下了坚实基础。经考试合格的人员，由司法部（1993年前为省级司法厅）颁发律师资格证书，作为从事律师职业的有效凭证。律师资格合同统考共组织了12次，为律师业发展募集了大量的优秀人才。

（二）法律职业资格

2001年6月30日第九届全国人民代表大会常务委员会第二十二次会议通过了关于修改《法官法》的决定和关于修改《检察官法》的决定，其中均规定："国家对初任法官、检察官和取得律师资格实行统一的司法考试制度，由国务院司法行政部门负责实施。"

2008年8月14日司法部发布修改后的《国家司法考试实施办法》，第2条规定："国家司法考试是国家统一组织的从事特定法律职业的资格考试。初任法官、初任检察官，申请律师执业和担任公证员必须通过国家司法考试，取得法律职业资格。法律、行政法规另有规定的除外。"

经过统一司法考试取得的资格称为法律职业资格，它是从事法官、检察官，律师执业必备的资格要件。

知识拓展

《律师法》第5条规定："申请律师执业，应当具备下列条件：（一）拥护中华人民共和国宪法；（二）通过国家统一司法考试；（三）在律师事务所实习满一年；（四）品行良好。实行国家统一司法考试前取得的律师资格凭证，在申请律师执业时，与国家统一司法考试合格证书具有同等效力。"

三、律师资格的取得途径

（一）参加全国统一司法考试

《国家司法考试实施办法》（以下简称《司考办法》）对有关报名的条件、考试、考试组织及资格授予等问题均作了明确规定。

1. 报名条件

《司考办法》第 15 条规定，符合以下条件的人员，可以报名参加国家司法考试：

（1）具有中华人民共和国国籍；

（2）拥护《中华人民共和国宪法》，享有选举权和被选举权；

（3）具有完全民事行为能力；

（4）高等院校法律专业本科毕业或者高等院校非法律专业本科毕业并具有法律专业知识；

（5）品行良好。

《司考办法》第 16 条规定，有下列情形之一的人员，不能报名参加国家司法考试，已经办理报名手续的，报名无效：

（1）因故意犯罪受过刑事处罚的；

（2）曾被国家机关开除公职或者曾被吊销律师执业证、公证员执业证的；

（3）被处以二年内不得报名参加国家司法考试期限未满或者被处以终身不得报名参加国家司法考试的。

2. 考试

《司考办法》规定，国家司法考试每年举行一次。具体考试时间和相关安排在司法考试三个月前向社会公布。国家司法考试主要测试应试人员所应具备的法律专业知识和从事法律职业的能力。

国家司法考试的内容包括：理论法学、应用法学、现行法律规定、法律实务和法律职业道德。国家司法考试实行全国统一命题。国家司法考试的命题范围以司法部制定并公布的《国家司法考试大纲》为准。国家司法考试采用闭卷的方式。

3. 考试组织

司法部设立专门机构具体承办国家司法考试工作。国家司法考试的报名、考场设置、考试纪律、命题、监考、评卷等考务工作的规则，由司法部依据本办法规定。各省、自治区、直辖市司法厅（局）应当设立专门机构，按照规定具体承办国家司法考试的有关考务工作。

4. 资格授予

每年度国家司法考试的通过数额及合格分数线，由司法部商最高人民法院、最高人民检察院确定后公布。参加国家司法考试成绩合格，并不具有《司考办法》第 16 条规定情形的人员,可以按照规定程序向司法部申请授予法律职业资格,由司法部颁发《法律职业资格证书》。违反《司考办法》规定取得《法律职业资格证书》的,由司法部撤销原授予法律职业资格的决定,并收回、注销其《法律职业资格证书》。

(二) 律师资格的考核授予

律师资格的取得方式除参加全国统一司法考试外,我国还规定了考核授予的方式作为考试制度的补充。考核授予制度是指对符合规定条件的公司,不经参加司法考试,按照一定的程序考核授予其律师资格的制度。考核授予有利于将那些具备较高的法律业务素质,长期从事法律教学研究或实践工作的人员吸收到律师队伍中来,有利于缓解我国律师资源不足的问题,提高律师的整体素质。

《律师法》第 8 条规定:"具有高等院校本科以上学历,在法律服务人员紧缺领域从事专业工作满十五年,具有高级职称或者同等专业水平并具有相应的专业法律知识的人员,申请专职律师执业的,经国务院司法行政部门考核合格,准予执业。具体办法由国务院规定。"

司法部《律师资格考核授予办法》第 4 条规定,拥护中华人民共和国宪法,品行良好,身体健康,年龄在 65 岁以下,具有高等院校法学本科以上学历,被授予律师资格后能够专职从事律师工作的中华人民共和国公民,符合下列条件之一的,可以申请考核授予律师资格:

(1) 在高等法律院校(系)或法学研究机构从事法学教育或研究工作,已取得高级职称的;

(2) 具有法学专业硕士以上学位,有三年以上法律工作经历或者在律师事务所工作一年以上的;

(3) 其他具有高级职称或者同等专业水平,可以考核授予律师资格的。

司法部《律师资格考核授予办法》第 5 条规定,有下列情形之一的,不予授予律师资格:

(1) 受过刑事处罚的,但过失犯罪的除外;

(2) 被开除公职或被吊销律师执业证的;

(3) 无民事行为能力或者限制民事行为能力的;

(4) 伪造证明材料申请考核授予律师资格的;

(5) 其他不适宜从事律师职业的。

四、律师执业证书的取得

律师执业证是律师执业的有效证件。律师执业,应当依照规定领取律师执业证。未取得律师执业证书的人员,不得以律师名义执业。

律师执业证与律师资格证不同。律师执业证的取得,意味申请人不但具有取得律师资格所应有的知识水平,而且拥有实际执行律师业务的能力。如果取得律师资格的人,在实习期间表现出能力低下,不宜从事律师职务,司法行政机关是不会发给其律师执业证的。律师执业证是对申请人的律师资格和业务能力双重认可的结果和凭证。

根据《律师法》和 2008 年 7 月 18 日司法部颁布的《律师执业管理办法》的有关规定,申请领取律师执业证书的程序是:

1. 提出申请

申请人取得律师资格后,必须首先在律师事务所连续实习一年。实习期满,由律师事务所对其在实习期间的思想道德、业务能力和工作态度作出鉴定,然后通过所在的或拟调入的律师事务所向住所地司法行政机关报送申请材料,包括:执业申请书;法律职业资格证书或者律师资格证书;律师协会出具的申请人实习考核合格的材料;申请人的身份证明;律师事务所出具的同意接收申请人的证明。

2. 审查

设区的市级或者直辖市的区(县)司法行政机关对申请人提出的律师执业申请,应当根据下列情况分别作出处理:

(1) 申请材料齐全、符合法定形式的,应当受理;

(2) 申请材料不齐全或者不符合法定形式的,应当当场或者自收到申请材料之日起五日内一次告知申请人需要补正的全部内容。申请人按要求补正的,予以受理;逾期不告知的,自收到申请材料之日起即为受理。

(3) 申请事项明显不符合法定条件或者申请人拒绝补正、无法补正有关材料的,不予受理,并向申请人书面说明理由。

受理申请的司法行政机关应当自决定受理之日起 20 日内完成对申请材料的审查。在审查过程中,可以征求申请执业地的县级司法行政机关的意见;对于需要调查核实有关情况的,可以要求申请人提供有关的证明材料,也可以委托县级司法行政机关进行核实。经审查,应当对申请人是否符合法定条件、提交的材料是否真实齐全出具审查意见,并将审查意见和全部申请材料报送省、自治区、直辖市司法行政机关。

3. 审核批准

省、自治区、直辖市司法行政机关应当自收到受理申请机关报送的审查意见和全部申请材料之日起 10 日内予以审核,作出是否准予执业的决定。准予执业的,应当自决定之日起 10 日内向申请人颁发律师执业证书。不准予执业的,应当向申请人书面说明理由。

📖 知识拓展

《律师法》第 11 条规定:"公务员不得兼任执业律师。律师担任各级人民代表大会常务委员会组成人员的,任职期间不得从事诉讼代理或者辩护业务。"

五、律师执业的特别形式的申请与管理

（一）兼职律师

兼职律师是指取得律师资格和律师执业证书，不脱离本职工作从事律师职业的人员。兼职律师是对我国专职律师数量不足的一种补充。从立法上确立专职律师与兼职律师并存的制度，是与我国目前的国情相适应的。

担任兼职律师的主要是从事法学教育和法学研究的专家、学者，他们富于理论深度和专业修养，具有丰富的法律知识和较强的法律服务技能。由于他们不能脱离本职工作，因此只有允许其担任兼职律师，才能缓解律师数量与法律服务需求之间的矛盾。

 知识拓展

《律师法》第12条规定："高等院校、科研机构中从事法学教育、研究工作的人员，符合本法第五条规定条件的，经所在单位同意，依照本法第六条规定的程序，可以申请兼职律师执业。"

兼职律师在执业活动中统称为律师，与专职律师有同等的权利和义务；兼职律师不得同时在两个或两个以上的律师事务所执业，不得接受与本人工作有利害关系的案件的对方当事人的委托担任代理人。

案例 2-4

小张是一名政府机关的公务员，小王是一名高校法律专业的讲师。在当今律师行业越来越受到众人瞩目并极具发展潜力的背景下，他们都想进入这个行业，希望通过不断的努力而成为一名知名律师。他们得到的消息是，要想获得律师资格，得通过国家统一司法考试。可是，小张又听到有人说公务员不能在律师领域执业，那么自己考这个就没有什么用了，甚至能不能考也是一个疑问；而小王听说高校中人事法律专业教学的人好像可以不用通过司法考试就行获得律师资格并执业了。

[问题]

小张和小王各自得到的消息符合现在法律的规定吗？

[解析]

小张和小王听到的说法都是不对的。在是否准许参加司法考试的条件中，我国法律法规没有对具有公务员身份的考生加以限制或禁止。而在对具有公务员身份的人员能否执业问题上，我国法律法规中仍有特殊规定。《律师法》第11条规定："公务员不得兼

任执业律师。律师担任各级人民代表大会常务委员会组成人员的,任职期间不得从事诉讼代理或者辩护业务。"也就是说,小张计划以后成为执业律师可以同其他考生一样报名参加司法考试,只是在没有脱离公务员队伍之前不能申请执业。

小王以高校法律教师身份从事律师执业,根据我国《律师法》第 12 条规定:"高等院校、科研机构中从事法学教育、研究工作的人员,符合本法第五条规定条件的,经所在单位同意,依照本法第六条规定的程序,可以申请兼职律师执业。"

小王是法学讲师,仍需要考试取得律师资格后,再通过其本人所在单位同意才能执业。而如果要一步到位在高校或科研机构内从事法律教学和在科研岗位上具有执业资格,《律师法》第 8 条规定:"具有高等院校本科以上学历,在法律服务人员紧缺领域从事专业工作满十五年,具有高级职称或者同等专业水平并具有相应的专业法律知识的人员,申请专职律师执业的,经国务院司法行政部门考核合格,准予执业。具体办法由国务院规定。"小王要获得高级职称或同等专业水平后只需经国务院司法行政部门考核合格即可执业。

(二)港澳台地区居民在内地担任律师

1. 港澳地区

香港、澳门居民申请在内地律师事务所执业,除了具备内地居民申请执业所具备的条件外,还应当依照司法部的有关规定参加更为严格的实习,才能申请领取律师执业证,且只能从事内地非诉讼法律事务。

香港、澳门永久性居民中的中国公民参加国家司法考试,其报名条件、报名时间、考试科目、考试内容、考试时间、参考规则、合格标准、资格授予,适用《国家司法考试实施办法》以及内地有关司法考试的统一规定。

司法部颁布的《香港特别行政区和澳门特别行政区居民参加国家司法考试若干规定》第 4 条规定:"香港、澳门永久性居民中的中国公民在考试报名时,应当向受理报名的机关提交下列证明其符合本规定第二条规定条件的有效身份证件:

(1)香港、澳门永久性居民的身份证明;

(2)港澳居民来往内地通行证(回乡证)或者香港、澳门特别行政区护照。提交复印件的,须经内地认可的公证人公证。"

学历证明方面,香港、澳门永久性居民中的中国公民在考试报名时,持内地高等院校学历证书的,可以向受理报名的机关直接办理报名手续;持香港、澳门、台湾地区高等院校或者外国高等院校学历证书报名的,须同时提交经国务院教育行政部门有关机构出具的认证证明。

《香港特别行政区和澳门特别行政区居民参加国家司法考试若干规定》第 8 条规定:

"香港、澳门永久性居民中的中国公民参加国家司法考试合格的,可以根据司法部制定的《法律职业资格证书管理办法》的规定,向司法行政机关申请授予《中华人民共和国法律职业资格证书》。在香港、澳门报名参加考试合格的人员,向司法部委托的承办资格申请受理事务的内地驻港澳机构递交申请及有关材料,由其接收后转递指定考场所在地的省级司法行政机关审查上报。在内地报名参加考试合格的人员,向考场所在地司法行政机关递交申请及有关材料,由其按规定程序审查上报。"

2. 台湾地区居民取得内地律师资格证的特别规定

司法部公布的《台湾居民参加国家司法考试若干规定》第 5 条规定:"台湾居民在考试报名时,应当向受理报名的机构提交以下证明其符合本规定第二条规定条件的有效身份证明:台湾居民来往大陆通行证(简称台胞证)和台湾居民身份证;不能提交台湾居民来往大陆通行证的,应当提交台湾居民身份证和户籍誊本或者户口名簿。提交户籍誊本或者户口名簿复印件的,须经台湾地区公证机构公证。受理报名的机构认为必要时,可以要求报名人同时提交其他有关证明。"

其第 6 条规定:"台湾居民在考试报名时,持大陆高等院校学历(学位)证书的,可以向受理报名的机构直接办理报名手续;持台湾、香港、澳门地区高等院校或者外国高等院校学历(学位)证书报名的,须同时提交经教育部有关机构出具的学历(学位)认证证明。"

台湾地区居民参加国家司法考试合格的,可以根据《法律职业资格证书管理办法》的规定,申请授予法律职业资格。在不同的地点申请,程序上会有所区别:在大陆报名参加考试合格的人员,向报名地司法行政机关递交申请及有关材料,由其按照规定程序审查上报;在香港、澳门地区报名参加考试合格的人员,向司法部委托的承办资格申请受理事务的大陆驻港澳机构递交申请及有关材料,由其按照规定程序上报司法部进行审查。

六、律师执业年度考核制度

律师执业年度考核,是指律师协会在律师事务所对本所律师上一年度执业活动进行考核的基础上,对律师的执业表现做出评价,并将考核结果报司法行政机关备案,记入律师执业档案。[①] 为了规范律师执业年度考核工作,加强对律师执业活动的监督,2010 年,全国律师协会颁布了《律师执业年度考核规则》。

律师执业年度考核,由设区的市级律师协会和直辖市律师协会负责组织实施;设区的市未建立律师协会的,可以由所在的省、自治区律师协会负责组织实施。省、自治区、直辖市律师协会指导、监督本区域的律师执业年度考核工作。律师事务所应当召开律师执业年度考核工作会议,听取律师个人总结,组织进行民主评议。根据考核评议情况,由

---

① 《律师执业年度考核规则》第 2 条。

律师事务所依据本规则规定的考核内容、考评标准,对律师上一年度的执业表现出具考核意见。

设区的市级律师协会和直辖市律师协会应当按照当地司法行政机关规定的时间将律师执业年度考核结果报所在地设区的市级或者直辖市区(县)司法行政机关备案;由其通过备案审查后,在律师执业证书上加盖"律师年度考核备案"专用章。

律师经年度考核被评定为"不称职"的,设区的市级律师协会或者直辖市律师协会应当根据其存在的问题,书面责令其改正,并安排其参加律师协会组织的培训教育。律师连续两年被评定为"不称职"的,由律师协会给予通报批评或者公开谴责的行业惩戒;情节严重的,建议司法行政机关依法给予相应的行政处罚,也可以建议律师事务所与其解除聘用关系或者经合伙人会议通过将其除名。

七、律师执业证书的收回、注销

律师有下列情形之一的,由其执业地的原审核颁证机关收回、注销其律师执业证书:

(1) 受到吊销律师执业证书处罚的;

(2) 原准予执业的决定被依法撤销的;

(3) 因本人不再从事律师职业申请注销的;

(4) 因与所在律师事务所解除聘用合同或者所在的律师事务所被注销,在六个月内未被其他律师事务所聘用的;

(5) 因其他原因终止律师执业的。

第三节　律师的素质与律师执业教育

律师的素质是指从事律师职业的人所具有的理论水平、思想修养、业务能力和专业技巧。一方面,律师作为社会的一员,应当遵从社会要求的基本规范;另一方面,律师是法律专家,其担负着维护国家法律正确实施,维护当事人合法权益的崇高使命,因此,律师还应当具备履行其职位所要求的行业素质,即律师素质。

律师素质反映了国家和社会对律师职业的基本要求。律师的职业素养决定着法律运作过程及其结果的质量与效率,一个国家法治化程度的高低与其法律职业素养的要求成正比,现代法治社会都要求法律职业者必须具备较高的职业素质。

一、良好的业务素质

一个成功的、优秀的律师,应该在法学理论方面有高深的造诣、深入的研究,具有娴熟的办案技巧,严密的逻辑思维能力,具备演说家的口才等。但是,不可能要求每一个律师都具有优秀律师的素质。然而作为一名律师应具备律师职业应有的基本素质,尤其是业务素质,这是不同时期、不同国度对律师的共同要求。委托人找到律师的目的就是获得有效的法律帮助,而律师作为提供法律服务的人员,其职业理想就是以高超的法律技能和娴熟的法律技术为委托人提供有效的服务。

称职的律师应当能够就法律向委托人提供足够的信息,以便有效解决法律问题。为了提供优质的法律服务,学习和掌握有关的科学知识显得非常重要。律师服务还是一项实践性很强的业务,具有律师业务技巧也是必不可少的。因此,律师业务素质应包括多层次的知识结构和律师业务技巧。

(一)法律知识的综合运用能力

法学基础知识是每个律师都必须熟练掌握并加以运用的,也是律师提供法律服务至少应具备的。基本的法学知识包括法理学、宪法学、刑法学、民法学、经济法学、诉讼法学、婚姻法学、国际法学、证据法学等法学基础知识和有关的法律、法规以及有关的立法、司法解释和党的方针政策等。

只有掌握了法学的基础知识,才能在法律服务的过程中准确地认定事实;正确地适用法律,解决法律问题。对于实践中出现法律没有相关规定的情况,律师应当按照法学理论和有关政策的精神加以处理。

律师业务涉及的法律知识非常广泛,律师不可能全部掌握,也没有必要全部掌握,随着律师业务专业化的发展,律师不再局限于为委托人提供一切的法律服务,而是提供更具专业性的高层次的法律服务,成为处理某专业、某领域法律问题的专家,这就要求律师在掌握基本法学知识的同时,根据自己的特长,精通某个领域或某个专业的法学知识,熟悉与之相关的法律、法规和政策,并对服务对象的业务知识有所了解,以更高的层次提供法律服务。

此外,随着我国对外开放政策的贯彻实施,涉外纠纷、诉讼也日益增多,律师办理涉外业务的机会也增多,这就要求律师不仅要熟悉我国有关法律,还应掌握我国缔结或参加的有关国际条约,了解国外的法律规定、国际惯例等。

(二)丰富的社会知识拥有能力

律师的业务涉及社会生活的各个领域,法律服务的多元性和复杂性导致了往往一项法律服务需要律师掌握很多方面的知识,这要求律师要有不断继续学习的心态和敬业的精神,对经济、金融、会计、商务、医学、建筑、工程等都应该有广泛的了解,及时丰富自己的文化知识,随时给自己充电。

(三)杰出的能力素养拥有能力

1. 律师要有一定的文学修养

律师的大量工作都是案牍工作。无论是作为辩护人还是代理人,无论是诉讼业务还是非诉讼业务,律师的工作都要涉及各种法律文书,而这些法律文书都要求达到准确、精练、严谨的标准。因此律师必须提高自己的文学修养,提高自己家与语言文字的能力,这不仅有助于律师自己制作的法律文件条理清晰,文字流畅,观点明确,论证有力,而且有利于律师了解社会生活和时代背景,增强律师对法律问题的感悟力。如果律师没有一定的文学修养,是难以胜任纷繁复杂的律师工作的。

2. 律师要有较强的口头表达能力

语言是人类表达思想的工具之一,律师在执行业务的过程中始终离不开与他人的语言交流。善辩的口才是律师必备的一个条件。无论是法律咨询、参加谈判,还是出庭进行诉讼、仲裁,都需要律师进行充分的说理和严谨的表达。如果律师掌握了相应的法学知识和案件的事实,却无法准确、清楚、生动的语言表达出来,无疑会大大削弱说理的效果。能辩而不善辩,不仅对当事人是悲剧,对律师来讲更是悲剧。善辩的口才对于提高律师的工作技巧有着重要的作用,是实现律师职责的重要手段。

3. 律师要有缜密的逻辑思维和灵活的应变能力

逻辑思维能力,是指律师在办案过程中,借助于概念、判断、推理,反映对案件的认识能力。律师执业过程中,接触的案件绝不是现成的案件,案件的情况复杂多样,涉及的材料往往也比较多。这就要求律师对情况加以具体分析、判断、推理,然后加以综合,最后得出结论。总之,律师必须具有缜密的逻辑思维能力。缜密的逻辑思维可以使律师头脑清醒,条理分析,目光敏锐,善于抓住事物的核心和本质。律师只有具备缜密的逻辑思维能力和科学的工作方法,才能自如地运用法律,维护委托人的合法权益。

应变能力,是指适应事态变化的临时处置能力。律师工作的对象,或是错综复杂而多变的"事",或是复杂而能变的"人"。律师的活动不可避免的涉及种种变化着的事物,这就要求律师具有一定的应变能力。通常情况下,律师的应变能力主要包括以下几个方面的内容,即控场能力、对答能力、判断能力和补救能力。提高应变能力的关键在于对法律、政策的理解和运用,以及对事物真相的掌握。

律师在业务活动中,如果没有较高的理论水平,缺乏应当具备的法律知识,对案情了解、认识得不深不透,在遇到新情况,新问题时,势必会束手无策。因此,作为一名律师,只有具备灵活的应变能力,才能很好地履行职责,维护当事人的合法权益。

4. 律师要有良好的公关和人际交往能力

人际关系是一种信息和对象相互作用的过程,是最基本而又最复杂的社会关系,也是人们联络感情的纽带。在现代社会,善于交往是一个人的财富。律师在处理具体法律事务中,要参与企业经济活动,提供法律咨询,在不同的利益主体中进行斡旋调解等。律师的业务活动几乎囊括了社会各行各业各个领域,涉及社会各个层次、不同性格、不同品位、不同素质的人。

如果人际关系处理得当,当事人就愿意找他排忧解难,政法部门和企事业单位也乐于听取他的意见和建议。同时律师在交往中,容易吸收各种社会能量,掌握各种信息,能认识诸多朋友从而使自己的社会活动范围更加宽广,基础更深厚,这样就有利于业务的拓展。

因此,律师要充分认识人际关系的重要性,树立正确的人际关系的价值观,加强个人修养,优化个人形象,最大限度地开发人力资源。

在交往实践中,无论身处何种场所,都应保持良好的情绪状态,在言谈举止,投足举手之间,表现出优雅的气质,潇洒的风度,体现出积极向上的精神风貌,从而赢得当事人以及交际对象的信任。律师的人际交往有特殊性,它不仅起着公众、社区组织和国家法律结合的作用,而且维系着社会稳定和发展以及国家法制统一与尊严。

 案例 2-5

律师情绪失控谩骂法官

2014 年,天津某律师事务所陈律师在高架公路驾车时,接到承办法官电话要其下午去法院拿裁定书,因信号不清,法官接连打了几次电话才通知清楚。在接电话过程中,陈律师发生轻微的撞车事故。

下午,陈律师到法院拿到了驳回起诉的裁定书,于是情绪激动失控,一面指责法官在其开车时频频打电话,一面称法官枉法裁判,要法官在国徽面前下跪。在法官离开法庭后,陈律师还拿凳子砸法庭的门,造成极其恶劣的影响。

[解析]

据调查统计表明,律师的很多违法违纪行为,尤其是在非执业状态下的违法违纪行为,都是律师没有把握好自己的情感而造成的。

律师的任务是对国家机关、企事业单位、公民提供法律帮助,以维护法律的正确实施,维护国家、集体和公民个人的合法权益。因此律师应具备良好的道德修养,律师绝不能把自己等同于商人做生意,不应唯利是图。学会做一个好的律师,对集体要讲奉献,对客户要讲责任,对同事要讲宽容,对朋友要讲诚信。不提高道德修养,最终是要被客户所否定,也注定会被社会淘汰。

二、律师的职业教育

法律教育是从事法律职业的必经之路,法律教育提供了系统的法律学问,有效的法律职业教育对于保障法律职业人的称职性不可或缺。为了保持法律职业较高的职业素养,各国在规定严格的职业准入制度的同时,还要求具有完备的培训制度,各国普遍成立有专门的培训机构,对法律职业者进行过渡教育和继续教育,使得律师在法律知识和技能方面的称职性得以维持,并始终处于动态的发展状态中。

(一)法学院教育

中国现在有 600 多所高等院校在招收法科学生,总体评价其教学质量非常困难。即便针对特定的法学院,教育成效的评估仍然很困难。长期以来,中国法学教育一直存在着在传授知识的层面上基础性不足、覆盖面不广,在技能训练方面则"全方位缺席"等问题。法学学科属于实践性、应用性很强的学科,实践教学作为培养人才模式中的重要组成部分,在实现培养人才目标尤其是在培养学生职业技能素质、激发学生创新精神等方面具有其他教学环节所不能替代的作用。因此,法学教育实践化成为世界法学教育的明显趋势之一。

目前的法学教育中,进行专业化实践的做法主要有:提倡案例式教学;开设"法律诊所课程、法律诊所课程"是 20 世纪 60 年代美国法学院兴起的一种新型的法学教育方法,这种教学模式成为当今世界法学教育改革的一种趋势;定期在法学院内部举行模拟法庭训练课程;与法院、检察院、律师事务所等实务部门建立法律教育实践基地,增加实践性课程的比重,为学生参加法律实践活动创造更好的条件。

(二)律师职业过渡教育

法律职业是理论与实践紧密联系的职业,而律师在进入法律职业之前所受的法律教育往往偏重于理论,而对实务的重视不足,为此,世界多数国家都有着比较严格的、系统的过渡教育制度。

1. 境外律师职业过渡教育

(1) 德国的实习培训。在德国,准备从事律师职业的人(这些人都是完成了法学本科教育的学生)的实习被安排在通过第一次司法考试之后,实习期也可译为"国家文官候补期"或"职业预备期",时间为两年半,并依照以下次序完成:6 个月在初级民事法院;4 个月在检察机关或刑事法院;6 个月在地方政府;5 个月在审理雇佣合同、社会保障、家庭法、税收和行政争议案件的法院;3 个月在律师事务所;3 个月由实习者挑选实习单位;最后 3 个月在中级民事法院。实习的内容,由各州根据《法院培训条例》和《法律培训规则》具体实施。

司法实习使通过国家第一次司法考试的学生熟悉司法、行政等法律职业的实际任务和工作方法,实践、补充和深化所学到的理论知识,培养自己独立工作、独立判断的能力和社会责任意识,为今后担任法官、检察官、高级行政官员等官员职务创造条件。

(2) 日本的司法研修。在日本,则是通过司法研修所对律师(也包括法官、检察官)进行职前培训。培训时间一年半,学习安排分为前期学习、后期学习和实习三个阶段。司法研修生在司法研修所带薪学习,薪水标准大致相当于同学历同年龄的国家公务员水准。司法研修分为前 4 个月的理论研修；1 年的实务研修，主要是到法院、检察院与律师事务所实习。

（3）美国的法学院教育。美国的法学院教育是研究生教育，学生进入法学院前所学五花八门，对进院学生没有什么特别的背景知识要求；因此，每年都有大量的本科各专业最优秀的毕业生（从数学到商业，从哲学到历史）申请进入法学院；也因为如此，法学院接受学生的标准极高，此外还有不少其他专业的硕士生、博士生，或者从业多年的其他专业人才申请进入法学院，这种状况保证了法学院学生的理论水平和能力相对说来比其他"文科"专业的研究生水平更高。

法律训练和教育在美国属于职业训练，法学院集中力量进行种种律师的技能训练，即使有学术性探讨也是作为培养合格和优秀的律师而附设的，在法学院中并不占主导地位。法学院对学生主要的要求是了解法律（包括判例），了解运用法律的必要程序和技巧，培养学生按照律师的习惯来思维和分析问题，并能使法官接受你对案件的分析和对法律的理解。

美国的法学教育定位十分明确，就是培养职业律师；而且美国法学教育起点就是研究生教育，这也决定了美国的法学院学生在入学前已在本科教育阶段为自己塑造了基本的人文精神和培养了相当的学术素养。所以这些学生一旦通过律师资格考试，在美国的社会公众眼里他们就具备了律师从业本领，无须再在律师事务所实习，可以选择自行开业或者被招聘到某家律师事务所成为薪酬律师。

2. 我国律师职业的过渡教育

中华全国律师协会《申请律师执业人员实习管理规则》规定，已经取得法律职业资格证书或律师资格证书者，申请成为执业律师需要到律师事务所进行为期 1 年的实习，实习分集中培训和实务培训两个阶段进行。

知识拓展

我国《律师法》第 5 条第 1 款规定，"申请律师执业"，应当具备下列条件：

（一）拥护中华人民共和国宪法；

（二）通过国家统一司法考试；

（三）在律师事务所实习满一年；

（四）品行良好。

实习人员的集中培训，由省、自治区、直辖市律师协会或者设区的市级律师协会组织进行。每期集中培训的时间不得少于一个月。集中培训大纲由中华全国律师协会制定。集中培训教材，由中华全国律师协会组织编写或者指定。

集中培训包括下列内容：

（1）中国特色社会主义基本理论和社会主义法治理念；

（2）律师制度和律师的定位及其职业使命；

（3）律师执业管理规定；

（4）律师职业道德和执业纪律；

（5）律师实务知识和执业技能。

组织集中培训的律师协会可以根据本地实际情况增加有关的培训内容。

实习人员的实务训练，由接收其实习的律师事务所负责组织实施。律师事务所应当按照中华全国律师协会制定的实务训练指南，指派符合条件的律师指导实习人员进行实务训练，并为实习人员进行实务训练提供必要的条件和保障。

实习人员实习期满后，应当通过律师事务所向准予其实习登记的律师协会提出实习考核申请，律师协会对实习人员进行考核，应当坚持依法、客观、公正的原则，实行材料审查与素质测评相结合的方法，对实习人员的政治素质、道德品行、业务素质以及完成实习项目的情况和遵守律师职业道德、实习纪律的情况进行全面考核，据实出具考核意见。律师协会出具的考核合格意见，是实习人员符合申请律师执业条件的有效证明文件。

（三）我国律师继续教育

我国的执业律师继续教育的内容主要包括：律师职业道德和执业纪律教育；专门法律实务培训；新颁布法律法规培训；律师执业技能培训；律师管理法规培训以及涉外进修、学历教育、专业资格教育等。

我国《律师执业行为规范》第98条规定："律师应当参加、完成律师协会组织的律师业务学习及考核。"在实践中，各级律师协会通过论坛、讨论、沙龙、网络远程教育等多种形式，组织律师的业务学习，许多规范的律师事务所也积极开展所内的培训活动，以提高执业律师的职业素养。

 **实训练习**

一、不定项选择题

1. 我国《律师法》对律师的执业活动作了限制性规定，目的在于保障律师公证执业及实现对律师的有效管理，这些限制不包括（　　）。

A. 律师只能在一个律师事务所执业

B. 公务员不能兼任执业律师

C. 曾经担任法官、检察官的律师，从人民法院、人民检察院离任后两年，不得执行诉讼代理和辩护业务

D. 律师不能为同一诉讼中利益的双方担任代理人

2. 我国执业律师的种类包括（　　）。

A. 职业律师和业余律师　　　　　　B. 大律师和小律师

C. 专职律师和兼职律师　　　　　　D. 诉讼律师和非诉律师

3. 全国统一司法考试的报名条件包括（　　）。

A. 具有中华人民共和国国籍

B. 拥护《中华人民共和国宪法》，具有选举权和被选举权

C. 具有完全民事行为能力

D. 符合《法官法》《检察官法》《律师法》规定的学历、专业条件

二、案例题

2011 年 7 月，河北三河燕化公司（以下简称燕化公司）拟与北京金晟房地产开发有限公司（以下简称金晟公司）合作开发某住宅小区项目。为了查清对方底细，燕化公司聘请北京嘉华律师事务所作为法律顾问展开调查。

嘉华律师事务所审查后作出结论：项目确实在金晟公司名下。燕化公司遂向金晟公司支付了 1 亿元项目转让费，买下了该住宅小区项目，同时向嘉华律师事务所支付了 100 万元律师费。然而 8 个月后，燕化公司却发现金晟公司原先并不是该住宅小区项目所有人，燕化公司拱手交出的 1 亿元被人骗走了！

受骗的燕化公司认为嘉华律师事务所的律师在法律服务工作中敷衍了事，造成巨额损失，已构成严重违约。由于嘉华律师事务所在 2012 年 3 月向北京市司法局主动申请注销，燕化公司一纸诉状将原嘉华律师事务所的 3 名合伙人告上法庭，要求返还律师费 100 万元并赔偿经济损失 900 万元。

法院最终支持了原告三河燕化公司的诉求，认定嘉华律师务所提供法律服务存在重大过错，履行"委托协议"义务不符合约定，对燕化公司支付 1000 万元定金的经济损失应承担赔偿的违约责任。考虑到燕化公司自身也有失察之责，法院判决 3 名合伙人共同赔偿燕化公司 800 万元律师费。[①]

问题：本案中，嘉华律师事务所 3 名合伙人的赔偿责任是如何造成的？

---

① 人民网，http://www.people.com.cn/GB/news/37454/37461/3072002.html。

第三章
律师的权利和义务

学习目标

1. 了解律师在执业活动中享有的权利及应当履行的义务；
2. 掌握律师权利的基本内容及律师义务的基本内容。

引导案例

案例一 2013 年 5 月 30 日，广西某律师事务所依法接受犯罪嫌疑人李某的丈夫委托，指派律师何某、胡某为李某提供法律帮助及辩护。6 月 10 日上午 10 时，律师与李某进行第二次会见。会见谈话还没开始，广西海关缉私局派出的地场警员就说会见时间限制 20 分钟，并且制止犯罪嫌疑人陈述任何与案件有关的事实。

该警员自称是依据缉私局的"内部规定"执行公务。两名律师随后要求缉私局公开"内部规定"。由于没有得到对方的书面答复，两名律师认为其行为构成行政不作为，遂将侦查机关广西海关缉私局诉到广西中级人民法院。

案例二 海南省海口市民林某、王某，于 2012 年 6 月 3 日被海口市公安局刑事拘留后羁押在海口市第一看守所，一直没有向家属送达拘留通知书。林某亲属委托北京市正海律师事务所程某担任林某的律师，王某亲属委托北京市高博隆华律师事务所张某担任其律师。

2012 年 6 月 10 日，两名律师至海口市第一看守所处，按照《律师法》第 33 条的规定，要求会见这两名犯罪嫌疑人。但遭到拒绝。在向海口市公安局、检察院等多个部门投诉无果后，北京律师程某将海口市公安局告到法院，请求法院判令被告立即依据《律师法》安排两名律师会见犯罪嫌疑人。①

[问题]

上述两案中侦查机关的做法是否侵犯了律师的合法权益？该权益受保护的法律依

① 腾讯网，http://news.qq.com。

据是什么？

[解析]

两案中侦查机关的做法侵犯了律师的合法权益。《刑事诉讼法》第47条在维护律师依法履行自己的职责方面作出规定："辩护人、诉讼代理人认为公安机关、人民检察院、人民法院及其工作人员阻碍其依法行使诉讼权利的,有权向同级或上一级人民检察院申诉或控告。人民检察院对申诉或都控告应当及进进行审查,情况属实的,通知有关机关予以纠正。"

因此,判案的法官认为,案件中两名律师难以实现会见权,应当向检察机关反映,到人民法院提起行政诉讼不适当,因此驳回起诉。

第一节　律师的权利

律师的权利,是指律师在执行务过程中依法享有的权利。从本质上说,律师的权利是一种职务性权利,是律师以其社会法律工作者的身份,为当事人提供法律服务时所享有的特有权利。它包含三层含义:一是律师依法可以为一定行为的可能性;二是律师依法可以请求他人为一定行为或不为一定行为的范围及限度;三是律师依法履行职务过程中合法权益受法律保护的权利。

律师权利是由法律规定的,具有两个特点:第一,当事人享有的法律权利在一定程度上也是律师的权利,律师代当事人行使权利,律师有些权利来源于当事人的权利,如刑事辩护律师的辩护权和辩论权实际上都是被追诉人的权利。第二,为了保障律师行使职务的便利,赋予律师某些特权,如查阅案卷权、调查取证权、保密权、豁免权等。此外,律师权利的实现有时需要有关机关、单位和个人的配合。

一、依法执业受法律保障的权利

该项权利包括三个方面的内容。

(一)律师依法执业的活动受法律保护

《律师法》第3条第4款规定:"律师依法执业的活动受法律保护"。这项权利是律师行使其他权利的法律保障。律师在执业时,任何单位和个人不得进行非法干涉,不得无理阻挠律师开展工作。

(二)律师在执业活动中的人身权利不受侵犯

《律师法》第37条第1款规定:"律师在执业活动中的人身权利不受侵犯。"该条第3

款规定："律师在参与诉讼活动中因涉嫌犯罪被依法拘留、逮捕的,拘留、逮捕机关应当在拘留、逮捕实施后的二十四小时内通知该律师的家属、所在的律师事务所以及所属的律师协会。"这些规定是对律师依法执业的重要保障,也是维护法律正确实施、维护公民合法权益的重要基础。

案例 3-1

2013 年 7 月 10 日,律师王某在正常履行律师职务的过程中,因没有顺从法官的意愿和无理要求,坚持将其在庭审中所提出的不能遗漏当事人,要求如实记全法庭陈述和代理意见,要求补正笔录。此举本是作为诉讼代理人的基本职责,然而却引起了案件主审法官的极度反感。

该法官在恼羞成怒、失去理智之下,竟然责令法警用警械将王律师非法拘束在法院的篮球架下晒太阳达 40 分钟之久。此违法事件中,法官乱用警械非法拘束律师的恶性行为没有任何法律依据,纯属滥用职权。

该违法事件发生后,该县法院的院长、副院长等均及时出面向王律师正式赔礼道歉,该省律师协会有关人员也及时赶到该县深入了解情况,该省高级人民法院也随之责令该中级人民法院立即组成调查组对此事件进行专门调查和处理。

[解析]

法庭笔录必须完整地记载法庭各方的陈述,如果记录不完整,当事人及其律师完全有权利要求补正。此外,该法官非法拘束律师的行为也严重违反了法定程序,如果真的需要依法对当事人进行司法拘留,也必须由院长签字同意。而该法院的法官却擅作主张,滥用职权,制造了一起法官专横违法侵害律师合法权利的典型事件。

(三)律师享有刑事辩护豁免权

《律师法》第 37 条第 2 款规定:"律师在法庭上发表的代理、辩护意见不受法律追究。但是,发表危害国家安全、恶意诽谤他人、严重扰乱法庭秩序的言论除外。"赋予辩护和代理律师的豁免权即律师在诉讼中的言论不受追究。

西方一些国家在法律中明确规定律师的辩护豁免权,当律师为一位有罪的人作无罪辩护时,法院是决不会追究其任何法律责任的。律师的这一权利是由律师所执行职务的特殊性决定的,是律师履行其职责,实现其使命的必备条件。

二、阅卷权

律师参加诉讼活动,为了全面、详细地了解案情,有权查阅案卷材料。《律师法》第 34

条和《刑事诉讼法》第38条都规定,受委托的律师自案件审查起诉之日起,有权查阅、摘抄和复制与案件有关的诉讼文书及案卷材料。受委托的律师自案件被人民法院受理之日起,有权查阅、摘抄和复制与案件有关的所有材料。

修订后《律师法》和《刑事诉讼法》扩大了阅卷范围;将以前的只可查阅诉讼文书、技术性鉴定材料扩大为与案件有关的所有材料,并明确律师可以复制与案件有关的材料。

三、调查取证权

调查取证权是律师在执业过程中所享有的调查案情、收集证据的权利,是律师最基本的职责之一。律师承办案件,无论是诉讼案件还是非诉讼案件,都要在掌握事实的基础上,事实又需要证据予以支撑,因此,律师调查、收集必要的材料是律师开展业务活动的基本前提。

 **知识拓展**

《律师法》第35条规定:"受委托的律师根据案情的需要,可以申请人民检察院、人民法院收集、调取证据或者申请人民法院通知证人出庭作证。律师自行调查取证的,凭律师执业证书和律师事务所证明,可以向有关单位或者个人调查与承办法律事务有关的情况。"

《刑事诉讼法》第40条规定:"辩护人收集的有关犯罪嫌疑人不在犯罪现场、未达到刑事责任年龄、属于依法不负刑事责任的精神病人的证据,应当及时告知公安机关、人民检察院。"

《刑事诉讼法》第41条规定:"辩护律师经证人或者其他有关单位和个人同意,可以向他们收集与本案有关的材料,也可以申请人民检察院、人民法院收集、调取证据,或者申请人民法院通知证人出庭作证。辩护律师经人民检察院或者人民法院许可,并且经被害人或者其近亲属、被害人提供的证人同意,可以向他们收集与本案有关的材料。"

按照《律师法》规定的律师的调查取证权应包括以下内容。

(1)律师凭律师执业证书和律师事务所的证明向有关单位和个人调查,无须经有关单位和个人同意;

(2)律师调查取证有困难,可以申请人民检察院、人民法院收集、调取证据,即律师可借人民法院、人民检察院的强制力去获取相关证据;或申请人民法院通知证人出庭作证的权利;

(3)律师调查取证,有关单位和个人应当予以支持。

四、同被限制人身自由的人会见和通信的权利

会见权是律师与被追诉人见面并相互交流的权利。律师通过与被限制人身自由的人会见和通信，可以弄清案情，向他们解释法律，帮助他们依法行使所享有的权利。

知识拓展

《律师法》第33条规定："犯罪嫌疑人被侦查机关第一次讯问或者采取强制措施之日起，受委托的律师凭律师执业证书、律师事务所证明和委托书或者法律援助公函，有权会见犯罪嫌疑人、被告人并了解有关案件情况。律师会见犯罪嫌疑人、被告人，不被监听。"

《刑事诉讼法》第37条规定："辩护律师可以同在押的犯罪嫌疑人、被告人会见和通信。其他辩护人经人民法院、人民检察院许可，也可以同在押的犯罪嫌疑人、被告人会见和通信。辩护律师持律师执业证书、律师事务所证明和委托书或者法律援助公函要求会见在押的犯罪嫌疑人、被告人的，看守所应当及时安排会见，至迟不得超过四十八小时。

危害国家安全犯罪、恐怖活动犯罪、特别重大贿赂犯罪案件，在侦查期间辩护律师会见在押的犯罪嫌疑人，应当经侦查机关许可。上述案件，侦查机关应当事先通知看守所。

辩护律师会见在押的犯罪嫌疑人、被告人，可以了解案件有关情况，提供法律咨询等；自案件移送审查起诉之日起，可以向犯罪嫌疑人、被告人核实有关证据。辩护律师会见犯罪嫌疑人、被告人时不被监听。"

2007年《律师法》较1996年《律师法》发展之处表现在以下方面。

（1）会见时间提前。2007年《律师法》将律师有权会见犯罪嫌疑人的时间从1996年《刑事诉讼法》第96条的规定犯罪嫌疑人被侦查机关第一次讯问后提前至犯罪嫌疑人被侦查机关第一次讯问时，从而使辩护律师会见犯罪嫌疑人的时间得以提前。

（2）会见无须批准。律师凭律师执业证书、律师事务所证明和委托书或法律援助函，就有权会见犯罪嫌疑人、被告人并了解有关案件情况。

（3）强调律师会见犯罪嫌疑人、被告人不被监听。

五、申请取保候审权与强制措施超期要求解除权

为了保障诉讼的顺利进行，防止犯罪者可能实施逃跑、隐藏、毁灭证据及串供等妨碍刑事诉讼的行为，公安司法机关对被追诉人采取在一定期限内暂时限制或剥夺其人身自由的法宝强制方法。我国强制措施有：拘传、取保候审、监视居住、拘留和逮捕。其中拘留和逮捕，因此不同程度地限制公民权利，是较为严厉的强制措施，各国法律都规定了适用的条件和程序。

知识拓展

《刑事诉讼法》第 95 条规定："犯罪嫌疑人、被告人及其法定代理人、近亲属或者辩护人有权申请变更强制措施。人民法院、人民检察院和公安机关收到申请后，应当在三日以内作出决定；不同意变更强制措施的，应当告知申请人，并说明不同意的理由。"

六、有得到人民法院适当的开庭通知的权利

律师出庭参加诉讼是律师工作的重要内容。为了保证办案质量，出庭前律师必须做好充分的准备工作，比如充分了解案件真实情况、认真研究相关法律问题、拟定代理或辩护意见，这就需要开庭前有充裕的时间做准备。如果时间仓促，贸然出庭，必然导致律师在法庭上无法施展自己的专业才能，从而难以有效地维护当事人的合法权益。

根据诉讼法的有关规定，人民法院开庭审理案件，对于开庭日期的确定，应当为律师留有一定的准备时间。人民法院应当在开庭 3 日前通知担任辩护人、代理人的律师。律师如因案情复杂，开庭日期过于仓促，可以申请人民法院延期审理。对于律师的申请，人民法院应当在不超过审理期限的情况下予以适当考虑。案件开庭审理后，如果另行择期审理，人民也应当在下次开庭前适时通知律师到庭。人民法院通知律师到庭，应当用通知书的方式，不得使用传票传唤律师。

七、拒绝辩护或代理的权利

《律师法》第 32 条第 2 款规定："律师接受委托后，无正当理由的，不得拒绝辩护或者代理。但是，委托事项违法、委托人利用律师提供的服务从事违法活动或者委托人故意隐瞒与案件有关的重要事实的，律师有权拒绝辩护或者代理。"

根据这一规定，律师在接受委托后，律师有权拒绝或者代理的正当理由包括以下方面。

（1）委托事项违法，即当事人委托律师为其办理的法律事务或者要求律师提供的法律服务违反了法律法规，如当事人委托律师在法庭上作伪证等。

（2）委托人利用律师提供的服务从事违法活动。

（3）委托人故意隐瞒事实，即委托人故意隐瞒事实真相，不如实陈述案件情况，却要求律师为其开脱罪责或要求律师向法庭回答问题的。

（4）如有其他正当理由的情形，如律师因身体健康状况无法履行辩护或代理职责的，或委托人侮辱律师人格尊严的。在法律援助活动中，律师同样享有依法拒绝辩护或代理权。

律师拒绝辩护或代理的，须经律师事务所主任批准，因为委托人与律师事务所之间

存在委托合同关系。如果是人民法院指定的辩护人拒绝辩护的,须经人民法院同意。

 案例 3-2

2014 年 6 月,甲公司在美国加州的洛杉矶高等法院对其非法竞争者提起了诉讼。原告为甲公司,被告方为乙公司。诉讼进行了 5 个多月后乙公司的代理律师突然正式退出对该起诉讼的代理。据悉,乙公司的代理律师在调查取证过程中,发现乙公司的证人的陈述多次出现前后严重矛盾的情况,已涉嫌作伪证,代理律师遂即主动向法官提出退出诉讼代理的请求并获同意。

[解析]

本案例中,代理律师所遇到的问题,实际上反映了律师职业道德中的一个核心命题,即如何谨慎地权衡律师对委托人的忠诚与律师对法律的忠诚这两种义务之间的冲突。

 案例 3-3

某当事人到律师事务所请求律师为其代理追索债权的案件,并出示一份欠条。律师在接受代理后,经过反复询问有关欠条的背景,发现该欠款是当事人参与赌博时朋友欠下的赌资。于是律师依法拒绝为其提供法律服务,并明确提出法律不保护非法的债权。

[解析]

本例是典型的当事人拟聘用律师为其提供法律服务,达到非法目的的案例。律师拒绝代理完全符合法律规定和律师职业行为规范的要求。

八、法庭审理阶段的权利

《律师法》第 36 条规定:"律师担任诉讼代理人或者辩护人的,其辩论或者辩护的权利依法受到保障。"律师参加诉讼活动,依照诉讼法律规定,可以出席法庭,参与诉讼,以及享有诉讼法律规定的其他权利。律师在法庭审理阶段的权利主要有以下方面。

1. 发问权

发问权,即在庭审过程中,经审判长许可,律师有向证人、鉴定人、勘验人或被告人发问的权利。

2. 质证权

质证权,即在法庭调查阶段,律师对法庭或对方当事人出示的物证和宣读的未到庭的证人笔录、鉴定人的鉴定结论、勘验笔录或其他作为证据的文书,有权提出异议;对于到庭的证人,有权进行质证。

3. 提出新证据

提出新证据、申请法庭收集调取证据和申请保全证据的权利。在法庭上,律师有权提出新的证据,有权申请通知新的证人到庭,申请重新鉴定或勘验。是否准许,由人民法院决定。

知识拓展

《最高人民法院关于民事诉讼证据的若干规定》第41条规定,《民事诉讼法》第125条第1款规定的"新的证据",是指以下情形:

(1)一审程序中的新的证据包括:当事人在一审举证期限届满后新发现的证据;当事人确因客观原因无法在举证期限内提供,经人民法院准许,在延长的期限内仍无法提供的证据。

(2)二审程序中的新的证据包括:一审庭审结束后新发现的证据;当事人在一审举证期限届满前申请人民法院调查取证未获准许,二审法院经审查认为应当准许并依当事人申请调取的证据。

《中华人民共和国民事诉讼法》第81条规定:"在证据可能灭失或者以后难以取得的情况下,当事人可以在诉讼过程中向人民法院申请保全证据,人民法院也可以主动采取保全措施。因情况紧急,在证据可能灭失或者以后难以取得的情况下,利害关系人可以在提起诉讼或者申请仲裁前向证据所在地、被申请人住所地或者对案件有管辖权的人民法院申请保全证据。"

4. 参加法庭辩论的权利

在法庭辩论环节,控、辩双方处于同等法律地位,辩论机会均等;律师有权发表辩护词或代理词,就案件事实和证据发表自己的意见,并且可以与对方当事人及其代理人或辩护人相互辩论。法庭应当尊重和保障律师依法行使辩论的权利,不准随意责令律师退庭。

知识拓展

《刑事诉讼法》第193条规定:"法庭审理过程中,对与定罪、量刑有关的事实、证据都应当进行调查、辩论。经审判长许可,公诉人、当事人和辩护人、诉讼代理人可以对证据和案件情况发表意见并且可以互相辩论。审判长在宣布辩论终结后,被告人有最后陈述的权利。"

九、代行上诉的权利

律师参加诉讼活动,在当事人不服地方各级人民法院的一审裁判时,经当事人同意或特别授权,可以代其以当事人的名义向上一级人民法院提起上诉,有要求对案件进行重新审理的权利。

需要注意的是,上诉权属于当事人,律师不得对当事人的上诉权行使处分权。律师的代行上诉权须经当事人的同意或授权,且应在法律规定的上诉期限内提起上诉。因此,律师在为当事人代行上诉权时,必须先取得当事人的同意或授权。

那种先上诉后征求意见或者根本不征求意见的做法是违反法律规定的。当然,如果一审判决、裁定确实有误而当事人坚持不上诉的,律师应当尊重当事人本人的意见,不得强迫当事人上诉或直接上诉。

十、获取本案诉讼文书副本的权利

律师在诉讼过程中,有获得包括起诉书、抗诉书、判决书、裁定书、调解书等诉讼文书副本的权利。具体内容包括以下内容。

(1) 凡属公诉案件,人民检察院应当附起诉书副本一份,交由人民法院转发辩护律师。有律师辩护的第一审案件,人民检察院如提起抗诉,也应附抗诉书副本交由人民法院转发辩护律师。

(2) 凡有律师参加诉讼的刑事、民事案件,无论一审、二审,人民法院所作的判决书、裁定书,都应发给承办律师副本。

(3) 凡有律师参加的仲裁案件,仲裁机构的裁决书副本也应发给承办律师。

第二节 律师的义务

律师的义务,是指法律规定的律师在执业活动中应当为一定行为或不得为一定行为的范围和限度。权利和义务是相对应的,没有无权利的义务,也没有无义务的权利。律师在执业过程中享有一系列权利,同时也应当承担相应的义务。律师义务与律师职业道德既有联系,又有区别。律师义务是律师职业道德的具体要求,律师职业道德则是调节律师职业行为的内在要求。

1996 年《律师法》和新《律师法》都对律师的义务作了规定。根据其针对的对象不同,律师义务主要有以下内容:

一、律师对委托人的义务

律师与委托人之间的权利义务关系,是律师执业的核心问题,它贯穿律师执业活动的始终,调整律师执业活动的方方面面。律师应当维护当事人合法权益,这是律师特殊的社会职能。

(一)不得私自接受委托,私自向委托人收取费用或收受当事人的财物

《律师法》第 40 条第 1 项规定:"律师在执业活动中不得有下列行为:(一)私自接受委托、收取费用,接受委托人的财物或者其他利益;"第 25 条规定:"律师承办业务,由律师事务所统一接受委托,与委托人签订书面委托合同,按照国家规定统一收取费用并如实入账。律师事务所和律师应当依法纳税。"

律师事务所是律师服务收费的主体,在收费管理环节中担负重要职责。如果允许律师私下接受委托,私下向委托人收取费用,接受委托人的财物或其他利益,一方面会导致律师事务所对律师管理失控,难以保证办案质量,更难以遏制乱收费现象的发生,从而导致国家税款的流失;另一方面会增加当事人的负担,损害律师事务所以及律师的形象和声誉,影响律师行业的正常秩序和健康发展。

因此,建立健全并落实统一收取服务费和办案费、统一与委托人结算制度,防止和纠正通过律师个人收取和结算的做法。

(二)保密义务

律师应当保守在执业活动中得知的案情秘密,即职业保密义务,这是世界各国法律对律师的普遍要求。日本《律师法》规定:"律师或曾任律师的人,有权利和义务保守由职务上所得的秘密。但法律另有规定时,不在此限。"法国 1972 年 6 月 9 日第 468 号法令规定:"律师绝对不得泄露任何涉及职业秘密的事项。"

美国《律师职业行为标准规则》亦规定,除非委托人在同律师磋商后表示认可,律师不得公开同代理有关的案情。1990 年 9 月 7 日联合国预防犯罪和罪犯待遇大会通过的《关于律师作用的基本原则》第 22 条明确规定,各国政府应确认和尊重律师及其与委托人之间在其专业关系内所有联络和磋商均属保密性。律师职业秘密保守义务已经成为世界各国律师执业中一项基本义务。①

📖 知识拓展

2012 年《律师法》第 38 条明确规定:"律师应当保守在执业活动中知悉的国家秘密、商业秘密,不得泄露当事人的隐私。律师对在执业活动中知悉的委托人和其他人不愿泄

① 陈宜、王进喜主编:《律师公证制度与实务》,50 页,北京,中国政法大学出版社,2014。

露的情况和信息,应当予以保密。但是,委托人或者其他人准备或者正在实施的危害国家安全、公共安全以及其他严重危害他人人身、财产安全的犯罪事实和信息除外。"

相比较 1996 年的《律师法》,2012 年《律师法》扩大了律师保密义务范围,但并没有赋予律师拒绝作证的豁免权。

律师负有保密义务,这是由律师的职业特点所决定的,律师在从事活动中极有可能接触到某些国家机密、商业秘密和个人隐私。无论是出于维护国家利益的需要,还是出于维护当事人权利的需要,律师都必须保守其因履行职务而获得的秘密。需要强调的是,律师在委托代理关系结束后仍有保密的义务。

📖 **知识拓展**

《刑事诉讼法》第 46 条规定:"辩护律师对在执业活动中知悉的委托人的有关情况和信息,有权予以保密。但是,辩护律师在执业活动中知悉委托人或者其他人,准备或者正在实施危害国家安全、公共安全以及严重危害他人人身安全的犯罪的,应当及时告知司法机关。"

保守执业秘密,对于律师来说,不仅仅是义务,还应是职业特权。当然,为了国家和社会的重大利益,也必须对律师的拒绝作证权作出限制:

(1)律师对于其在执业外获知的秘密不享有拒绝作证权,此时,他们应履行作为普通公民的作证义务。

(2)对于律师在执业中获知的被告人未被发现的犯罪事实或尚未被抓获或抓获后逃脱的犯罪嫌疑人的行踪,如果该犯罪事实危及国家安全,或该未被抓获的犯罪嫌疑人可能对国家安全或人民群众生命、财产安全构成重大威胁,则律师也不能享有拒绝作证的豁免权,以防重大损害后果的发生。

(三)利益冲突的回避义务

利益冲突是律师在执业活动中面临的一个具有普遍意义的重大问题,如何有效地识别并处理利益冲突问题,也是律师事务所日常管理的重要事项。在一些大型律师事务所,内部都设立专门负责检查处理本所律师代理的业务中是否存在利益冲突问题的部门,并创设有专门处理这些问题的计算机程序,以避免律师出现不当执业行为。

维护委托人的合法权益,是律师执业的基本称职性决定的。为维护委托人的权益,从委托人的角度出发,根据法律和事实,为委托人提供全面公正的法律帮助,是对律师的起码要求。

如果律师与委托人、准委托人之间以律师代理的委托人之间存在利益冲突,要律师最大限度地维护委托人的权益,必然使律师陷入自相矛盾的两难境地,也无法消除委托人的顾虑。因此,律师对委托人之间存在利益冲突的案件要加以回避,是十分必要的。

《律师法》第 39 条规定:"律师不得在同一案件中为双方当事人担任代理人,不得代理与本人或者其近亲属有利益冲突的法律事务。"

《律师法》这么规定的理由是:①同一案件中的双方当事人,正是由于利益冲突不能调和才发生争议,律师同时接受互有利害关系的双方当事人的委托,就很难保证不偏不倚的同时维护双方当事人的合法权益;②作为委托人的律师,应当忠实于委托人,不能做出有损委托人利益的事情。

需要特别强调的是,律师在同一案件中,不论是在一审还是在二审均不得同时或先后为双方担任代理人。而且同一律师事务所的不同律师,也不得在同一案件中,为双方当事人担任代理人。①

案例 3-4

律师违反利益冲突回避义务

2013 年 5 月,南京某实业公司与某律师事务所签订聘请律师合同,委托李律师代理其与南京某装潢公司欠款纠纷案。然而,法院开庭时,李律师未出庭应诉,实业公司败诉,被判令给付欠款 1500 万元。令人意想不到的是,2014 年,当此案进入执行阶段后,李律师摇身一变,成了装潢公司的代理人。由于李律师作为实业公司代理人期间掌握了财产线索,造成了实业公司的不动产被法院拍卖。

2015 年 3 月,实业公司将这家律师事务所告上法庭,理由是李律师在这起案件中扮演了潜伏的角色,其行为是为案件的原被告双方代理,要求被告律师事务所赔偿原告律师费 80 万元及利息。法院认为李律师违反了委托关系的合同附随义务,构成执业利益冲突,遂判决该律师事务所返还律师费用 80 万元及利息损失。同时,司法行政部门亦对李律师科以停止律师执业 1 年,并处罚款 1 万元和追缴所有违法获得的行政处罚。

[解析]

《律师法》和《律师执业行为规范》都规定,律师不得在同一案件中为双方当事人担任代理人,也不准在前后相关的案件中分别代理有利益冲突的双方当事人。

本案中,李律师在南京某实业公司与南京某装潢公司欠款纠纷一案中,在前置程序即一审程序中担任被告实业公司的代理律师,后来又在后置程序即执行程序中担任原告方某装潢公司的律师申请强制执行,在同一案件中为双方当事人担任代理人,可谓吃完

---

① 《律师职业道德和执业纪律规范》第 28 条。

被告吃原告,违反了委托人的忠诚原则,以及利用前手委托人的商业秘密或者隐私信息侵害委托人的利益,明显构成了律师执业的利益冲突违纪。

(四)不得利用提供法律服务的便利谋取当事人争议的权益,或接受对方当事人的财物或其他利益,与对方当事人或第三人恶意串通,侵害委托人的权益

对此,《律师法》第 40 条第 2 项和第 3 项作了明确的规定。因为律师是为了解决当事人争议而履行职务的,所以律师不应当介入当事人争议的权益之中,更不能将谋取当事人争议的权益作为从事代理活动的目的。如果律师为了谋取当事人争议的权益而提供法律服务,就不可避免地利用执业便利和通晓法律的优势,欺骗当事人,从而损害当事人的利益。

委托人之所以授权委托律师为其提供法律服务,是基于对律师的信任,所以律师应当尽职尽责,忠诚地为委托人提供法律服务。律师一旦接受与委托人有利益冲突的对方当事人的财物或其他利益,往往就会背弃委托人的利益。所以,律师不得接受对方当事人的财务或其他利益,更不能与对方当事人或第三人恶意串通,侵害委托人的权益。

 案例 3-5

张律师多次向委托人借款案

2013 年 7 月 11 日,上海市律师协会接到某商贸公司投诉,称某律师事务所张律师存在违反执业纪律和职业道德的私自收取代理费和非法谋取委托人利益的行为。后经市律协深入调查,有证据证实张律师在履职过程中,不仅私自收取当事人的代理费,而且还在代理案件期间,个人向委托人随意借款。为此,2013 年 8 月 11 日,市律师协会作出决定给予张律师公开谴责的行业纪律处分。

[问题]
张律师遭到市律协严肃处分的根本原因何在?

[解析]
我国律师法和律师执业行为规范均明确规定,律师不得私自收费;律师除依照相关规定由律师事务所收取委托人法律服务费外,不得利用提供法律服务的便利谋取当事人的任何利益。本案中,张律师私自收费还通过向委托人借款以谋求委托人的利益,其行为已经严重违反了我国律师法和律师执业行为规范的强制性规定,因此,律协对张律师的处分是完全应当的。

二、律师对裁判庭的义务

诉讼业务包括仲裁业务在内,不仅是律师业的传统业务,且始终构成律师业的主要业务。这就决定了律师在执业过程中,必然会与法院、法官和仲裁庭、仲裁员进行法律上和工作上的正当接触和必要交流,由此,必然会产生具体的法律关系和人际关系,而这种关系是必须通过国家规范和行业规制来进行调整和限制的。律师参与诉讼在享有权利的同时,也承担相应的义务。

(一)维护法庭和法官的公正与廉洁

律师与法官同属法律职业共同体,各自依法担当着实现社会公平正义的神圣职责。这一职责定位决定了律师与法官在司法工作的程序中需要相互配合,相互沟通,相互尊重,而律师与法官保持正常的关系是保障诉讼功能实现的重要前提;反之,律师和法官之间产生不正常的关系势必破坏司法制度的基础和司法功能的实现。

律师在处理与法官的关系过程中,应当始终严格遵守以下行为规范。

1. 代理过程

律师在代理案件之前及其代理过程中,应当避免向当事人宣称自己与受理案件法院的法官具有亲朋、同学、师生、曾经同事等社会关系,并避免利用这种关系或以法律禁止的其他形式干涉或影响案件的审判或裁决。也就是说,律师在承办案件的整个过程中,均须避免采取明示或暗示的方式表达自身具有某种非专业能力的特殊关系和身份;也须避免采取明示或暗示的方式协助或怂恿司法人员进行违反法律的行为。总之,律师不能从事妨碍国家机关依法行使权力的行为。

2. 办案过程

律师在办案过程中,不得与所承办案件有关的司法人员私下接触,即律师不得违反规定私下会见承办案件法官;律师不得以不正当动机与司法人员私下接触;律师与法官、仲裁员应当保持适当距离。即律师不得违反规定私下单独会见法官、仲裁员,实施意在影响法官、仲裁员公平、公正裁决案件的行为。

在我国当前的司法实践中,确实存在着司法不公的现象,而一些律师则在其中扮演着非常不光彩的角色,例如,向承办案件的法官、检察官以及其他有关工作人员请客送礼,馈赠钱物,许诺回报或提供其他便利的方式,与承办案件的司法人员进行交易,造成了很坏的影响。

📖 知识拓展

《律师法》第 40 条规定,律师在执业活动中不得有下列行为:

(1)私自接受委托、收取费用,接受委托人的财物或者其他利益;

（2）利用提供法律服务的便利谋取当事人争议的权益；

（3）接受对方当事人的财物或者其他利益，与对方当事人或者第三人恶意串通，侵害委托人的权益；

（4）违反规定会见法官、检察官、仲裁员以及其他有关工作人员；

（5）向法官、检察官、仲裁员以及其他有关工作人员行贿，介绍贿赂或者指使、诱导当事人行贿，或者以其他不正当方式影响法官、检察官、仲裁员以及其他有关工作人员依法办理案件；

（6）故意提供虚假证据或者威胁、利诱他人提供虚假证据，妨碍对方当事人合法取得证据；

（7）煽动、教唆当事人采取扰乱公共秩序、危害公共安全等非法手段解决争议；

（8）扰乱法庭、仲裁庭秩序，干扰诉讼、仲裁活动的正常进行。

当然，依照律师执业行为规范规定，若律师在执业过程中，因对事实真假、证据真伪及法律适用是否正确而与诉讼相对方意见不一的，或为了向案件承办人提交新证据的，需要与案件承办人接触和交换意见时，则应当在司法机关内指定场所来进行。

案例 3-6

与仲裁员庭外私下会面案

曾供职于 M 律师事务所的 N 律师在代理某实业发展有限公司的合同争议仲裁案期间，违规与该案仲裁员在仲裁庭外私下会面。后该事件被媒体曝光，而又被所在地的律师协会予以行业纪律处分的惩戒后果。

[问题]

N 律师被惩戒的原因是什么？

[解析]

仲裁是专家断案，仲裁员是商事仲裁案件中对当事人的财产权益争议进行评判并作出决定的居中裁决者。仲裁员是准司法人员，这点与法官相近。仲裁代理人单独、私下与仲裁员接触的后果往往会影响或动摇仲裁员的中立性，从而造成案件裁决结果失去公正性。同时还会造成公众对仲裁制度评价降低。

这种情况也是仲裁法和仲裁规则所明确禁止的。因此，从律师职业操守的要求看，N 律师在代理仲裁案期间，与相关仲裁员于仲裁庭外私下会面的行为，已经违反了律师执业行为规范，属于严重违纪行为。对这种违纪行为进行处罚也是必然的结果。

3. 律师不得贿赂

律师不得贿赂司法机关和仲裁机构人员；不得以许诺回报或提供其他利益包括物质利益和非物质形态的利益等方式，与承办案件的司法或仲裁人员进行交易；不得介绍贿赂或指使、诱导当事人行贿。

律师在办案过程中，还应当特别注意：避免借法官或其近亲属婚丧事宜馈赠礼物、现金等；避免向法官请客送礼或指使、诱导当事人送礼；避免为法官装修住宅、购买商品或出资邀请法官进行消费、娱乐等活动；避免为法官报销任何费用；避免向法官出借交通工具、通信工具或其他物品。

案例 3-7

2012 年年底，北京某律师事务所 J 律师通过年底寄送新年卡的方式向某中院承办其代理的婚姻纠纷案件的法官送了 5000 元购物卡，后法官及时将此情况反映到法院监察室，并上缴了全部购物卡，该法院向律师协会发出了司法建议书。近年来，也常见媒体公开报道律师行贿法官的事件。

[问题]

律师为何要行贿法官？

[解析]

对法官行贿是最为严重的律师执业违纪行为之一。个别律师在市场化的利益驱动下，为了满足当事人的不当利益，或为了自己的风险代理提成，或为了推广其律师业务，采取了用金钱、物质利诱、贿赂等不正当手段拉拢司法工作人员，甚至与某些司法人员形成利益共同体，其行为严重破坏了正常的司法秩序，玷污了法律的尊严，并损害了律师职业的正面形象。律师应以自己的积极工作为我国法治建设作出贡献。

（二）尊重法院和法庭的程序性规定

依照《律师法》的相关规定，律师在法庭上发表的代理意见和辩护意见不受法律追究，但是发表危害国家安全、恶意诽谤他人、严重扰乱法庭秩序的言论除外。可见，法律在确立律师特定职业豁免权的同时，也规定律师不能利用这种职业豁免权作为不尊重法院和政府机关的理由，如果律师有不尊重法庭的行为，依法将面临纪律惩戒处分，甚至于受于法律追究。当然，对于庭审中存在的问题，可以在休庭后向法官个人或其主管部门口头或书面提出。

我国律师执业行为规范专条规定，律师在执业实践中，应当遵守法庭纪律，遵守出庭时间、举证时限、提交法律文书期限及其他程序性规定。开庭审理过程中，律师应当尊重法庭、仲裁庭。

案例 3-8

　　北京某律师事务所 K 律师在代理一起民事案件的开庭期间,不顾审判长的多次释明、提醒、劝阻、警告,不断地在对方律师举证时,打断对方发言,并使用不文明语言。于是,合议庭决定请 K 律师离开法庭。但是,该律师不但不收敛自己的不当行为,反而大拍桌子、大喊大闹,并无理由地要求合议庭回避。

　　律师协会在接到该法院的司法建议书后,进行了审慎调查,调阅了法庭监控录像,最后,认定 K 律师不尊重法庭的违纪事实,律师协会纪律委员会给予了 K 律师通报批评的纪律惩戒。

[解析]

　　审判权是宪法赋予人民法院的一种神圣权利。律师应当尊重审判权,尊重法庭,尊重法官。这也是作为一个公民对宪法和法律的尊重,是律师执业应当履行的基本义务。法庭审理有其规定的程序和规定的当事人、诉讼参与人的权利和义务,律师在维护自己一方的诉讼权利的情况下,也应同时尊重对方的诉讼权利,诉讼程序对于涉讼双方均是平等的。

　　律师对于庭审中存在的问题,可以在休庭后向法官个人或其主管部门口头或书面提出,但决不允许不遵守法庭秩序和法庭纪律。K 律师作为一名执业多年的老律师,本应懂得这些道理,但却明知故犯,事后也没有对自己的错误进行反省,他的表现实在是有违律师的职业操守,有损律师的职业形象。

END

(三)不得故意提供虚假证据或者威胁、利诱他人提供虚假证据,妨碍对方当事人合法取得证据

　　在司法活动中,律师的参与,对于司法活动实现真实和公正的目的有着不可忽视的积极作用。在司法活动中,对真实的追求主要通过对证据的收集、审查判断以及审判方听取各方意见的基础上得以实现。

　　证据是能够证明案件真实情况的一切事实。刑事公诉案件中,法院在掌握充分确实的证据基础上对被告人定罪量刑;刑事自诉案件中,如果自诉人提不出证据,人民法院则裁定驳回自诉;民事、行政案件中,当事人对自己的主张有提供证据的义务,否则就可能承担败诉的后果。现在法院审理案件采用抗辩式庭审方式,法院审理案件的过程实际上就是证据的质证过程。因此,律师要想在一个案件中获胜,也必须有充分的证据。

律师从委托人的角度出发,收集有利于委托人的证据材料,并对对方提出的证据材料及观点提出反驳意见,在此基础上依据自己对事实的认定,对法律的理解,提出有利于委托人的意见,从而使法官能够兼听各方的意见,并遵循一定的规则,认定事实,作出裁判。但是,律师不能为了达到胜诉的目的,一味地追求维护其委托人的利益,不择手段,提供虚假证据或者威胁、利诱他人提供虚假证据,隐瞒事实,妨碍对方当事人合法取得证据。这些行为,都是妨碍司法活动对真实的发出。

三、律师的回避义务

《律师法》第 41 条明确规定:"曾经担任法官、检察官的律师,从人民法院、人民检察院离任后二年内,不得担任诉讼代理人或者辩护人。"律师违反此规定,由设区的市级或直辖市的区人民政府司法行政部门给予警告,可以处 5000 元以下罚款;有违法所得的,没收违法所得;情节严重的,给予停止执业 3 个月以下的处罚。

知识拓展

《最高人民法院关于审判人员严格执行回避制度的若干规定》第 4 条规定:"审判人员及法院其他工作人员离任二年内,担任诉讼代理人或者辩护人的,人民法院不予准许;审判人员及法院其他工作人员离任二年后,担任原任职法院审理案件的诉讼代理人或者辩护人,对方当事人认为可能影响公正审判而提出异议的,人民法院应当支持,不予准许本院离任人员担任诉讼代理人或者辩护人。但是作为当事人的近亲属或者监护人代理诉讼或者进行辩护的除外。"

第 5 条规定:"审判人员及法院其他工作人员的配偶、子女或者父母,担任其所在法院审理案件的诉讼代理人或者辩护人的,人民法院不予准许。"

第 8 条第 2 款规定:"审判人员明知诉讼代理人、辩护人具有本规定第四条、第五条规定情形之一,故意不作出正确决定的,参照《人民法院审判纪律处分办法(试行)》第二十四条的规定予以处分。"

实践中,一些法官和检察官离开法院或检察院后,当了执业律师,他们在办理案件过程中容易利用原来的一些工作和人事关系而影响公正办案,为了保证办案的公正性,也为了防止、杜绝社会上的一些不正当关系影响办案的质量,世界许多国家和地区都禁止曾任法官、检察官离任做律师后马上承办案件。像中国台湾地区法律对律师回避义务的规定,是司法人员自离职之日起 3 年内,不得在曾任职务之法院管辖区域内执行律师职务。

四、律师的其他义务

（一）不得煽动、教唆当事人采取扰乱公共秩序、危害公共安全等非法手段解决争议

《律师法》第 40 条规定："律师在执业活动中不得有下列行为：(七)煽动、教唆当事人采取扰乱公共秩序、危害公共安全等非法手段解决争议"；此处的煽动，是指以激起当事人的仇恨、歧视、情绪为目的；教唆是指唆使或怂恿他人采取扰乱公共秩序、危害公共安全等非法行为。

有些律师在当事人争议无法解决或有关机关没有能够满足其委托人的要求时，煽动或教唆当事人采用闹事、扰乱公共秩序等非法手段，试图把事情闹大，引起重视以解决其纠纷，这是违反职业道德的，作为律师，应当协助当事人采取合法手段解决争议。

（二）谨慎评论司法义务

司法，是国家意志的具体表现，它是在出现公民不自觉履行法律义务或发生违法、犯罪时，由国家设计的一种强制性调整人们行为的制度，以达到法律实施的目的。司法涉及整个社会秩序的保护和保障，涉及每个人和社会的方方面面。

作为一名律师，必须尊重司法，服从有效的司法行为，在执业过程中，要尊重法律，尊重证据，尊重依法确认的法律事实，尊重依法生效的裁判，不能感情用事。这是对一个合格律师基本的要求，也是一个具有良好法律教育背景的律师应当具备的职业修养。因此，我们倡导律师在执业过程中应当谨慎评论司法。

律师谨慎评论司法，具体要做到以下几点。

（1）对具体案件的不服，可以在得到授权的前提下依法行使司法救助权利，但不能对司法妄加评论；同时，在没有依法对原来案件进行纠正或改判之前，仍然要尊重该生效判决或有效的司法行为。

（2）对于庭审中存在的问题，律师可以在休庭后向审判长个人或法官个人及至其主管部门口头或书面提出，但不宜在公共场合或向传媒散布、提供与司法有关的轻率言论。同时，在诉讼案件终结前，不宜通过传媒或在公开场合发布可能被认为妨害司法公正或影响案件的公平、公正审理的言论。律师用合法的方式追求案件的胜诉结果无可非议，但不能利用媒体或其他途径，不恰当地宣传和影响案件，以干扰法官独立的审判案件。

（3）无论业内业外，律师都应当谨慎评论司法，不宜发表有损司法公正的言论，更不能自觉地通过当事人或其他公民发表有损司法的言论。律师在参与庭审过程中，应当摆正自己的诉讼地位，尊重法庭，尊重法官，服从审判长主持，不能当庭发表批评审判长的言论，也没有必要当庭发表颂扬审判人员的言论。

律师既要学会依法维护委托人利益，又要善于保护好自己，营造良好的职业环境和人脉关系，要低调，更要专业。所谓低调，就是不张扬，不狂妄，谨慎评论司法，以专业知

识和法律技能向当事人提供优质的法律服务。所谓专业，就是能够以事实为依据，以法律为准绳，最大限度地争取自我一方的权益。

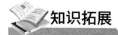

知识拓展

《律师执业行为规范(试行)》第162条规定："律师不得在公共场合或向传媒散布、提供与司法人员及仲裁人员的任职资格和品行有关的轻率言论。"

第163条规定："在诉讼或仲裁案件终审前，承办律师不得通过传媒或在公开场合发布任何可能被合理地认为损害司法公正的言论。"

案例 3-9

2013年9月，备受关注的未成年人李某某涉嫌轮奸案已历半年，尚未开庭之时，但口水仗已经打得很厉害。口水仗的主角，是双方的律师，他们互不相识，却几乎日日"隔空骂战"。他们的一言一行都被放到了聚光灯下，供人剖析、解读、玩味、消遣，也引发律师界的争论和反思。

[问题]

当自己代理的案件成为万众瞩目的公共事件时，作为律师是否应该在法庭外发声？律师的战场在哪里？法庭之外是否也是律师的阵地？如果法庭之外要发声，律师又该如何表达？

[解析]

律师作为法律专家，要根据委托人的个人背景，为他制定一个最安全、利益最大化的方案。以委托人利益为中心，这是非常重要的红线。这也是律师的职业伦理要求。这在一定程度上会与社会公众的大众伦理有区别。但无论如何，律师的庭外言论还是要按拳谱出招。职业伦理发达的国家有明确的规定，很多涉及案情的内容律师是不能对外披露的。但如果控方发布了类似的信息，辩护律师也可以发布，作为还击。

（三）必须按照国家规定承担法律援助义务

法律援助是为了实现"法律面前人人平等"的宪法原则而实施的司法人权保障制度。

《律师法》第42条规定："律师、律师事务所应当按照国家规定履行法律援助义务，为受援人提供符合标准的法律服务，维护受援人的合法权益。"

《法律援助条例》第6条规定："律师应当依照律师法和本条例的规定履行法律援助义务，为受援人提供符合标准的法律服务，依法维护受援人的合法权益，接受律师协会和司法行政部门的监督。"

这两项规定是目前我们律师承担法律援助义务的基本法律依据。律师应坚定不移地履行法律援助法定义务,为司法公正、社会和谐做出努力。

 实训练习

一、不定项选择题

1. 方律师在一民事案件中,因故与原告李某解除了委托关系。有独立请求权的张某作为第三人委托方律师作他的诉讼代理人参加本案诉讼,方律师应如何处理?( )

A. 不得接受张某的委托

B. 在征得李某的同意后,可直接接受张某的委托

C. 无须征得李某的同意,可直接接受张某的委托

D. 因法律无明文规定,由方律师自行决定

2. 律师代理民事案件,在与当事人依法解除委托关系后,下列选项哪个是律师不得从事的行为?( )

A. 接受对方当事人委托办理其他法律事务

B. 另外推荐律师担任原委托人的代理人

C. 在同一案件中担任对方当事人的代理人

D. 推荐律师担任对方当事人的代理人

3. 当事人王某久闻吴律师大名,因一案涉讼委托全权代理,在向律师事务所交纳律师费后又给吴办案费1万元,并声称不要任何票据,吴收受。对吴的这一行为依法应如何评价?( )

A. 此1万元应属于协商收费,吴不违反有关规定

B. 此1万元可用于交通等费用,在规定许可范围以内

C. 违反律师事务所统一收费的规定

D. 如果吴律师在案件办结以后与当事人进行结算,多退少补,应当允许

4. 董律师在承办一民事案件时,由于疏忽而将委托人的一份重要证据的原件丢失,致使委托人败诉,对此贪污应当如何处理?( )

A. 由董律师承担赔偿责任

B. 由董律师和其所在律师事务所承担连带赔偿责任

C. 由董律师所在律师事务所承担赔偿责任后,可向董律师追偿

D. 由董律师承担主要赔偿责任,其所在的律师事务所承担次要责任

5. 田律师曾在某人民法院担任审判员多年,离开法院到律师事务所从事律师执业不到两年的时间内,以其业务知识和办案经验在其曾任职的法院代理了大量诉讼案件。对

田律师的工作,下列哪种认识是正确的?( )

    A. 业绩突出,应予肯定   B. 确有成绩,但不合适

    C. 属于不正当竞争行为   D. 是违反律师法的行为

二、判断题

1. 在一起经济纠纷中,赵律师代理原告。由于某种原因,在诉讼过程中赵律师与原告依法解除了委托合同。本案被告遂聘请赵律师作为诉讼代理人。原告对此提出异议,认为赵律师的做法违反了律师执业纪律。被告则认为赵律师接受委托是在原告依法解除委托合同后,并未违背律师执业纪律。被告的意见是不正确的。( )

2. 孙律师的弟弟是法院审判员,每当其承办案件时,总是向当事人推荐其哥孙律师为诉讼代理人。孙律师接受委托后,对方当事人从未提出过异议,也没有发现孙律师有其他违法行为。但律师事务所主任认为孙律师的做法违反了律师执业纪律,应当予以处分。律师事务所主任的看法符合律师职业道德和执业纪律规定。( )

3. 为有经济困难的当事人提供法律援助,是律师的义务,也是律师执业纪律的要求。( )

4. 曾担任法官、检察官的律师,从人民法院、人民检察院离任后两年内,不得担任诉讼代理人或者辩护人。( )

5. 侦查阶段律师会见犯罪嫌疑人,侦查机关应派员在场。( )

三、案例题

2013年至2014年期间,北京Z房地产开发有限公司先后与北京市房山区某住宅小区业主签订《商品房买卖合同》。根据合同约定交房时间最迟为2014年3月1日,但直到北京2015年3月该房地产公司才通知交房。从2015年4月起,这一小区业主就陆续委托北京市K律师事务所M律师代理起诉北京Z房地产开发有限公司。

诉讼请求除了支付延期交房的违约金以外,还要求法院判令业主无须按照Z公司收房通知书的要求支付天然气初装费、壁挂炉费、产权证代办费、测绘费及代收契税、印花税、公共维护基金等费用。

北京Z房地产开发有限公司董事长杨女士诉代理该案的两位律师侵害其名誉权。杨女士在起诉状中称:两位律师为其当事人代书的民事起诉状及在开庭中,不顾律师的职业道德,没有任何客观根据,在其所代书的75份诉状中毫无例外地写道:"当时被告对房屋及小区的居住环境、配套设施等都进行了过分夸大其词的宣传承诺,并称其公司领导原在中国人民银行任职,与美国总统布什有合影等。"

杨女士认为,这两位律师,知法懂法,在起草起诉状时,不查明事实真相,在诉讼文书中故意采用以上侮辱性的语言,贬损本人,利用起诉状在法庭上多次、故意对其进行个人人身攻击,特别是宣读起诉状的口气引起原告及旁听群众的呼应,煽动误导群众的不良情绪。

问题:上述案件的两位律师是否要承担侵权责任呢?

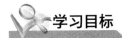

第四章
律师执业机构

学习目标

1. 掌握律师事务所的概念及其权利义务,明确律师事务所的组织形式;
2. 了解律师事务所的设立程序,了解律师事务所的内部管理制度。

引导案例

成立于 2009 年的北京 A 合伙律师事务所,到 2014 年已拥有专职执业律师 20 名,另外还拥有某政法院校从事法学教育的两位兼职律师教授。由于业务需要,2005 年在天津设立了一所分所。

[解析]

本案例中,《律师法》第 19 条规定成立三年以上并具有 20 名以上执业律师的合伙律师事务所,可以设立分所。设立分所,须经拟设立分所所在地的省、自治区、直辖市人民政府司法行政部门审核。合伙律师事务所对其分所的债务承担责任。

《律师法》第 12 条规定:高等院校、科研机构中从事法学教育、研究工作的人员,已取得律师执业资格,经所在单位同意,可以申请兼职律师执业。申请兼职律师执业的,还应当提交所在单位同意申请人兼职从事律师职业的证明。

第一节　律师事务所概述

一、律师事务所的概念

《律师法》第 14 条规定:"律师事务所是律师的执业机构。"这表明律师事务所是律师合法办理律师业务工作场所。任何律师,必须是律师事务所的成员才能接受当事人委托,开展业务活动。截至 2016 年 3 月,全国律师事务所达到 2.4 万多家,拥有 29.7 万多人的律师队伍。[①]

我国律师事务所的名称和性质经过了一个发展变化的过程。根据 1980 年颁布的《律师暂行条例》第 13 条规定,律师执行职务的工作机构是法律顾问处,法律顾问处是事业单位,受国家司法行政机关的组织领导和业务监督。随着律师制度的改革,这一称谓已不能反映律师执业机构的性质,也与国际上通称律师事务所的名称不一。于是,1984 年 8 月,全国司法行政工作会议确定法律顾问处名称改为律师事务所。

二、律师事务所的权利和义务

律师事务所的主要任务是领导律师开展业务工作,组织律师进行政治和法律业务知识学习,总结、交流律师的工作经验。根据《律师法》第 23～27 条的规定,律师事务所的权利包括:律师承办业务,由律师事务所统一接受委托,与委托人签订书面委托合同,按照国家规定统一收取费用并如实入账。

另外,律师事务所是一种"人合"组织,其最大的特点是律师的业务活动开展和律师事务所的运作依靠的是律师本身所具备的法律知识业务技能,因此律师事务所被赋予自主用人的广泛权利。根据国家有关规定,可以自主录用、奖惩、辞退工作人员。

律师事务所的义务包括:

(1)律师事务所应当建立、健全执业管理、利益冲突审查、收费与财务管理、投诉查处、年度考核、档案管理等制度,对律师在执业活动中遵守职业道德、执业纪律的情况进行监督;

(2)律师事务所应当于每年的年度考核后,向设区的市级或者直辖市的区人民政府司法行政部门提交本所的年度执业情况报告和律师执业考核结果;

(3)律师事务所不得以诋毁其他律师事务所、律师或者支付介绍费等不正当手段承揽业务;

(4)律师事务所不得从事法律服务以外的经营活动。

小贴士

利益冲突,是指本律师事务所代理的委托事项与本所其他委托事项的委托人之间有利益上的冲突,继续代理会直接影响到相关委托人的利益的情形。根据《律师法》第 39 条规定,律师不得在同一案件中为双方当事人担任代理人,不得代理与本人或者其近亲属有利益冲突的法律事务。

---

① 数据来源于第九届律师代表大会数字,http://finance.ifeng.com/a/20160330/14298618_0.shtml。

第二节　律师事务所的组织形式

根据《律师法》第三章规定,我国的律师事务所的组织形式分为国资所、合伙所和个人所。其中合伙所是律师事务所最重要的组织形式。

一、合伙律师事务所

根据《律师法》第 15 条规定,设立合伙律师事务所应当有三名以上合伙人,设立人应当是具有三年以上执业经历的律师。合伙律师事务所可以采用普通合伙或者特殊的普通合伙形式设立。合伙律师事务所的合伙人按照合伙形式对该律师事务所的债务依法承担责任。

普通合伙人要对合伙律师事务所的债务承担无限连带责任。特殊的普通合伙是在普通合伙基础上的一种制度创新,主要是合伙律师事务所的合伙人按照合伙形式对该律师事务所的债务依法承担责任,部分改变了传统的普通合伙人中合伙人对合伙债务负有无限连带责任的机制。《律师事务所管理办法》对设立普通合伙律师事务所和特殊的普通合伙律师事务所的条件作了进一步的规定。

二、个人律师事务所

2007 年修订的《律师法》增加了个人律师事务所组织形式。2007 年之前,事实上个人律师事务所在我国的一些省市进行了多年的试点,已经积累比较成熟的经验。本次修订增加了个人律师事务所新的组织形式,从法律上明确了个人律师事务所的法律地位。[①]根据《律师法》第 16 条规定,设立个人律师事务所,设立人应当是具有五年以上执业经历的律师,设立人对律师事务所的债务承担无限责任。

个人律师事务所有如下特征:

(1) 个人律师事务所是由个人出资、个人进行经营管理、自负盈亏、独担风险、自负责任;

(2) 个人律师事务所的财产是个人独有,并且是完全的所有权关系;

(3) 在经营管理上,实行自主决策;

(4) 以个人财产对律师事务所债务承担无限责任。[②]

[①]　中华全国律师协会编:《律师执业道德与执业基本规范》,125 页,北京,北京大学出版社,2013。

[②]　石峰主编:《律师法学》,85 页,上海,上海大学出版社,2007。

三、国资律师事务所

《律师法》第 20 条规定:"国家出资设立的律师事务所,依法自主开展律师业务,以该律师事务所的全部资产对其债务承担责任。"2007 年的《律师法》保留了国资律师事务所,对此,有些学者提出异议,认为修订后《律师法》不应当在保留国资所,应当用法律援助来取代。但是,考虑到一些欠发达地区,由于落后,其他类型的律师事务所不愿意来此设立。但是,这些落后地区的纠纷又是层出不穷。

我国法律服务市场发展的不平衡,决定了国资所在一定范围内和程度上还有存在的必要性。[①] 于是,2012 年 10 月修订的《律师所》依然保留了关于国资律师事务所规定。

第三节 律师事务所的设立、变更和终止

一、律师事务所的设立

(一)设立的基本条件和程序

无论设立何种组织形式的律师事务所,都应当具备基本条件。根据《律师法》第 14 条规定,律师事务所是律师的执业机构。设立律师事务所应当具备下列条件:

(1)有自己的名称、住所和章程;

(2)有符合本法规定的律师;

(3)设立人应当是具有一定的执业经历,且三年内未受过停止执业处罚的律师;

(4)有符合国务院司法行政部门规定数额的资产。

此外,《律师法》和《律师事务所管理办法》对各类组织形式的律师事务所的设立作了具体的规定。

根据《律师法》第 17 条规定,申请设立律师事务所,应当提交下列材料:①申请书;②律师事务所的名称、章程;③律师的名单、简历、身份证明、律师执业证书;④住所证明;⑤资产证明。另外,设立合伙律师事务所,还应当提交合伙协议。

该法第 18 条规定:"设立律师事务所,应当向设区的市级或者直辖市的区人民政府司法行政部门提出申请,受理申请的部门应当自受理之日起二十日内予以审查,并将审查意见和全部申请材料报送省、自治区、直辖市人民政府司法行政部门。省、自治区、直辖市人民政府司法行政部门应当自收到报送材料之日起十日内予以审核,作出是否准予设立的决定。准予设立的,向申请人颁发律师事务所执业证书;不准予设立的,向申请人

---

① 参见马宏俊主编:《律师法学》,42 页,北京,北京大学出版社,2013。

书面说明理由。"

《律师事务所管理办法》第 22 条规定:"律师事务所设立申请人应当在领取执业许可证后的六十日内,按照有关规定刻制印章、开立银行账户、办理税务登记,完成律师事务所开业的各项准备工作,并将刻制的律师事务所公章、财务章印模和开立的银行账户报所在地设区的市级或者直辖市的区(县)司法行政机关备案。"该办法第 11 条规定:"省、自治区、直辖市司法行政机关可以根据本地经济社会发展状况和律师业发展需要,适当调整本办法规定的普通合伙律师事务所、特殊的普通合伙律师事务所和个人律师事务所的设立资产数额,报司法部批准后实施。"

(二)合伙律师事务所的设立

除了应当符合前述《律师法》第 14 条规定的条件外,根据该法第 15 条规定,还应当有三名以上合伙人,设立人应当是具有三年以上执业经历的律师。《律师事务所管理办法》对设立普通合伙律师事务所和特殊的普通合伙律师事务所的条件作了进一步的规定。根据该办法第 7 条的规定,设立普通合伙律师事务所,还应当具备下列条件:

(1)有书面合伙协议;

(2)有三名以上合伙人作为设立人;

(3)设立人应当是具有三年以上执业经历并能够专职执业的律师;

(4)有人民币三十万元以上的资产。

该办法第 8 条规定,设立特殊的普通合伙律师事务所,还应当具备下列条件:

(1)有书面合伙协议;

(2)有二十名以上合伙人作为设立人;

(3)设立人应当是具有三年以上执业经历并能够专职执业的律师;

(4)有人民币一千万元以上的资产。

(三)个人律师事务所的设立

除了应当符合前述《律师法》第 14 条规定的条件外,根据该法第 16 条规定,设立个人律师事务所,设立人应当是具有五年以上执业经历的律师。设立人对律师事务所的债务承担无限责任。根据《律师事务所管理办法》第 9 条规定,设立个人律师事务所,还应当具备下列条件:

(1)设立人应当是具有五年以上执业经历并能够专职执业的律师;

(2)有人民币十万元以上的资产。

(四)国资律师事务所的设立

除了应当符合前述《律师法》第 14 条规定的条件外,根据《律师事务所管理办法》第 10 条规定,国家出资设立的律师事务所,应当至少有二名符合《律师法》规定并能够专职执业的律师。需要国家出资设立律师事务所的,由当地县级司法行政机关筹建,申请设立许可前须经所在地县级人民政府有关部门核拨编制、提供经费保障。

二、律师事务所的变更

《律师事务所管理办法》第四章《律师事务所的变更和终止》部分对律师事务所的变更作了具体规定。

律师事务所变更名称、负责人、章程、合伙协议的,应当经所在地设区的市级或者直辖市的区(县)司法行政机关审查后报原审核机关批准。具体办法按律师事务所设立许可程序办理。律师事务所变更住所、合伙人的,应当自变更之日起15日内经所在地设区的市级或者直辖市的区(县)司法行政机关报原审核机关备案。

律师事务所跨县、不设区的市、市辖区变更住所,需要相应变更负责对其实施日常监督管理的司法行政机关的,应当在办理备案手续后,由其所在地设区的市级司法行政机关或者直辖市司法行政机关将有关变更情况通知律师事务所迁入地的县级司法行政机关。律师事务所拟将住所迁移其他省、自治区、直辖市的,应当按注销原律师事务所、设立新的律师事务所的程序办理。

律师事务所变更组织形式的,应当在自行依法处理好业务衔接、人员安排、资产处置、债务承担等事务并对章程、合伙协议作出相应修改后,方可申请变更。

三、律师事务所的终止

《律师事务所管理办法》第四章《律师事务所的变更和终止》部分对律师事务所的终止作了具体规定。律师事务所有下列情形之一的,应当终止:

(1) 不能保持法定设立条件,经限期整改仍不符合条件的;

(2) 执业许可证被依法吊销的;

(3) 自行决定解散的;

(4) 法律、行政法规规定应当终止的其他情形。

律师事务所在取得设立许可后,六个月内未开业或者无正当理由停止业务活动满一年的,视为自行停办,应当终止。但是,律师事务所在受到停业整顿处罚期限未满前,不得自行决定解散。

律师事务所在终止事由发生后,应当向社会公告,依照有关规定进行清算,依法处置资产分割、债务清偿等事务。因被吊销执业许可证终止的,由作出该处罚决定的司法行政机关向社会公告。因其他情形终止、律师事务所拒不公告的,由设区的市级或者直辖市的区(县)司法行政机关向社会公告。

律师事务所自终止事由发生后,不得受理新的业务。律师事务所应当在清算结束后15日内向所在地设区的市级或者直辖市的区(县)司法行政机关提交注销申请书、清算报告、本所执业许可证以及其他有关材料,由其出具审查意见后连同全部注销申请材料报原审核机关审核,办理注销手续。律师事务所被注销的,其业务档案、财务账簿、本所印章的移管、处置,按照有关规定办理。

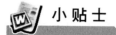 **小贴士**

《律师事务所管理办法》第 23 条规定:"有下列情形之一的,由作出准予设立律师事务所决定的省、自治区、直辖市司法行政机关撤销原准予设立的决定,收回并注销律师事务所执业许可证:

1. 申请人以欺骗、贿赂等不正当手段取得准予设立决定的;

2. 对不符合法定条件的申请或者违反法定程序作出准予设立决定的。"

第四节　律师事务所的内部管理

我国《律师法》第 23 条对律师的内部管理制度作出了概括性的规定:"律师事务所应当建立、健全执业管理、利益冲突审查、收费与财务管理、投诉查处、年度考核、档案管理等制度,对律师在执业活动中遵守职业道德、执业纪律的情况进行监督。"这也是律师事务所的内部管理义务。同时《律师事务所管理办法》对律师事务所内部管理制度进一步细化,规范了律师事务所的内部活动,有利于司法行政部门对律所的监督与考核。

一、统一受案制度

律师承办业务,由律师事务所统一接受委托,与委托人签订书面委托合同。律师事务所受理业务,应当进行利益冲突审查,不得违反规定受理与本所承办业务及其委托人有利益冲突的业务。①

二、集体研究和请示报告制度

律师事务所组织开展业务活动,应当指导本所律师依法执业,履行法律援助义务,建立承办重大疑难案件的集体研究和请示报告制度,对律师在执业活动中遵守法律、法规、规章,遵守职业道德和执业纪律的情况进行监督,发现问题及时予以纠正。

---

① 律师在同一案件中为双方当事人担任代理人或代理与本人或者其近亲属有利益冲突的法律事务等情形的,律师及律师事务所不得与当事人建立或维持委托关系。接受民事诉讼、仲裁案件一方当事人的委托,而同所的其他律师是该案件中对方当事人的近亲属等情形的,律师应当告知委托人并主动提出回避,但委托人同意其代理或者继续承办的除外。

三、财务管理制度

律师事务所应当按照有关规定统一收费，建立、健全收费管理制度，及时查处有关违规收费的举报和投诉。律师事务所应当按照规定建立健全财务管理制度，建立和实行合理的分配制度及激励机制。律师事务所应当依法纳税并不得从事法律服务以外的经营活动。

四、人事管理制度

合伙律师事务所和国家出资设立的律师事务所应当按照规定为聘用的律师和辅助人员办理失业、养老、医疗等社会保险。个人律师事务所聘用律师和辅助人员的，应当按前款规定为其办理社会保险。律师事务所应当按照规定，建立执业风险、事业发展、社会保障等基金。

对于年度考核不合格或者严重违反本所章程及管理制度的律师，律师事务所可以与其解除聘用关系或者经合伙人会议通过将其除名，有关处理结果报所在地县级司法行政机关和律师协会备案。

五、民主决策和责任追究制度

合伙人会议或者律师会议为合伙律师事务所或者国家出资设立的律师事务所的决策机构；个人律师事务所的重大决策应当充分听取聘用律师的意见。

律师违法执业或者因过错给当事人造成损失的，由其所在的律师事务所承担赔偿责任。律师事务所赔偿后，可以向有故意或者重大过失行为的律师追偿。律师事务所应当建立投诉查处制度，及时查处、纠正本所律师在执业活动中的违法违规行为，调处在执业中与委托人之间的纠纷；认为需要对被投诉律师给予行政处罚或者行业惩戒的，应当及时向所在地县级司法行政机关或者律师协会报告。

六、档案管理制度

律师事务所应当按照规定建立、健全档案管理制度，对所承办业务的案卷和有关资料及时立卷归档，妥善保管。律师事务所应当妥善保管、依法使用本所执业许可证，不得变造、出借、出租。如有遗失或者损毁的，应当及时报告所在地县级司法行政机关，经所在地设区的市级或者直辖市区（县）司法行政机关向原审核机关申请补发或者换发。律师事务所执业许可证遗失的，应当在当地报刊上刊登遗失声明。

案例 4-1

2015 年年初，上海某停车公司以"因该律所律师朱某的过失，致使所涉案件超过诉讼时效"为由起诉朱某及朱某所属律所。2012 年 9 月，朱某与该停车公司签订了《聘请律师合同》，由朱某代理其与上海两家公司房屋代销一案，承诺于 2013 年 8 月底前审理完毕。该停车公司称，合同签订后，已将案件受理费 4500 元及诉讼所需证据一并交给了朱某。但事实上，朱某却未按合同约定办理所涉案件的起诉。

该停车公司在起诉朱某和该律所的诉状中写道："由于已将全部证据材料的原件交给了朱律师，在他未起诉的情况下，我方已无法起诉，经多次与朱某及其所在律所协商无果，致使该案超过了诉讼时效，使得我方的债权无法收回。"

对于停车公司提出的 17.5 万元赔偿金，该律所表示，朱某已辞职离开该所，且朱某与停车公司签订的这份《聘请律师合同》，并未经过律所审查，律所对此事毫不知情，4500元代理费也非律所收取。朱某承认，停车公司所提及的合同确实是自己所签，但该合同文本是自己通过非法手段获取的，无法律约束力；另外，该合同所依据的事实根本不存在，收取的 4500 元代收诉讼费以及证据材料已于 2013 年 6、7 月间退还给了停车公司。最后，上海某区法院判决该律所赔偿停车公司 17.5 万元损失。

[解析]

法院判决认为，朱某的行为系职务行为，不是个人行为，因此，因朱某的重大过失给停车公司造成的损失，应由其律所承担民事赔偿责任。朱某当时作为律所的一名执业律师，其与停车公司签订的《聘请律师合同》，停车公司有理由相信，朱某接受其委托并代收诉讼费的行为是代表律所所为，至于该合同文本是否是朱某盗用、合同内容是否经律所审查及诉讼费是否交至律所，属于律所内部管理问题。是否属于"私自接案"要从法律角度分析，主要根据合同是否盖有事务所的公章及行业规定判断。

根据《律师法》第 25 条第 1 款规定（律师承办业务，由律师事务所统一接受委托，与委托人签订书面委托合同，按照国家规定统一收取费用并如实入账）和第 40 条第 1 款第 1 项（律师在执业活动中不得有下列行为：……私自接受委托、收取费用接受委托人的财物或者其他利益）的立法原意可得出：只要有事务所盖章的聘请律师合同就不属于律师私自接受。律所赔偿后，可以向有故意或者重大过失行为的律师追偿。

第五节 律师事务所的发展趋势

一、大型律师事务所规模化扩张

早在 1992 年，我国就开始允许外国和香港律师事务所在我国（内地）设立办事处的试点，拉开法律服务业对外开放的序幕。加入 WTO 后，我国政府认真履行入世承诺，法律服务市场对外开放的步伐进一步加快。2002 年以来，外国和中国香港律师事务所驻华与驻内地代表机构发展迅速，已经从 2003 年 167 家发展到 2012 年年底的 320 多家。

随着外国律师事务所的进入，我国律师业面临的首要问题，就是与外国律师竞争中国高端法律服务市场。这种竞争主要来自两个方面。

一是业务领域的竞争。外国大型律师事务所已在经济发达的地区如北京、上海、广东等地区和中心城市设立办事机构，在金融、证券、国际投资、涉外贸易等高端法律服务领域与中国内地律师竞争。

二是争夺人才的竞争：由于政治经济环境、法律限制、语言、文化背景、生活习惯、风俗等不同，外国律师在中国直接开展业务存在较大障碍，为此，外国大型律师事务所必然利用其资金、品牌、高薪等优势聘请优秀的中国法律人才为其服务，这势必引发争夺高端法律服务人才的竞争。为适应律师业国际化竞争的需要，通过组织创新建立专业化、规模化的大型律师机构，提高事务所的市场竞争力，满足高端法律服务市场的需求，是我国律师业必须面对的问题。

律师事务所规模化扩张的主要方式，一是律所强强联合；二是大量引进人才；三是国内设立分所；四是海外扩张战略。但是，由于法律服务市场的不同需求决定了不同类型律师事务所存在的合理性和必要性。因此，我国律师事务所的主体和基础应当是中小型律师事务所，但是，主导社会市场发展方向的，能在市场上占有较大份额的，是那些达到相当规模的律师事务所。[①]

二、个人律师事务所灵活高效

法律服务市场的现实需求为个人所的发展提供了土壤。法律服务市场上，除了大公司的特别法律需求要求有一个法律服务团队以外，大部分的个人和小商业者只需要一个或两个律师提供法律服务就可以了。尤其是在中小城市、乡镇、农村、社区往往不需要有一个大型的律师事务所为其服务，而只需要有一个负责任的律师为其服务。

实际上，这些个人、小公司在有法律服务需求时，也只是与个别律师联系，即使先找到律师事务所，也只会选择其中的某一个律师。相对于合伙律师事务所而言，个人律师事务所具有形式灵活、高效快捷、相对价廉等更能适应个人、小公司的需求。法律服务市场的实际情况为个人律师事务所的产生提供了充分的土壤。[②]

 实训练习

不定项选择题

1. 关于律师事务所负责人的说法，下列表述中正确的是（　　　　）。

---

① 周琰：《律师事务所规模化研究》，载《中国司法》，2014(4)，55～62页。
② 陈霞：《浅析个人律师事务所的发展现状与前景》，载《中国司法》，2011(4)，60～62页。

A. 个人律师事务所设立人是该所的负责人

B. 合伙律师事务所的负责人,由本所全体律师选举产生

C. 律师事务所负责人人选,应当在申请设立许可时一并报审核机关核准

D. 国资律师事务所负责人,由本所律师推选,经所在地的省级司法行政机关同意

2. 关于律师及律师事务所的说法,下列选项中正确的是( )。

A. 律师应当在其律师事务所所在地的地域内执业

B. 省级人民代表大会代表不得从事诉讼代理和辩护业务

C. 律师事务所可设立分所,但须经拟设立分所所在地的省级地方律师协会审核

D. 合伙律师事务所所有普通合伙和特殊的普通合伙形式,合伙人按照合伙形式对该所的债务依法承担责任

3. 关于律师事务所的变更、终止及责任承担的说法,下列选项中正确的是( )。

A. 律师事务所在取得设立许可后,6个月内未开业的,视为自行停办,应当终止

B. 甲律师2009年3月1日受到8个月停止执业处罚,其在2012年4月1日可以新合伙人的身份加入合伙律师事务所

C. 律师事务所变更住所的,应当自变更之日起15日内经所在地的市级或者直辖市的区(县)司法行政机关报原审核机关批准

D. 特殊的普通合伙律师事务所一个合伙人或者数个合伙人在执业活动中造成律师事务所债务的,应当承担无限责任或者无限连带责任,其他合伙人以其在律师事务所中的财产份额为限承担责任

第五章
律师管理

学习目标

1. 掌握律师行政与行业管理体制;
2. 明确律师协会的性质与职责;
3. 了解中华全国律师协会的组织结构;
4. 了解境外律师行业管理制度。

引导案例

2014年9月,北京某区司法局给律师程某下达行政处罚决定书,给予程某停止执业一年的行政处罚,行政处罚决定书称,程某此行为属于"不服从法庭指挥,无正当理由当庭拒绝辩护,受到法庭两次训诫后退出法庭,扰乱法庭秩序,干扰诉讼活动正常进行的违法行为"。程某停业期限自2014年9月15日起至2015年9月14日止。程某对于停业一年的行政处罚,表示不服,会申请行政复议。

[解析]

本案例中,我国《律师法》第49条规定,律师有下列行为之一的,由设区的市级或者直辖市的区人民政府司法行政部门给予停止执业六个月以上一年以下的处罚,可以处五万元以下的罚款;有违法所得的,没收违法所得;情节严重的,由省、自治区、直辖市人民政府司法行政部门吊销其律师执业证书;构成犯罪的,依法追究刑事责任:

(1)违反规定会见法官、检察官、仲裁员以及其他有关工作人员,或者以其他不正当方式影响依法办理案件的;

(2)向法官、检察官、仲裁员以及其他有关工作人员行贿,介绍贿赂或者指使、诱导当事人行贿的;

(3)向司法行政部门提供虚假材料或者有其他弄虚作假行为的;

(4)故意提供虚假证据或者威胁、利诱他人提供虚假证据,妨碍对方当事人合法取得证据的；

（5）接受对方当事人财物或者其他利益，与对方当事人或者第三人恶意串通，侵害委托人权益的；

（6）扰乱法庭、仲裁庭秩序，干扰诉讼、仲裁活动的正常进行的；

（7）煽动教唆当事人采取扰乱公共秩序、危害公共安全等非法手段解决争议的；

（8）发表危害国家安全、恶意诽谤他人、严重扰乱法庭秩序的言论的；

（9）泄露国家秘密的。

律师因故意犯罪受到刑事处罚的，由省、自治区、直辖市人民政府司法行政部门吊销其律师执业证书。北京某区司法局是根据本条第 1 款第 6 项规定作出行政处罚决定书的，而程某可以通过申请举办听证会、行政复议直至行政诉讼等法律途径主张自己不应当受此行政处罚。

第一节　律师管理体制

一、律师管理体制的演变

律师管理体制，是指有关律师执业的许可、组织、指导、监督的机构设置、权限划分以及相应关系等诸多方面所确立的制度，是法律规定或者被认可的规制律师职业的相关制度。律师实行行业自治的管理体制，几乎是世界各国的通例。我国律师管理体制是在中国司法行政部门指导和监督下的行业管理制度。[①]《律师法》第 4 条和第 43 条规定，司法行政部门依照《律师法》对律师、律师事务所和律师协会进行监督、指导。而律师协会是社会团体法人，是律师的自律性组织。

可见，我国现阶段的律师管理体制是司法行政机关的行政管理与律师协会的行业管理相结合，并逐步向司法行政宏观指导下的行业管理过渡的律师管理体制。这种管理体制改变了过去《律师暂行条例》规定的由司法机关对律师工作实行"组织领导和业务监督"的单一的行政管理模式。

从 20 世纪 80 年代律师制度恢复初期，国家对律师采取严格的行政管理。根据 1980 年颁布的《律师暂行条例》的规定，当时的律师执行职务的工作机构是法律顾问处。而法律顾问处是事业单位，受国家司法行政机关的组织领导和业务监督。法律顾问处设主任一人，根据需要，可以设副主任。主任、副主任均由本处律师选举产生，但是需要报经省、自治区、直辖市司法厅（局）批准。律师职称标准、律师奖惩规定和律师收费办法，由司法

---

① 徐家力、宋宇博编著：《律师实务》（第 8 版），13 页，北京，法律出版社，2015。

部制定。

当时,律师管理的各个方面均由司法行政机关进行管理。律师事务所的工作人员属司法行政编制,律师队伍受到编制的严重制约,难以扩大规模。而且,律师的使命和职能所要求的律师独立和律师自治,在这种体制下无法体现。该暂行条例也规定了律师协会的设立。该暂行条例第19条第1款规定:"为维护律师的合法权益,交流工作经验,促进律师工作的开展,增进国内外法律工作者的联系,建立律师协会。"可见,律师协会是律师组织的代表机构和交流的场所,并不享有行业管理的职能。

但是,随着我国律师队伍发展壮大,到20世纪80年代末,包括兼职律师在内,总人数已达3万余人。由此,律师管理行政包办的弊端显现,律师行业管理的呼吁逐渐浩大。1989年司法部《关于加强司法行政机关对律师工作的领导和管理的通知》指出:"目前有的地方出现司法行政机关律师管理部门与律师协会关系不顺的情况,司法厅(局)要及时引导。律师协会的工作范围,是中华全国律师协会章程规定八项职责,这是作为群众团体的性质所决定了的。全国律协和各省、自治区、直辖市律师协会应当依法发挥自己的积极作用,维护律师的合法权益,配合司法行政机关交流律师业务工作经验。"并要求"司法行政机关要支持律师协会的工作,听取他们的汇报,帮助解决工作中的困难"。

1993年《司法部关于深化律师工作改革的方案》第五部分"努力建设有中国特色的律师管理体制,加强对律师队伍的管理"中指出:从我国的国情和律师工作的实际出发,建立司法行政机关的行政管理与律师协会行业管理相结合的管理体制。经过一个时期的实践后,逐步向司法行政机关宏观管理下的律师协会行业管理体制过渡。

司法行政机关对律师工作主要实行宏观管理。其职责是:

(1)制定律师行业发展规划,起草和制定有关律师工作的法律草案、法规草案和规章制度;

(2)批准律师事务所及其分支机构的设立;

(3)负责律师资格的授予和撤销;

(4)负责执业律师的年检注册登记;

(5)加强律师机构的组织建设和思想政治工作。

律师协会是律师的行业性群众组织。进一步加强律师协会的建设,提高其专业素质,增强协会活力。协会应由执业律师组成,领导成员由执业律师中选举产生。

律师协会的主要职责是:

(1)总结律师工作经验,指导律师开展业务工作;

(2)组织律师的专业培训;

(3)维护律师的合法权益;

(4)开展律师的职业道德教育,对律师遵守执业纪律的状况进行监督检查;

(5)按照国家有关规定,组织与外国、境外律师民间团体的交流活动。

二、司法行政机关的行政管理

2008年5月司法部部务会议审议通过的《律师事务所管理办法》第六章专门规定了司法行政机关对律师的层级监督管理。县级司法行政机关对本行政区域内的律师事务所的执业活动进行日常监督管理,履行下列职责:

(1) 监督律师事务所在开展业务活动过程中遵守法律、法规、规章的情况;

(2) 监督律师事务所执业和内部管理制度的建立和实施情况;

(3) 监督律师事务所保持法定设立条件以及变更报批或者备案的执行情况;

(4) 监督律师事务所进行清算、申请注销的情况;

(5) 监督律师事务所开展律师执业年度考核和上报年度执业总结的情况;

(6) 受理对律师事务所的举报和投诉;

(7) 监督律师事务所履行行政处罚和实行整改的情况;

(8) 司法部和省、自治区、直辖市司法行政机关规定的其他职责。

县级司法行政机关在开展日常监督管理过程中,对发现、查实的律师事务所在执业和内部管理方面存在的问题,应当对律师事务所负责人或者有关律师进行警示谈话,责令改正,并对其整改情况进行监督;对律师事务所的违法行为认为依法应当给予行政处罚的,应当向上一级司法行政机关提出处罚建议;认为需要给予行业惩戒的,移送律师协会处理。

(一)设区的市所属司法行政机关的监督管理职责

设区的市所属司法行政机关履行下列监督管理职责:

(1) 掌握本行政区域律师事务所的执业活动和组织建设、队伍建设、制度建设的情况,制定加强律师工作的措施和办法;

(2) 指导、监督下一级司法行政机关的日常监督管理工作,组织开展对律师事务所的专项监督检查工作,指导对律师事务所重大投诉案件的查处工作;

(3) 对律师事务所进行表彰;

(4) 依法定职权对律师事务所的违法行为实施行政处罚;对依法应当给予吊销执业许可证处罚的,向上一级司法行政机关提出处罚建议;

(5) 组织开展对律师事务所的年度检查考核工作;

(6) 受理、审查律师事务所设立、变更、设立分所、注销申请事项;

(7) 建立律师事务所执业档案,负责有关律师事务所的许可、变更、终止及执业档案信息的公开工作;

(8) 法律、法规、规章规定的其他职责。

(二)省、自治区、直辖市司法行政机关的监督管理职责

省、自治区、直辖市司法行政机关履行下列监督管理职责:

（1）制定本行政区域律师事务所的发展规划和有关政策,制定律师事务所管理的规范性文件;

（2）掌握本行政区域律师事务所组织建设、队伍建设、制度建设和业务开展情况;

（3）监督、指导下级司法行政机关的监督管理工作,指导对律师事务所的专项监督检查和年度检查考核工作;

（4）组织对律师事务所的表彰活动;

（5）依法对律师事务所的严重违法行为实施吊销执业许可证的处罚,监督下一级司法行政机关的行政处罚工作,办理有关行政复议和申诉案件;

（6）办理律师事务所设立核准、变更核准或者备案、设立分所核准及执业许可证注销事项;

（7）负责本行政区域律师事务所有关重大信息的公开工作;

（8）法律、法规规定的其他职责。

（三）各级司法行政机关对律师事务所的监督管理

各级司法行政机关及其工作人员对律师事务所实施监督管理,不得妨碍律师事务所依法执业,不得侵害律师事务所的合法权益,不得索取或者收受律师事务所及其律师的财物,不得谋取其他利益。司法行政机关工作人员在律师事务所设立许可和实施监督管理活动中,滥用职权、玩忽职守,构成犯罪的,依法追究刑事责任;尚不构成犯罪的,依法给予行政处分。

司法行政机关对实施许可和管理活动的层级监督,按照规定建立有关工作的统计、请示、报告、督办等制度。负责律师事务所许可实施、年度检查考核或者奖励、处罚的司法行政机关,应当及时将有关许可决定、考核结果或者奖惩情况通报下级司法行政机关,并报送上一级司法行政机关。

司法行政机关应当加强对律师协会的指导、监督,支持律师协会依照《律师法》和协会章程、行业规范对律师事务所实行行业自律,建立、健全行政管理与行业自律相结合的协调、协作机制。各级司法行政机关应当定期将本行政区域律师事务所的组织、队伍、业务情况的统计资料、年度管理工作总结报送上一级司法行政机关。

 小贴士

省、自治区、直辖市司法厅（局）的律师业务指导和执业监管处的主要职责是:依法监督指导律师、律师事务所工作;负责对本市律师、律师事务所、在本地区设立的国(境)外律师事务所代表机构及其代表的违法行为进行查处;组织指导区县司法局开展对律师和律师事务所的专项检查;研究分析律师和律师事务所执业活动情况。

三、律师协会的行业管理

《律师法》第 46 条规定了律师协会的职责,包括:

（1）保障律师依法执业,维护律师的合法权益;

（2）总结、交流律师工作经验;

（3）制定行业规范和惩戒规则;

（4）组织律师业务培训和职业道德、执业纪律教育,对律师的执业活动进行考核;

（5）组织管理申请律师执业人员的实习活动,对实习人员进行考核;

（6）对律师、律师事务所实施奖励和惩戒;

（7）受理对律师的投诉或者举报,调解律师执业活动中发生的纠纷,受理律师的申诉;

（8）法律、行政法规、规章以及律师协会章程规定的其他职责。

虽然上述规定进一步扩充了律师协会的职责,但真正属于律师管理内容的权限依然十分有限,多涉及行业规则及其惩戒,对于行政处罚方面的管理权限依然没有增加实在性权利。比如纠纷解决方面,律师协会仅具有调解的权利,而无通过裁决予以解决的权利。

惩戒权也仅仅是对违反执业纪律与职业道德的行为作出训诫、批评、公开谴责或取消个人、团体会员资格这 4 种轻微的团体内部的处罚措施。对于违反法律法规的律师行为,律师协会仅享有协助司法行政机关调查与报请司法行政机关给予处罚的权力。除此之外,法律并没有赋予律师协会其他方面的权力。[①]

律师协会履行行业管理职能,对律师执业活动进行考核的主要方式是律师执业年度考核。另外,律师行业规范是律师协会对律师管理的主要体现,也是律师办理案件所遵循的规则。律师行业规范是指规范律师的执业行为,保证律师法律服务的权利、切实维护委托人的权益以及树立律师职业形象的规范。[②]

第二节　律师协会

一、律师协会的性质与职责

律师协会是对律师进行行业自律管理的主体。律师协会是社会团体法人,是律师的自律性组织。全国设立中华全国律师协会,省、自治区、直辖市设立地方律师协会,设区

---

① 陈卫东主编:《中国律师学》(第 4 版),137 页,北京,中国人民大学出版社,2014。

② 参见徐家力、宋宇博编著:《律师实务》(第 8 版),14 页,北京,法律出版社,2015。

的市根据需要可以设立地方律师协会。律师协会接受同级司法行政部门的监督和指导。律师协会制定的行业规范和惩戒规则,不得与有关法律、行政法规、规章相抵触。

律师协会章程由全国会员代表统一制定,报国务院司法行政部门备案。律师应当加入所在地的地方律师协会。加入地方律师协会的律师,同时是中华全国律师协会的会员。律师协会会员按照律师协会章程,享有章程赋予权利,履行章程规定的义务。

中华全国律师协会是经 1985 年 7 月 25 日中央书记处第 221 次会议决定同意成立的,在司法部指导下进行工作。1986 年 7 月 5 日,第一次全国律师代表大会在北京举行,[①]正式成立中华全国律师协会并通过了《中华全国律师协会章程》。中华全国律师协会是全国性的律师自律组织,依法对律师实施行业管理。

现行《中华全国律师协会章程》(1999 年 4 月 28 日第四次全国律师代表大会通过;2011 年 12 月 26 日第八次全国律师代表大会最新修订)第 1 条规定:"为完善律师协会管理,保障律师的合法权益,规范律师行业管理和律师执业行为,依据《中华人民共和国宪法》和《中华人民共和国律师法》的规定,制定本章程。"

根据章程第 3 条的规定,中华全国律师协会的宗旨是:坚持中国共产党的领导,团结带领会员高举中国特色社会主义伟大旗帜,忠实履行中国特色社会主义法律工作者的职责使命,维护当事人合法权益、维护法律的正确实施,维护社会公平和正义,为建设社会主义法治国家,促进社会和谐发展和文明进步而奋斗。

中华全国律师协会的最高权力机构为全国律师代表大会。中华全国律师协会每四年举行一次全国律师代表大会,选举产生理事会,理事会选举产生会长、副会长和常务理事。在全国律师代表大会和理事会闭会期间,常务理事会行使理事会的职权,执行全国律师代表大会的决议。

根据我国《律师法》第 46 条规定,中华全国律师协会的职责包括:

(1)保障律师依法执业,维护律师的合法权益;

(2)总结、交流律师工作经验;

(3)制定行业规范和惩戒规则;

(4)组织律师业务培训和职业道德、执业纪律教育,对律师的执业活动进行考核;

(5)组织管理申请律师执业人员的实习活动,对实习人员进行考核;

(6)对律师、律师事务所实施奖励和惩戒;

(7)受理对律师的投诉或者举报,调解律师执业活动中发生的纠纷,受理律师的申诉;

(8)法律、行政法规、规章以及律师协会章程规定的其他职责。

---

① 中华全国律师协会官方网站,http://www.acla.org.cn/about.jhtml。

二、中华全国律师协会的组织结构

根据《中华全国律师协会章程》及相关管理规范,中华全国律师协会组织由其会员、全国律师代表大会、中华全国律师协会理事会、中华全国律师协会常务理事会、专门委员会、机关机构、专业委员会、会长与秘书长等组成。

(一) 会员

中华全国律师协会会员分为团体会员和个人会员。依照律师法取得律师执业证书的律师,为本会个人会员;依法批准设立的律师事务所为本会团体会员。

1. 个人会员的权利

(1) 享有表决权、选举权和被选举权;

(2) 享有合法执业保障权;

(3) 参加本会组织的学习和培训;

(4) 参加本会组织的专业研究和经验交流活动;

(5) 享受本会举办的福利;

(6) 使用律师协会的图书、资料、网络和信息资源;

(7) 提出立法、司法和行政执法的意见和建议;

(8) 对本会的工作进行监督,提出批评和建议;

(9) 通过本会向有关部门反映意见。

2. 个人会员的义务

(1) 遵守本会章程,执行本会决议;

(2) 遵守律师执业行为规范,遵守本会行业规则和准则;

(3) 接受本会的指导、监督和管理;

(4) 承担本会委托的工作;

(5) 承担律师协会委托的工作,履行律师协会规定的法律援助义务;

(6) 自觉维护律师职业声誉,维护会员间的团结;

(7) 按规定交纳会费。

另外,个人会员应当在本人执业注册所在地的省、自治区、直辖市律师协会办理会员登记手续。

3. 团体会员的权利

(1) 参加本会举办的会议和其他活动;

(2) 使用本会的信息资源;

(3) 对本会工作进行民主监督,提出意见和建议。

4. 团体会员的义务

(1) 遵守本会章程;

（2）遵守本会的行业规范，执行本会决议；

（3）教育律师遵守律师执业行为规范；

（4）组织律师参加本会的各项活动；

（5）制定、完善内部规章制度；

（6）为律师行使权利、履行义务提供必要条件；

（7）组织和参加律师执业责任保险；

（8）对实习律师加强管理；

（9）对律师的执业活动进行考核；

（10）按规定交纳会费；

（11）承担本会委托的工作。

（二）全国律师代表大会

全国律师代表大会是本会的最高权力机构。代表由个人会员组成。全国律师代表大会每四年举行一次。必要时，经常务理事会决定，可以提前或延期举行。全国律师代表大会必须有超过半数的代表出席始得举行。全国律师代表大会代表由省、自治区、直辖市律师协会从个人会员中选举或推举产生。各省、自治区、直辖市律师协会中担任会长的执业律师为全国律师代表大会的当然代表。根据需要，本会可以邀请有关人士作为特邀代表参加全国律师代表大会。

1. 全国律师代表大会代表的职权

全国律师代表大会代表应当出席代表大会，并行使下列职权：

（1）在代表大会上行使审议权、表决权、提案权、提议权、选举权和被选举权；

（2）联系会员、反映会员呼声，维护会员权益；

（3）章程规定的其他职权。

2. 全国律师代表大会的职权

全国律师代表大会的职权包括：

（1）制定修改本会章程；

（2）讨论并决定本会的工作方针和任务；

（3）听取和审议本会理事会的工作报告和工作规划；

（4）选举、罢免本会理事会理事；

（5）审议会费收取标准；

（6）审议经审计的会费收支情况报告；

（7）审议大会主席团提出的其他事项。

（三）理事会与常务理事会

本会理事会由全国律师代表大会选举产生。理事会是全国律师代表大会的常设机构,对全国律师代表大会负责。理事会任期四年。本会理事成员应从具有良好的职业道德、较高的业务水平,执业三年以上,具有奉献精神,热心律师行业公益活动的执业律师代表中选举产生。理事应当履行诚信和勤勉义务,维护本会利益,接受代表对其履行职责的监督和合理建议。理事连续两次不履行职责者,其理事资格自动取消。

1. 理事会职责

(1)召开全国律师代表大会;

(2)选举会长、副会长、常务理事;

(3)在全国律师代表大会闭会期间,讨论决定重大事项;

(4)增补或更换理事;

(5)审议、批准常务理事会的年度会费收支报告和工作报告;

(6)其他应由理事会履行的职责。

理事会全体会议选举会长、副会长及常务理事若干名组成常务理事会。每届常务理事的更新应不少于1/3。会长可以连选连任,但连续任期不得超过两届。理事会认为必要时,可以增选或罢免常务理事。根据工作需要,理事会可聘请名誉会长和顾问若干人。

2. 会长职权

会长行使下列职权:

(1)主持律师代表大会;

(2)召集和主持理事会、常务理事会;

(3)督促和检查理事决议的执行;

(4)签署本会重要文件;

(5)行使理事会授予的其他职权。

副会长协助会长开展工作。必要时,可受会长委托,召集、主持常务理事会会议。

理事会会议每年至少举行一次。理事会由会长召集和主持,会长因特殊原因不能履行职务的,由会长指定的副会长召集和主持。常务理事会在理事会闭会期间主持本会工作。常务理事会一般三个月举行一次会议,按照理事会的决议研究、决定、部署本会的工作。本会实行会长办公会议制度,会长办公会议由会长、副会长组成,由会长定期召集开会。会长办公会议负责督促、落实常务理事会决议和决定。

(四)秘书处与专门委员会、专业委员会

本会设秘书处,负责实施全国律师代表大会、理事会、常务理事会的各项决议、决定,承担本会日常工作。本会秘书处设秘书长一人,副秘书长若干人。秘书长由常务理事会聘任,副秘书长由秘书长提名,常务理事会决定。秘书长在常务理事会的授权范围内,领导秘书处开展工作。秘书长、副秘书长列席理事会议、常务理事会议、会长办公会议。

秘书长履行下列职责:

（1）主持秘书处日常工作；

（2）组织实施律师代表大会、理事会、常务理事会的各项决议；

（3）拟定秘书处机构设置方案；

（4）制定、实施秘书处各项规章制度；

（5）向常务理事会提请聘任或解聘副秘书长；

（6）完成律师代表大会、理事会、常务理事会、会长交办的其他工作；

（7）协调与司法行政等机关的关系。

专门委员会是本会履行职责的专门工作机构。律师协会应当设立维护律师执业合法权益委员会、律师纪律委员会、规章制度委员会、财务委员会等。经常务理事会决定，可以设立其他专门委员会。

本会设立若干专业委员会。各委员会设主任一人，副主任若干人和委员若干人。专业委员会的设置、调整和主任、副主任人选由常务理事会决定。专业委员会按照专业委员会活动规则，组织开展理论研究和业务交流活动，起草律师有关业务规范。常务理事会可以聘请专家、学者和有关领导担任专业委员会的顾问。

三、中华全国律师协会的奖励、惩戒与纠纷调解制度

《中华全国律师协会章程》第七章专门规定了中华全国律师协会的奖励、惩戒与纠纷调解制度。根据章程，本会可以对团体会员、个人会员进行奖励和惩戒。对会员的奖励和惩戒规则，由中华全国律师协会理事会制定。

（1）会员有下列情形之一的，由本会分别给予通报表扬、嘉奖、授予荣誉称号，并酌情给予物质奖励：

① 对在民主与法制建设中作出突出贡献的；

② 在维护国家和人民利益方面作出重大贡献的；

③ 成功办理在全国或本地区有重大影响的案件，成绩显著的；

④ 对完善立法和司法工作起到推动作用，为律师事业的改革发展作出突出贡献的；

⑤ 其他应予奖励的情形。

（2）地方律师协会依据本会惩戒规则对会员有下列行为之一的，视情节分别给予训诫、通报批评、公开谴责、取消会员资格等处分：

① 违反《律师法》和其他法律法规规定的；

② 违反本章程和律师行业规范的；

③ 严重违反社会公共道德，损害律师职业形象和信誉的；

④ 违反律师职业道德和执业纪律的；

⑤ 其他应受处分的违纪行为。另外，对于会员的违法违纪行为，律师协会有权建议有处罚权的行政部门给予行政处罚。

（3）律师协会作出处分决定前,应认真听取当事人的申辩。作出暂停会员资格、取消会员资格的处分决定前,当事人有要求听证的权利。当事人要求听证的,律师协会应当组织听证。会员因违法违纪受到司法行政部门停止执业处罚的,在停止执业期间,不享有本会的选举权、被选举权等会员权利。本会可以调解会员间的纠纷、会员与当事人的纠纷。本会可以对团体会员、个人会员进行奖励和惩戒。

小 贴 士

《全国律协关于进一步加强和改进律师行业惩戒工作的意见》(中华全国律师协会,2013年3月29日)要求各地律师协会要建立惩戒通报制度。对受到行业处分的律师或律师事务所,律师协会要根据处分的轻重分别在业内或社会予以公布。对受到训诫、公开批评处分的要在本地区业内进行通报。对严重违规违纪行为并取消会员资格等行业处分的,可以采取通过网络、报刊、新闻发布会等形式予以公开通报。各省(区、市)律师协会要定期将本地区惩戒通报情况报全国律协备案。

四、协会的经费

章程第八章专门规定了协会的经费来源、支出及管理。本会经费来源包括:① 会费;②财政拨款;③社会捐赠;④其他合法收入。会员必须履行交纳会费的义务。各省、自治区、直辖市律师协会收缴本地区会员的会费,中华全国律师协会向各省、自治区、直辖市律师协会收缴会费。对截留、拖欠本会会费的下级律师协会及其会员可给予通报批评的处罚。地方律师协会确定的会费标准,应报本会备案。

各省、自治区、直辖市律师协会向中华全国律师协会交纳会费的数额,由中华全国律师协会理事会根据国家规定的标准和各地律师人数、业务发展状况、业务总收入等确定。会费按年度收缴,会员必须于每年年度考核前交纳会费。各省、自治区、直辖市律师协会应于每年6月30日前向中华全国律师协会交纳会费。

本会应加强对会费的收缴和管理,制订会费的预、决算计划,单独建立会费收支账目,每年将会费收支情况提交会计师事务所审计,并将审计结果向理事会报告,接受会员的监督。会费收支具体管理办法由本会制定,报有关部门备案。本会注销后的剩余财产用于公益性或非营利性目的。

会费应用于下列开支:

（1）工作和业务研讨会议支出;

（2）本会执行机构的各项支出;

（3）开展律师国内和国际交流活动;

（4）进行律师舆论宣传;

（5）律师专门委员会、专业委员会活动的开展；

（6）维护律师合法权益、奖惩会员；

（7）为会员提供学习资料和培训；

（8）对特殊困难会员给予补助；

（9）会员福利事业；

（10）经常务理事会通过的其他必要支出。

 案例 5-1

2013 年 11 月 28 日和 12 月 2 日，北京律师协会向李某某等人强奸案中 7 名相关辩护及代理律师正式发出立案通知。经审查，于 2014 年 1 月 13 日和 1 月 29 日分别对该七名律师作出处理决定。其中，对周某等 3 名律师给予公开谴责的行业纪律处分。2014 年 1 月 27 日，周某向北京市律师协会执业纪律与执业调处委员会正式提交复查申请书。

经审查，北京律协会员处分复查委员会复查委认为周某律师提出的复查理由不能成立，维持纪律委员会的原处分决定。最终复查决定书显示，律师周某的违规违纪行为包括泄露当事人隐私、不当披露案件信息、严重损害律师职业形象。律协执业纪律和执业调处委员会对周某所做的处分决定事实清楚，证据充分，并无不当，周某提出的复查理由不能成立，维持原处分决定。

[解析]

根据本章节的知识点，仅从律师协会惩戒会员程序的角度分析本案。根据《律师协会会员违规行为处分规则（试行）》（2004 年 3 月 20 日第五届全国律协常务理事会第九次会议修订）第 9 条规定，律师协会对会员违规行为作出的行业处分种类有：①训诫；②通报批评；③公开谴责；④取消会员资格。本案中北京律协对周某律师给予公开谴责的比较严厉的行业处分。

根据该处分规则第 10 条规定，如果律协会认为会员违规行为需由司法行政机关给予行政处罚的，还应及时提请司法行政机关调查处理。该处分规则第 20 条规定："各省、自治区、直辖市律师协会及设区的市律师协会设立惩戒委员会，负责对违规会员进行处分。"根据此规定，北京律协惩戒委具体负责对违规会员的处分。

北京律协认定周某律师的行为属于处分规则第 11 条规定的"（八）泄露当事人的商业秘密或者个人隐私的"；"（二十八）有其他违法或者有悖律师职业道德、公民道德规范的行为，严重损害律师职业形象的"行为。该规则第七章专门规定了复查程序。

"各省、自治区、直辖市律师协会应设立会员处分复查机构，负责受理复查申请和作出复查决定。"（第 52 条）"复查机构应由业内和业外人士组成。业内人士包括：执业律师及司法行政人员；业外人士包括：法学界专家、教授；司法机关有关人员。"（第53条）"惩戒委员会原参加调查决定人员不能再作为复查机构的组成人员。"（第55条）"会员对惩戒委员会作出的决定不服的，可在接到决定书的30个工作日内向律师协会复查机构申请复查。"（第57条）"申请复查的会员为申请人。申请人必须是不服惩戒委员会原决定的当事人，即被投诉的会员。"（第58条）本案通过复查依然维持了原处分决定。由于律协处分属于行业处分而非行政处分，周某不可能通过行政诉讼继续主张对处分的不服。

第三节　国外律师管理体制介绍

一、美国律师管理体制

美国对律师管理非常宽松，政府没有设律师管理的部门，律师是自由职业者。除各州法院掌握本州登记执业的律师外，没有哪个政府部门或组织掌握在本州有多少家律师事务所。政府对行业协会这种社会自治组织也没有任何监督指导的责任。律师协会对律师的管理职能也很有限，因为美国多数州的律师协会都是由律师自愿加入而组成的。全美律师协会也只有2/3的律师加入。

美国律师协会没有上下级关系，也没有领导或指导关系，在一个地区可能同时存在数个律师协会，有当地的律师协会、公司律师协会、亚洲律师协会等，名称不同，组成人员也不同。一个律师只要交会费就可以同时参加数个律师协会，会费也很低，年会费不超过100美元；有的郡律师协会年费只有40美元。各律师协会有各自的职能。

全美律师协会主要负责对法学院的认证，制定规范性执业手册，组织业务培训，开展法律援助，出版律师刊物。各州的律师协会根据全美律协的手册制定自己的律师行为规范，组织本州的律师资格考试，颁发律师资格证书，负责对本辖区律师的投诉查处。各郡和市律师协会主要是组织律师开展以交流和娱乐为主的活动。[①]

在美国，因为没有规范律师执业行为的法律，所以美国律师不会受到行政处罚，但美国律师要面对法院对他们的处罚。虽然每个州的法律和做法不同，但每个州的法院都有律师惩戒委员会，多数州把这个委员会放在州的律师协会，由律师协会对被投诉律师进行调查。

律师协会受理来自于法院、检察院、当事人的投诉，通过调查取证，最后决定是否进入审理程序。审理类似法院的诉讼程序，由协会惩戒委员会作为"原告"，被投诉律师作为"被告"，还可以委托律师做代理人。

"庭审"一般在律师协会惩戒委员会的办公场所进行，"主审官"是惩戒委员会以外的

---

① 参见李宏翔：《中美律师现状与管理之比较》，载《中国律师》，2011(3)，79页。

律师。经审理后如果认定构成违规,就提出处罚意见报州最高法院,只有州最高法院才有权决定是否给予律师处罚。处罚的种类与我国相差不大,最严重的是吊销执照。[①]

二、法国律师管理体制

依法国《律师法》第 1 条第 3 款规定:"律师职业系独立自由之职业。"但"独立""自由"的职业特质并不能排除行业纪律的约束。律师公会设立的初衷便是为了协调律师"独立性"与"规范性"之间的关系。各大审法院管辖区内均设有一个律师公会。依《律师法》第 21 条之规定,律师公会系独立自治的私法人。各地区律师公会互不隶属,有独立的预算、内部规范及组织机构。律师公会内设全体大会、理事会及一名公会会长。

1990 年法律改革后,法国还设立了全国律师公会,负责全国律师行业的一般运作事宜以及向公共权力机构反映律师业意见。全国律师公会的全体大会由在本公会登记执业的所有律师及薪金律师组成,负责推选本公会会长以及理事会成员。全体大会还可以以咨询的形式参与律师行业相关问题的合议。律师公会理事会系公会常设管理机构,由 8 名以上在本公会登记执业的律师及薪金律师组成。

依《律师法》第 17 条,律师公会理事会有职责处理所有与律师职业履行相关的问题,并负责监督律师恪守职业义务以及保护律师的权利。律师公会会长是律师公会的首脑,由全体会议选举产生。所有在本公会登记执业的律师及薪金律师均可参加选举。但会长本身并不享有其他特权,凡律师职业所应遵守之规定,会长都应遵守之。

会长的职责主要有四:

(1) 代表职责,会长是公会的法人代表,以公会的名义从事各种法律行为;

(2) 行政职责,会长负责召集本公会全体大会并主持理事会;

(3) 协调职责,本公会律师有违反律师纪律的,会长应予以警告。公会律师间存有争议的,会长有义务进行协调;

(4) 利益保护职责,对公共权力机构或其他行业机构可能采取损及律师行业之利益的,公会会长应予以干涉,并充分表达律师的意见。

全国律师公会依《律师法》第 21 条之规定,全国律师公会系具备法人资格的公益组织,其主要履行如下三项职责:其一,代表职责。在全国范围内代表律师业与公权力机构接洽,充分表达律师业的意见及建议;其二,规范职责。全国律师公会以总则的方式统一全国律师行业的规则及惯例;其三,培训职责。全国律师公会负责确定律师培训的组织原则及培训计划。各地区职业培训中心的培训行为均受全国律师公会的监督与协调。全国律师公会还负责确定获得专业化职衔的一般条件。[②]

---

① 参见李宏翔:《中美律师现状与管理之比较》,载《中国律师》,2011(3),80 页。

② 参见施鹏鹏:《法国律师制度述评》,载《当代法学》(双月刊),2010(6)(总第 144 期),89 页。

为在独立、自由执业与规范执业中寻求最佳契合点,法国严格奉行律师行业自律原则,律师公会在其中扮演着至关重要的角色。首先,各地律师公会都会依法律、条例尤其是本地的实际情况制定内部执业规范。全国律师公会以总则的方式统一全国律师行业的规则及惯例。如果本公会注册律师未遵守内部执业规范,则可能被处于警告、训诫等纪律处分。律师之间或律师与当事人间的冲突也由律师公会事先协调。其次,在相当长一段时间内,律师公会又是律师的纪律惩戒机构,负责侦查、起诉、裁判及惩治律师的失范和不法行为。2004年法律改革后,依《欧洲人权公约》第6-1条关于"起诉机构应与审判机构相分离"的公正程序条款,律师公会不再是律师违法的裁判机构(巴黎除外),但它依然享有诉讼启动权、侦查权及预审权。此外,新设立的纪律惩戒委员亦由本上诉法院管辖区内律师公会理事会的律师代表所组成。因此,行业自律制度得以强有力地维系。最后,全国律师公会还在全国范围内代表律师业与公权力机构接洽,为立法机关提供律师行业自律的立法建议及意见。[1]

三、日本律师管理体制[2]

日本辩护士(律师)联合会(以下简称日辩联)是根据1949年制定的《辩护士(律师)法》而成立的,以律师、律师法人以及全国各地的辩护士会(律师协会)(共有52个律师协会)为会员的团体。此外,冲绳特别会员、准会员以及外国特别会员(外国法事务律师)也是日辩联的成员。具有律师资格者,通过向日辩联申请注册律师,在被登记于日辩联的律师名册上后即成为律师。

经过注册成为律师者,根据《律师法》的规定在注册的同时即成为日辩联的会员。冲绳特别会员是指,随着冲绳施政权的归还,在一定的条件下被允许办理律师业务的冲绳律师。准会员是指,具有外国律师的资格,并且有相当的日本的法律相关知识,经最高法院承认的外国人律师。外国特别会员是指,经法务大臣批准在日本办理外国的法律业务,并已在日辩联的律师名册上完成注册的外国律师。[3]

律师的高度自治是日本律师制度的最大特色。这在日辩联的财政方面也得到了切实的体现。首先,日辩联要自主地举办协会的各项活动,就必须在财政方面独立自主。因此,日辩联的经费按规定从会费、注册费、捐款和其他收入中支出,其用途不受任何外部制约,决算也不受任何外部监察。

《律师法》规定,日辩联的任务即为"鉴于律师和律师法人的使命和任务,为保持律师

① 参见施鹏鹏:《法国律师制度述评》,载《当代法学》(双月刊),2010(6)(总第144期),94页。
② 参见日本律师联合会官方网站,http://www.nichibenren.or.jp/cn/introduction.html。
③ "准会员"是外国律师根据日本旧《律师法》取得的资格,而"外国特别会员"是外国律师根据日本现行《律师法》取得的资格,因此事实上两者没有区别。

品德,不断提高和改进律师及律师法人的工作,而对律师、律师法人及律师协会进行指导、开展联络、予以监督。"日辩联与地方律师协会同样,都是独立于裁判所以及政府机关的,规范律师行为的自治性团体。日辩联自治的唯一例外就是最高法院可以有权要求日辩联总结报告其工作,或是委托日辩联对律师、律师法人以及律师协会做相关调查。但是,此例外也仅仅是间接的,不构成直接介入。

日辩联及地方律师协会的主要的自律权限有以下几点:

(1) 根据律师法规定,日辩联有权就其组织和运营自行规定会则(章程)、会规;

(2) 日辩联以及地方律师协会有权对律师予以惩戒处分;

(3) 日辩联以及地方律师协会有权自行对申请成为会员者予以审查。

 **实训练习**

不定项选择题

1. 关于司法行政机关对律师的层级监督管理的说法,下列选项中正确的是(   )。

A. 县级司法行政机关对本行政区域内的律师事务所的执业活动进行日常监督管理

B. 县级司法行政机关对本行政区域内的律师事务所的执业活动受理对律师事务所的举报和投诉

C. 设区的市级司法行政机关受理、审查律师事务所设立、变更、设立分所、注销申请事项

D. 省、自治区、直辖市司法行政机关依法对律师事务所的严重违法行为实施吊销执业许可证的处罚

2. 关于律师协会的说法,下列表述中正确的是(   )。

A. 律师协会是对律师进行行业自律管理的主体,律师协会属于事业法人

B. 律师协会接受同级司法行政部门的监督和指导,但不隶属于任何行政机关

C. 省、自治区、直辖市设立地方律师协会,县级市根据需要可以设立地方律师协会

D. 律师应当加入所在地的地方律师协会,加入地方律师协会的律师,同时是中华全国律师协会的会员

3. 关于中华全国律师协会会员的说法,下列表述中正确的是(   )。

A. 本会会员分为团体会员和个人会员

B. 依法批准设立的合伙律师事务所为本会团体会员

C. 个人会员享有表决权、选举权和被选举权

D. 会员因违法违纪受到司法行政部门停止执业处罚的,在停止执业期间,暂停会员资格

第六章
律师收费和法律援助

学习目标

1. 掌握律师收费和法律援助的内容,明确律师收费的基本原则和方式;
2. 明确律师法律援助的基本规范,了解律师法律援助的主要工作。

引导案例

张某请王律师打欠款纠纷官司,由于张某事先支付不起律师费,于是双方商量进行风险代理。代理协议约定王律师的律师费等胜诉后按照胜诉金额的 15% 由张某一次性支付。一审判决支持了张某的诉讼请求,判令债务人支付张某 30 万元本金及利息。然而,胜诉后的张某一直以种种借口拒绝向律师事务所支付任何费用,无奈该律师事务所一纸诉状将张某诉至法院。法院一审判决张某败诉,张某必须支付律师费及利息等。

[解析]

本案件是由于律师收费而产生的纠纷。该纠纷产生的主要原因是张某不守诚信,另外,律师在代理协议中未能设计科学的风险防范条款也是导致纠纷产生的重要因素。律师风险收费的主要隐患就是当事人毁约的风险,因此律师必须合理设计风险代理条款尽可能降低此类风险。比如,可以协商由公证机构预收律师代理费或者由当事人授权律师从代为收取的执行款中直接扣除律师费等。

第一节　律师收费制度

律师收费问题是律师与当事人关系的核心问题之一。律师为当事人有偿提供法律服务体现的是律师法律服务的价值性,同时律师收费也为律师业的可持续发展和国家法治建设的推进提供了经济基础。我国律师收费制度经过多次的修改完善,目前已基本走向成熟。本节在对我国律师收费制度沿革简要介绍的基础上,对我国现行律师收费制度的基本内容作了详细介绍。

一、我国律师收费制度的沿革

新中国第一个关于律师收费的规范文件是司法部颁布的《律师收费暂行办法》。该办法于 1956 年 5 月 25 日国务院全体会议第二十九次会议批准,1958 年 7 月 20 日由司法部发布。然而,由于历史原因该办法于 1957 年被迫中断执行,直至 1979 年律师制度恢复该办法才重新得以执行。

根据当时的社会发展状况,该办法对律师收费作出了符合当时国情的规定。比如,为了防止律师私自收费,该办法第 2 条和第 3 条规定,律师收费数额由法律顾问处主任与当事人协议,收费数额达成协议后,当事人应向法律顾问处会计缴纳,并由顾问处发给当事人正式收据。

对于律师收费标准,该办法根据不同案件的繁简程度收费进行了具体规定,如代写起诉状不得超过 2 元,办理刑事一审案件不得超过 20 元等。

1981 年司法部、财政部联合发布了《律师收费试行办法》。该办法根据当时改革开放初期的社会发展情况,在《律师收费暂行办法》的基础上相应地增加了一些新的内容。比如《律师收费试行办法》规定,法律顾问处在确定具体收费数额时,应考虑律师承办业务的繁简程度、需时长短、诉讼标的额的多少等因素,另外还增加了律师办理涉外业务的收费规定,允许同委托人协商收费,对诉讼标的额较大而案情又较复杂的民事案件,允许在规定的收费标准之外,同委托人协商增加收费数额。

进入 20 世纪 90 年代,随着社会形势的迅猛变化,律师业务也发生了很大的变化。原律师收费试行办法已不适应律师事业发展的需要,1990 年 2 月 15 日司法部、财政部、国家物价局联合颁发了《律师业务收费管理办法》及《律师业务收费标准》。1993 年司法部《关于律师工作改革的方案》确立了律师收费要"逐步做到优质优价,以质付酬"的收费理念。但是,该办法颁布后,在执行过程中逐渐暴露出一些问题,如收费标准过低(办理刑事案件 30～150 元/件;代写文书 2～50 元/件;法律咨询 1～30 元/件)、收费方式单一(采取法定标准收费,限制协商收费)、收费比例不合理等弊端。

1997 年 3 月,国家计委、司法部印发〔1997〕286 号《律师服务收费管理暂行办法》,同时废止了 1991 年国家物价局、财政部颁布的《律师收费规定》。该办法规定,制定律师服务费标准应充分听取律师事务所和委托人的意见,既要有利于律师服务的成本补偿,又要考虑委托人的承受能力。收费方式上分为计件收费、按标的比例收费和计时收费三种。总体上看,该办法对律师收费的规定仍为原则性规定,由于全国各地律师业和经济发展水平差异较大,中央一直未制定统一的收费标准。

1999 年年底,国家计委会同国家经贸委、财政部、监察部、审计署、国务院纠风办联合颁布《中介服务收费管理办法》。明确规定,中介机构提供服务并实施收费应遵循公开、公正、诚实信用的原则和公平竞争、自愿有偿、委托人付费的原则,严格按照业务规程提供质量合格的服务。

2000 年 4 月,原国家计委、司法部联合颁发(计价费〔2000〕392 号)《关于暂由各地制定律师服务收费临时标准的通知》,该通知规定律师服务收费标准暂由各省级价格主管部门会同司法行政部门制定。此后,各地区按照通知精神,结合本地方的实际情况制定了本省、自治区、直辖市的律师服务收费临时标准,结束了 1997 年以来律师收费标准无章可循的局面。这对于规范本地区的律师收费,促进律师行业健康发展,起到了促进作用。

2006 年由国家发改委和司法部联合发布(发改价格〔2006〕611 号)《律师服务收费管理办法》,并于同年 12 月 1 日正式开始实施,国家计委、司法部联合颁发的〔1997〕286 号《律师服务收费管理暂行办法》和国家计委、司法部联合颁发(计价费〔2000〕392 号)《关于暂由各地制定律师服务收费临时标准的通知》同时废止。

该办法从我国国情出发,对原有的律师收费制度作了修改和完善,主要内容有:

第一,确定了律师收费实行政府指导价和市场调节价相结合的原则,并明确了实行不同收费原则的业务范围。

第二,明确规定按市场调节价收取律师费应考虑的因素,如工作时间、难易程度、委托人承受能力、律师可能承受的风险等。

第三,规范引导风险代理收费,该办法规定了禁止风险代理收费的业务范围,如刑事案件、行政案件、国家赔偿案件和涉及当事人切身利益的婚姻、继承、工伤等民事案件严禁风险代理收费;另外,该办法还规定风险代理收费的最高比例不得超过标的额的 30%。

第四,完善了律师收费争议解决机制。该办法规定了律师收费争议可以通过调解、仲裁、诉讼三种救济途径解决。

此外,当事人可以通过书信、电话、来访等形式向价格主管部门、司法行政部门以及律师协会举报或投诉律师事务所或律师的价格违法行为。

二、我国律师收费制度的基本内容

(一)律师收费的基本原则

1. 公开、公平原则

长期以来,由于我国律师收费制度不透明,当事人无法知道律师收费的合理标准,造成律师收费的纠纷不断。因此保证律师收费的公开、公平是规范法律服务市场的重要任务。所谓律师收费公开原则是指律师提供法律服务应当按照主管部门制定并公布的透明合理、操作性强的收费标准收费费用；律师收费公平原则是指律师的收费水平要与律师的知识水平、执业经验、服务质量相一致。

律师收费公平原则主要针对的是协商收费的案件，要求律师根据案件的复杂程度和时间投入等因素确定合理公道的价格，禁止利用律师的职业优势不正当抬高律师费用。

2. 协商收费原则

协商收费是世界各国最流行的律师收费方式。这种收费方式是指由律师事务所与当事人在充分协商的基础上达成对双方都能接受的收费数额的一种收费方式。我国《律师服务收费管理办法》第 9 条明确规定了协商收费原则：律师收费实行市场调节的律师服务收费，由律师事务所与委托人协商确定。协商收费的主要优点在于充分发挥法律服务的市场调节作用，促进法律服务市场的公平竞争。

3. 诚实信用原则

诚实信用原则要求律师不得采取垄断或竞相压价的方式提高或降低律师费用，不得采取欺骗当事人的方式获得案源，禁止律师通过不正当的手段影响法律服务市场的公平竞争。例如《中华全国律师协会律师执业行为规范》第 78 条、第 82 条等条文规定，律师执业不得无正当理由以低于同地区同行业收费标准为条件争揽业务，律师不得串通抬高或压低收费。

 案例 6-1

与当事人见面，不要轻易告诉当事人你的收费标准，而是让当事人先将他的所有案卷材料交给你，说要研究几天才能答复。等你熟悉案情后再约当事人谈，主要谈你对案情分析出的疑难症结，这样很大程度上能赢得当事人的信任，当事人会认为你很专业并对他的案子很上心。在博得当事人信任的氛围下，你再突然提出你的收费数额，当事人往往会痛快地接受较高的收费标准。

［解析］

这是实务中许多律师收费奉行的潜规则。这种收费规则弃律师收费应考量的合理因素于不顾，完全出于追求金钱私利的动机，虽然可能在一事一案上赚取到高额的律师费，但从长远来看，终究会破坏律师和当事人的信任关系，乃至损害律师行业的整体形象。

4. 服务效率原则

服务效率原则是指以尽可能少的投入获得尽可能多的利益。对于律师收费制度来讲，贯彻服务效率原则要求律师事务所在保证法律服务质量的前提下尽可能地帮助当事人降低服务成本。有些案件能通过案外调解的就应尽可能帮助当事人协商,退而求其次再进入诉讼或者仲裁程序。

(二) 律师收费方式

1. 计件收费

计件收费是指按照律师承办业务的数量计收费用的收费方式。一般来讲,不涉及财产关系的案件往往采取这种收费方式,如撰写法律文书、刑事案件的办理等采用这种收费方式多一些。

2. 计时收费

计时收费是根据律师提供法律服务的时间和律师的小时收费标准计收律师费用的收费方式。其优点在于能较好地体现律师的个人价值,有利于激发律师积极向上的精神。这种收费方式在西方国家的律师行业中较为普遍,我国一些涉外业务较多的律师事务所也开始采取这种收费方式。

3. 按标的额比例收费

按标的额比例收费是指根据涉案的财产标的额的一定比例收取律师费用,主要适用于涉及财产关系的法律业务。但是并非所有涉及财产关系的案件都要适用按标的额比例收费的方式,有些财产关系的案件标的额过低,如果机械适用比例收费可能导致律师费过低,这种情况下允许采取计件收费的方式。

4. 风险收费

风险收费是当事人和律师事务所约定根据律师法律服务效果计收律师费用的计费方式。这种收费方式下,委托人先不预支付代理费,案件胜诉后或者执行后委托人按照约定的较高比例付给代理人服务费用;如果败诉或者执行不能,代理人将得不到任何回报。这种收费方式,对双方来讲都存在一定风险,所以称为风险收费。

这种收费方式将律师的法律服务结果与律师的收费联系起来,把当事人的利益和律师的利益联系起来,有利于促使律师提供高质量的法律服务。并且风险收费由于律师分担了当事人的法律风险,也有助于当事人利益的实现。我国《律师服务收费管理办法》对律师风险收费首次予以确认,对风险收费适用的业务范围、收费限额等作出明确规定。

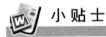 小贴士

美国律师收费的方式

美国律师收费的主要方式包括:

1. 小时收费制:这是美国律师最典型的收费方式,美国律师根据为委托人提供服务花费的时间和自己的小时收费标准计收费用。

2. 风险代理收费：在美国，风险代理收费被称为"contingency fees"，意思是说，律师获取的报酬取决于所代理的案件获得法院判决给付的总额的一定比例。

3. 套费：套费类似于我们乘坐公交车所使用的月票，通常存放于一个专用账户，相关服务费用随着这些费用的产生从该账户中扣除。

4. 固定的收费：律师收取一笔数额确定的总的费用，例如，一起案件就收取 1000 美元。

5. 介绍费：如果一位律师把你介绍给另外的律师，他也许要取得你为这个案件所支付的总费用的一部分。介绍费在美国可能会被禁止，除非符合某些条件。

6. 磋商费：在美国，第一次会见律师，决定律师是否能提供帮助，律师也许收取一笔固定金额的费用或者按小时计收费用。

7. 法定的收费：在一些案件中，律师收费是由具体的法令规定的，或者是由法庭提出和批准你要支付的费用，比如遗嘱检验、破产或者其他程序中。

（三）律师收费考虑的因素

律师事务所提供律师服务，要向委托人收取一定的服务费用，这体现了律师工作的价值性。一般讲，收费越高，说明律师服务的价值越大，但这不意味着为了追求高收费可以漫天要价。具体收取多少费用要根据律师工作的实际情况以及《律师服务收费管理办法》的相关规定确定。律师收费考虑的因素主要包括以下几方面。

1. 耗费的工作时间

处理法律事务将要耗费的时间是影响律师收费的首要因素。价值是凝结在商品中的一般无差别的人类劳动，而衡量一般人类劳动的多少主要从劳动时间考察。基于这个规律，律师服务花费的时间越多，律师收费也应当越高。当然，律师收费应当遵循诚实信用原则，不得为了高收费而故意拖延办案时间，增加当事人不必要的成本。

2. 案件的难易程度

实务中，有些案件很简单，当事人委托律师仅仅是走程序，这类简单的案件律师花费的脑力劳动和体力劳动要少，对律师执业水平要求不高，因此收费要低一些；有些案件相对比较复杂，如案情错综复杂、证据材料严重不足、缺乏明确的法律规定，这类案件律师花费的劳动相对要多，而且对律师的执业能力要求更高，比如专利案件、涉外金融案件等，这类案件收费可以适当高一些。

3. 委托人的承受能力

当事人的经济承受能力也是影响律师收费的主要因素。对于一些案件复杂需要付出较多劳动的法律事务，如果委托人手头比较局促，律师出于社会责任可以考虑适当地降低收费或者变更收费方式。

4. 法律事务的风险

律师作为提供法律服务的专业群体,在执业过程中也处处存在着风险、伴随着风险。律师收费多少还要事先预测评估提供法律事务的风险大小,案件风险大的法律事务收费要相对高一些,否则可能对律师不公平。法律事务风险的外延很广,包括调查取证的风险和人身损害的风险,也包括经济赔偿风险等。当然影响律师收费的主要风险是律师事务所的赔偿风险。

 小贴士

北京某律师事务所因律师失职,导致客户被骗 1 亿元资金,结果该律师事务所被法院判令赔偿客户 800 万元损失,并返还 100 万元律师费的事件,虽然,这只是国内律师业迄今为止所遭遇的最为高昂的赔偿,但也预示着律师业的"天价赔偿"时代已经来临,也就是说,办错一件法律事务或打输一场官司,律师或者律师事务所就赔得"倾家荡产"也将不再是危言耸听。

5. 律师的声誉和执业能力

律师收费高低同律师的市场口碑也息息相关。如果律师声誉好,业内名气大,工作能力强,委托人愿意掏大价钱购买优质法律服务,律师更容易收取到高额的律师费用。这是市场竞争的结果,也是激烈律师积极提高自身执业素养、增强综合竞争力的重要因素。

三、律师收费的其他规定

(一)律师收费的禁止性规范

1. 禁止律师个人私自收费

律师不得私自向委托人收取任何费用,律师服务费由律师事务所统一收取。律师事务所接受委托后,应当与委托人签订收费合同或者在委托合同中载明收费条款,律师事务所收取费用后要及时向委托人开具合法票据。

2. 禁止不正当竞争收费

律师收费应当公开公平,禁止以明显低于收费标准的收费进行不正当竞争,也不得与他人串通抬高收费损害当事人利益。律师事务所和律师也不得以支付介绍费或向委托人、中介人、推荐人许诺提取回扣或其他利益的方式,获得有偿提供法律服务的机会。

3. 禁止违反收费标准和办法

根据《律师服务收费管理办法》有关规定,律师事务所和律师不得有下列违规收费行为:提前或者推迟执行政府指导价的;超出政府指导价范围或幅度收费的;采取分解收费项目、重复收费、扩大范围等方式变相提高收费标准的;不按规定公示律师服务收费管理办法和收费标准的。

(二)律师收费争议的解决

"一分价钱一分货",如果只想高收费不讲究服务质量或者相反,这种态度必然会导致双方之间产生收费争议。可见,律师收费争议的核心就是律师收取的费用与律师提供的法律服务之间是否具有对价性。不管收费争议的责任在何方,律师和当事人之间发生争议是双方最不愿意看到的事情。实践中,律师告委托人、委托人告律师的收费争议案例层出不穷,已经成为制约律师业健康发展的"瓶颈"所在。

为了规范引导和正确解决律师收费争议,《律师服务收费管理办法》第30条明确规定:"因律师服务收费发生争议的,律师事务所应当与委托人协商解决。协商不成的,可以提请律师事务所所在地的律师协会、司法行政部门和价格主管部门调解处理,也可以申请仲裁或者向人民法院提起诉讼。"

当然,如果委托人认为律师事务所或律师存在价格违法行为的,可以通过书信、电话、来访等形式,向价格主管部门、司法行政部门以及律师协会举报或投诉。可见,我国律师收费争议基本上形成了协商、调解、仲裁、诉讼四位一体的解决机制。

第二节 律师法律援助

一、律师法律援助的概念

律师法律援助是指在国家设立的法律援助机构的指导和协调下,律师为经济困难或特殊案件的当事人给予减免收费提供法律帮助的一项法律制度。律师是实施法律援助的主力军,是实现公平正义价值目标的中坚力量,律师、律师事务所不能只追求经济利益,还要铁肩担道义,积极承担法律援助的社会责任。

二、律师法律援助的特征和意义

(1)律师法律援助是政府行为。律师法律援助是由政府设立法律援助机构组织实施的,体现了政府对公民应尽的义务。

(2)律师法律援助是法律行为。律师法律援助是法律化、制度化的行为,是国家社会保障制度的重要内容。

(3)律师法律援助对象是特定的。法律援助的对象主要是经济困难者、残疾者、弱者或者其他特殊对象。

(4)律师法律援助的内容是特定的。律师法律援助的内容是对受援对象以减免法律服务收费的方式提供法律服务。

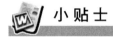 **小贴士**

　　早在 1851 年,法国就建立了诉讼法律援助制度,由律师免费为生活处于困境的人提供诉讼法律援助。现代意义上的法律援助制度成型于 20 世纪中叶,迄今为止世界上已有一百多个国家以宪法或法律形式规定了法律援助的基本原则。

　　我国法律援助制度萌芽于 20 世纪 50 年代,当时法律援助虽然还没有作为一项制度得以建立,但有关法律援助的规定在一些法律、法规中已有所体现。如 1956 年司法部颁布的《律师收费暂行办法》规定了律师减免收费的具体范围。

　　实施律师法律援助是健全社会主义法治建设和构建社会主义和谐社会的重要内容,该制度的建立和实施对于实现依法治国的伟大方略意义非凡。第一,律师法律援助制度有利于保障公民的基本权利;第二,律师法律援助制度有利于实现司法公正;第三,律师法律援助制度有利于实现律师的社会价值;第四,律师法律援助制度有利于完善我国社会保障体系。

三、律师法律援助的基本规范

(一) 律师法律援助的对象

　　能适用法律援助的对象有两种情况,一般情况是申请人确实无力支付法律服务费用,并且申请法律援助的事项具有合法性。特殊情况是指根据《刑事诉讼法》《律师法》和《老年人权益保障法》《法律援助条例》等法律法规中明确规定应当提供法律援助的案件。具体来讲,律师法律援助的对象包括以下方面。

　　(1) 具备以下条件的中华人民共和国公民可以申请法律援助:有充分理由证明为保障自己合法权益需要帮助;确因经济困难,无能力或无完全能力支付法律服务费用。

　　(2) 符合《刑事诉讼法》第 34 条和第 267 条规定的犯罪嫌疑人、被告人没有委托辩护人的,公安机关、人民检察院、人民法院应当自发现该情形之日起 3 日内,通知所在地同级司法行政机关所属法律援助机构指派律师为其提供辩护。

　　(3) 符合《刑事诉讼法》第 286 条第 2 款规定的被申请人、被告人,人民法院自受理强制医疗申请或者发现被告人符合强制医疗条件之日起 3 日内,对于被申请人或者被告人没有委托诉讼代理人的,应当向法律援助机构送交通知代理公函,通知其指派律师担任被申请人或被告人的诉讼代理人,为其提供法律援助。

　　(4) 刑事案件中外国籍被告人没有委托辩护人的,人民法院应当通知法律援助机构指定辩护律师,可以获得法律援助。

知识拓展

《刑事诉讼法》第34条规定,犯罪嫌疑人、被告人因经济困难或者其他原因没有委托辩护人的,本人及其近亲属可以向法律援助机构提出申请。对符合法律援助条件的,法律援助机构应当指派律师为其提供辩护。

犯罪嫌疑人、被告人是盲、聋、哑人,或者是尚未完全丧失辨认或者控制自己行为能力的精神病人,没有委托辩护人的,人民法院、人民检察院和公安机关应当通知法律援助机构指派律师为其提供辩护。

犯罪嫌疑人、被告人可能被判处无期徒刑、死刑,没有委托辩护人的,人民法院、人民检察院和公安机关应当通知法律援助机构指派律师为其提供辩护。

未成年犯罪嫌疑人、被告人没有委托辩护人的,人民法院、人民检察院、公安机关应当通知法律援助机构指派律师为其提供辩护。

第286条人民法院审理强制医疗案件,应当通知被申请人或者被告人的法定代理人到场。被申请人或者被告人没有委托诉讼代理人的,人民法院应当通知法律援助机构指派律师为其提供法律帮助。

(二)律师法律援助的范围

根据《法律援助条例》的第10条和第11条的规定,律师法律援助范围包括以下方面。

(1)公民对下列需要代理的事项,因经济困难没有委托代理人的,可以向法律援助机构申请法律援助:依法请求国家赔偿的;请求给予社会保险待遇或者最低生活保障待遇的;请求发给抚恤金、救济金的;请求给付赡养费、抚养费、扶养费的;请求支付劳动报酬的;主张因见义勇为行为产生的民事权益的。

(2)在刑事诉讼中,除《刑事诉讼法》第34条、第267条和第286条第2款规定的情形以外,具有下列情形之一,犯罪嫌疑人、被告人没有委托辩护人的,可以依照上述规定申请法律援助:

① 有证据证明犯罪嫌疑人、被告人属于一级或者二级智力残疾的;

② 共同犯罪案件中,其他犯罪嫌疑人、被告人已经委托辩护人的;

③ 人民检察院抗诉的;

④ 案件具有重大社会影响的。

公诉案件中的被害人及其法定代理人或者近亲属,自诉案件中的自诉人及其法定代理人,因经济困难没有委托诉讼代理人的,可以向办理案件的人民检察院、人民法院所在地同级司法行政机关所属法律援助机构申请法律援助。

 案例 6-2

　　王某十年前嫁给张某,婚后第一年育有一子,生活美满。然而结婚后第3年开始,张某屡次发生婚外情,并且对王某和孩子实施家庭暴力。无奈,王某与张某协议离婚,约定孩子归王某抚养,张某每月支付 1000 元抚养费。但离婚后,张某拒绝支付抚养费,王某来到法律援助中心寻求帮助,追讨抚养费。

[解析]

　　王某的诉请是追讨抚养费,并且根据王某提供的材料能够证明其经济困难。根据《法律援助条例》第 10 条的规定,王某的申请事项属于法律援助的范围,法律援助中心同意予以法律援助,并指派某律师办理该案。

(三)律师法律援助的受理程序

1. 提出申请

　　公民因经济困难就《法律援助条例》第 10 条规定的事项申请法律援助的,由义务机关所在地、义务人住所地或者被请求人住所地的法律援助机构依法受理。《法律援助条例》第 11 条规定的公民因经济困难申请刑事法律援助的,由办理案件的人民法院、人民检察院、公安机关所在地的法律援助机构受理。申请人向两个以上法律援助机构提出申请的,由最先收到申请的法律援助机构受理。

　　公民申请代理、刑事辩护法律援助,应当提交下列申请材料:法律援助申请表、身份证或者其他有效的身份证明、法律援助申请人经济状况证明表、与所申请法律援助事项有关的案件材料。

　　被羁押的犯罪嫌疑人、被告人、服刑人员、强制隔离戒毒人员申请法律援助的,可以通过办理案件的人民法院、人民检察院、公安机关或者所在监狱、看守所、强制隔离戒毒所转交申请。

小贴士

　　法律援助申请人如果持有下列证明材料之一的,无须提交法律援助申请人经济状况证明表:居民最低生活保障证;农村特困户救助证;农村五保供养证;人民法院给予申请人司法救助的决定;社会福利机构中由政府出资供养或者由慈善机构出资供养的证明材料;残疾证、申请人住所地或者经常居住地的村民委员会、居民委员会出具的无固定生活来源的证明材料;依靠政府或者单位给付抚恤金生活的证明材料;因自然灾害等原因导致生活出现暂时困难,正在接受政府临时救济的证明材料;法律、法规及省、自治区、直辖市人民政府规定的能够证明法律援助申请人经济困难的其他证件、证明材料。

2. 审查核实

法律援助机构应当自受理申请之日起7个工作日内进行审查,并作出是否给予法律援助的决定;法律援助机构认为申请人提交的申请材料需要查证的,应当向有关机关、单位调查核实,可以适当延长审查期限。法律援助机构经审查认为申请人提交的申请材料不齐全或者内容不清楚的,应当发出补充材料通知或者要求申请人作出说明。

3. 先行提供法律援助

对于符合提供法律援助条件的申请事项,如果具有下列情形之一的,法律援助机构可以决定先行提供法律援助:

(1) 距法定时效届满不足7日,需要及时提起诉讼或者申请仲裁、行政复议的;

(2) 需要立即申请财产保全、证据保全或者先予执行的;

(3) 其他紧急或者特殊情况。

先行提供法律援助的,受援人应当在法律援助机构确定的期限内补交规定的申请材料。法律援助机构经审查认为受援人不符合经济困难标准的,应当终止法律援助。

4. 作出决定

法律援助机构经审查,对符合法律援助条件的,应当决定给予法律援助,并制作给予法律援助决定书;对不符合法律援助条件的,应当决定不予法律援助,并制作不予法律援助决定书。不予法律援助决定书应当载明不予法律援助的理由及申请人可以提出异议的权利。

5. 提出异议

申请人对法律援助机构不予援助的决定有异议的,可以向主管该法律援助机构的司法行政机关提出。司法行政机关应当在收到异议之日起5个工作日内进行审查,经审查认为申请人符合法律援助条件的,应当以书面形式责令法律援助机构及时对该申请人提供法律援助,同时通知申请人;认为申请人不符合法律援助条件的,应当维持法律援助机构不予援助的决定,并书面告知申请人。

(四) 受援对象的权利、义务

1. 受援对象的权利

(1) 了解法律援助活动的进展情况;

(2) 有事实证明法律援助人员不依法履行职责时,可以要求法律援助机构予以更换;

(3) 可以向法律援助机构或者司法行政机关检举法律援助承办人员疏于履行法律援

助职责或违反职业道德、执业纪律的行为；

（4）获得法律援助机构提供的免费专业法律服务；

（5）法律、法规、规章规定的其他权利。

2. 受援对象的义务

（1）如实称述案件事实与相关情况，如实提供有关证明维护合法权益的事实和证据材料；

（2）如实提供足以证明经济困难、确需免收法律服务费用的证明材料，经济状况和案件情况发生变化时，应及时告知法律援助机构；

（3）配合法律援助人员开展法律援助。

 实训练习

不定项选择题

1. 下列哪些选项属于我国律师收取服务费用应遵循的原则？（　　　）

A. 公开公平　　　　　　　　B. 诚实信用

C. 协商收费　　　　　　　　D. 诉讼效率

2. 关于法律援助，下列哪些选项是正确的？（　　　）

A. 被告人王某犯罪时 17 周岁，审判时已年满 18 周岁，法院应当为其指定辩护人

B. 被告人张某因抢劫致人死亡，可能被判处死刑，法院可以通知法律援助机构指派律师为其提供辩护

C. 农民工甲被某建筑公司拖欠 11 个月工资，欲提起诉讼追讨欠薪，但因经济困难无力支付律师费，甲有权申请法律援助

D. 法律援助机构应当在受理援助申请后 10 个工作日内作出是否给予法律援助的决定

3. 法律援助机构对于下列哪些情形可以决定先行提供法律援助？（　　　）

A. 需要立即进行财产保全的

B. 需要立即进行证据保全的

C. 需要进行先予执行的

D. 距离法定期限届满不足 7 日，需要及时提起诉讼的

律师与公证

第七章
律师的职业规范与法律责任

学习目标

1. 掌握律师职业规范的内容；
2. 掌握律师法律责任的分类及其内容；
3. 掌握律师执业处分的种类及其适用情形。

引导案例

2014年9月，某市某律师事务所负责人张某，未向登记管理部门申请，擅自与本所律师王某签订设立办事处的协议。办事处存续期间，王某之妻弟刘某在不具有律师资格、律师执业证和未经授权的情况下，以某律师事务所及主任的名义，在"2014—2015某市电话簿"发布广告，引起某律师事务所与办事处之间的民事诉讼。

某市某区法院于2015年8月作出判决，认定律师王某的妻弟刘某所刊登广告为虚假广告，构成侵权。某市司法局认为：某律师事务所私设分支机构，违反了律师法及律师管理规章；王某妻弟刘某虚假广告并引起诉讼，在社会上造成不良影响，损害了律师形象，王某对其妻弟刊登虚假广告应明知而不制止，违反了律师职业道德及执业纪律。据此，撤销其分支机构、扣缴某律师事务所执业保证金，给予律师王某停止执业6个月的处罚。

[解析]

本案中，刘某不具有律师资格、执业证，也未经过授权，因此无权以律师身份发布广告。非律师人员以律师身份发布广告，严重误导公众，其行为严重背离了诚实守信的道德规范要求，不仅应受到道德谴责而且依法还应承担行政责任和纪律责任。

第一节　律师职业规范

律师职业规范是指立法机关、司法机关、司法行政机关、律师协会等组织制定和发布

的指导律师职业行为的具体规则总和。其本质上是处理律师与社会各种关系规范的总和,其作用在于通过规范引导律师的执业行为,保证律师遵守法律服务的基本规则,切实保护当事人的权益,维护律师行业的秩序,保障律师行业的健康发展。

律师职业规范是律师制度的核心内容。律师职业规范是评判律师执业行为是否符合律师职业要求的标准,是对违规律师、律师事务所追究职业责任的依据。根据 2007 年《律师法》《律师执业行为规范》等规定,我国律师职业规范的基本内容主要包括以下几方面。

一、律师代理能力规范

律师一旦接受当事人的委托进行辩护和代理等相关法律服务活动,就意味着当事人相信律师有能力进行辩护和代理活动。代理能力包括法律能力、业务能力、道德能力和身体能力。所谓法律能力是指律师执业必须具备的法定条件,如通过司法考试、完成律师执业实习满一年等;所谓业务能力是指律师进行辩护和代理必须要具有办理相应案件所需要的专业技能和办案经验。

所谓道德能力是指律师应当具有很高的职业道德水准,道德能力有很多表现,集中起来概括为一点就是诚信。这就要求律师不能为了接案而夸大宣传,向当事人吹嘘自己的专业能力和社会关系等。

所谓人身能力是律师进行辩护和代理要保证自身能亲自代为办理相关法律事务,避免发生转委托的情形。律师代理活动具有一定的身份依附性,当事人都是出于信任某律师的能力才委托其代为办理法律事务的,因此律师接受案件时要考虑自己人身实际状况,在此基础上再决定是否接受代理,不能为了多收代理费而来者不拒。

案例 7-1

王律师过去从未办过专利权案件,在接受一起专利侵权案件的咨询中,为了赢得当事人的信任,谎称自己具有丰富的代理专利侵权案件的经验。当事人信以为真,委托了王律师代为诉讼。

[解析]

在法律服务中,有些案件需要专门的知识和经验才可以代理和胜任,如果律师没有这方面的经验,就不可能胜任代理。任何一个律师都不可能对所有类型案件都精通,在这个案件中律师具有明显的欺诈嫌疑。

二、保守秘密规范

所谓保守秘密是指律师对在执业过程中获知的秘密信息具有保密义务,不得将其泄露给无权获知的任何机关、组织和公民。律师保密的范围不仅仅限于一般的个人隐私，还包括国家秘密、商业秘密等事项。《律师执业行为规范》第 8 条第 1 款规定，律师应当保守在执业过程中知悉的国家秘密、商业秘密，不得泄露当事人的隐私。保守秘密是世界各国律师行业应当普遍遵循的道德义务和法律义务。

　　律师作为为委托人提供法律服务的人，律师和委托人之间建立委托关系的基础是信任关系，正是由于这样的信任，律师对于当事人的私密事项具有天然的保密义务。如果律师动辄随便泄露当事人的秘密，受损的将不仅是律师或律师事务所和当事人的个别利益，恐怕整个律师行业的生存、发展都将成为问题。

案例 7-2

　　某律师为了推广业务，未经当事人同意，擅自将自己多年代理的各种诉讼、仲裁案件直接汇编成册，出版了专著《律师办案实务》。

［解析］

　　律师总结自己的代理案件经验本无可厚非，但是律师不应当未经当事人授权，扩大案件的知悉范围。特别是仲裁案件，仲裁本身就是基于维护当事人的商业秘密而不公开审理的案件，对于保密的程度要求很高。律师不经过当事人授权不可以随便公开案件信息。

三、利益冲突规范

　　利益冲突由于形态多样，因此目前学界还没有关于利益冲突的准确定义。根据美国学者罗伯特的观点，可以认为利益冲突是律师事务所和律师与客户客观上存在的潜在的相反利益取向，继续代理将直接影响相关客户利益的情形。基于此，如果律师对客户的代理将因律师自身利益、律师对其他现委托人、前委托人或者第三人的职责而受到重大的不利影响，则可以认为存在利益冲突。

　　我国关于律师利益冲突的规范主要集中在刑事诉讼法律规范、《律师法》、律师行政管理规章、律师协会的自律性规范中，如我国刑事诉讼有关法律及司法解释规定，共同犯罪中，一名辩护人不得为两名以上的同案被告人辩护。与案件审理结果有利益关系的人不得被委托担任辩护人。

　　《律师法》第 39 条规定：“律师不得在同一案件中为双方当事人担任代理人，不得代理与本人或者其近亲属有利益冲突的法律事务。”《律师执业行为规范》第 48 条规定：“律师事务所应当建立利益冲突审查制度。律师事务所在接受委托之前，应当进行利益冲突审查并作出是否接受委托决定。”第 49 条规定：“办理委托事务的律师与委托人之间存在利害关系或利益冲突的,不得承办该业务并应当主动提出回避。"

当然,有利益冲突并不意味着律师都不能接受当事人的委托。对于有的利益冲突案件,律师主动通知当事人利益冲突情况,如果当事人同意和豁免的,律师可以继续提供法律服务。豁免一般要求采用书面豁免函的形式,声明同意由存在利益冲突的律师代理法律事务并亲笔签名。

四、执业推广规范

执业推广是指律师及律师事务所通过发布法律服务信息等手段拓展业务的活动。在推广律师业务的活动中,应当遵守平等、诚信原则,遵守律师职业道德规范公平竞争。律师和律师事务所不得进行歪曲事实和法律,或者可能使公众对律师产生不合理期望的宣传,不得进行律师之间或者律师事务所之间的比较宣传。

律师和律师事务所不得以有悖律师使命、有损律师形象的方式制作广告,不得采用一般商业广告的艺术夸张手段制作广告。具有下列情况之一的,律师和律师事务所不得发布律师广告:

(1) 没有通过年度考核的;

(2) 处于停止执业或停业整顿处罚期间的;

(3) 受到通报批评、公开谴责未满一年的。

五、律师同行之间的行为规范

律师行业是既充满竞争又需要合作的行业。对律师同行之间的行为进行有效规范,有助于维护律师行业的形象,促进律师业健康发展。律师同行之间的行为规范包括两大方面,即一方面是要尊重合作;另一方面要禁止不正当竞争。

(一) 律师同行之间要尊重合作

律师同行之间应相互帮助、相互尊重。在处理法律事务过程中,律师不得发表恶意贬低、诋毁、损害同行的言论;律师变更执业机构时应当维护委托人及原律师事务所的利益。

(二) 禁止不正当竞争

律师同行之间要禁止不正当竞争。律师不得就服务结果作出虚假承诺,不得明示或暗示帮助委托人达到不正当目的,为获取业务向委托人暗示或明示自己有某种特殊关系,律师和律师事务所不得擅自或者非法使用社会专有名称或者知名度较高的名称以及代表其名称的标志、图形文字、代号以混淆误导委托人,律师和律师事务所不得伪造、变造、冒用法律服务荣誉称号等。

六、律师在诉讼、仲裁中的规范

律师在执业中经常要同司法、仲裁人员接触,如向法庭提交证据材料,法庭上同公诉人辩论,申请取保候审等。律师在实施这些活动时应当遵守相应的职业道德规范,保障律师与司法、仲裁人员之间保持正当的交流,保证司法行为的独立性与公正性。这方面的行为规范主要包括以下方面。

(1) 律师不得向司法机关或者仲裁机构提交明知是虚假的证据;

(2) 律师应当遵守法庭、仲裁庭纪律,遵守出庭时间、举证时限、提交法律文书期限及其他程序性规定;

(3) 律师不得贿赂司法机关和仲裁机构人员;

(4) 律师不得明示或者暗示司法人员为其介绍代理、辩护等法律服务业务;

(5) 律师担任辩护人、代理人参加法庭、仲裁庭审理,应当按照规定穿着律师出庭服装,佩戴律师出庭徽章,注重律师职业形象;

(6) 律师在法庭或仲裁庭发言时应当举止庄重、大方,用词文明、得体。

 案例 7-3

某律师为了拓展案源,给一些法院的法官发出信件。信的基本内容是:本律师历来注重与法官的合作,希望与贵法官在维护当事人利益的前提下,共享诉讼资源,共分可得利益。在您主审的民事和经济案件中,在可能的情况下,您可以将当事人的一方介绍给本人。我可以按照所收代理费总额的30%作为介绍费支付给您。希望我们合作愉快。

[解析]

律师拓展案源必须通过正当渠道。本案例中该律师的行为显然严重违反了法律职业道德基本规范。实践中,有些律师和司法人员套近乎、拉关系,利用司法人员寻求案源的现象还是存在的。律师应该严格遵守职业行为规范,杜绝同司法人员的不正当交往。

第二节　律师法律责任

律师法律责任是指律师在执业过程中违反国家法律规范所应承担的法律责任。建立完善的律师法律责任制度不仅有利于督促律师在执业过程中勤勉尽责、恪尽职守,而且还有利于最大限度地维护当事人的合法权益,有利于树立律师良好的公众形象。目前,我国已经基本构建起包括刑事责任、民事责任、行政责任在内的较为完善的律师法律责任制度。

一、律师的刑事责任

律师的刑事责任指的是律师的执业行为由于触犯刑事法律规范而应承担的法律责任。律师的刑事责任是律师法律责任种类中处罚最重的责任形式。从犯罪构成理论角度分析,律师刑事责任要具备四个基本构成要件,否则不能追究律师相关罪名的刑事责任,即客体要件必须是律师的执业行为触犯了刑事法律规范所要保护的社会关系;客观方面要件是律师在执业过程中实施了相关罪名的客观行为;主体要件是必须是取得律师执业资格的自然人;主观方面可以是故意也可以是过失,主观动机在此不问。

根据有关法律的相关规定,并结合我国近年来律师受到刑事责任追究的实际情况,我国律师的刑事责任主要集中于以下几种罪名。

(一)贿赂型犯罪

律师在处理法律事务过程中,由于自身素质不高以及司法活动的复杂性,一些律师同司法人员进行权钱交易的行为时有发生,严重扰乱了法律服务市场秩序,损害了律师的职业形象。这种行为往往触犯行贿罪和介绍贿赂罪。

我国《刑法》第 390 条规定:对犯行贿罪的,处五年以下有期徒刑或者拘役;因行贿谋取不正当利益,情节严重的,或者使国家利益遭受重大损失的,处五年以上十年以下有期徒刑;情节特别严重的,处十年以上有期徒刑或者无期徒刑,可以并处没收财产。

(二)伪造证据、妨害作证型犯罪

"打官司就是打证据",证据是诉讼成败的关键。法律实务中,有些律师为了胜诉,不择手段地实施伪造证据或者妨害作证的行为。比如在辩护或代理活动中毁灭、伪造证据或者指使他人做伪证,甚至诱使、迫使他人提供虚假证言或者阻止他人提供对其当事人不利的证言。

我国《刑法》第 306 条对这种妨害司法的行为明确作出禁止性规定:"在刑事诉讼中,辩护人、诉讼代理人毁灭、伪造证据,帮助当事人毁灭、伪造证据,威胁、引诱证人违背事实改变证言或者作伪证的,处三年以下有期徒刑或者拘役;情节严重的,处三年以上七年以下有期徒刑。"

(三)泄露秘密型犯罪

律师虽然不是国家工作人员,但由于职业活动的特殊性,有时候可能会获知国家秘密文件资料或者商业秘密等信息,根据律师职业行为规范,律师对于执业活动中获得的秘密有保密义务,如果律师违反保密义务,情节严重的可能构成刑事犯罪。

实务中,律师触犯泄露秘密型犯罪的常见罪名是故意泄露国家秘密罪和为境外机构、组织、人员窃取、刺探、收买、非法提供国家秘密、情报罪以及侵犯商业秘密罪。

案例 7-4

　　某律师事务所为准备出庭辩护,到某人民法院复印了案件的有关案卷材料。被告人的亲属知道后,向其提出看看复印材料的要求。律师在没有考虑后果的情况下,将案卷材料的复印件交给了被告人的亲属。被告人的亲属根据复印件的材料找到有关证人做工作,要求其提供虚假证明。

　　检察机关认为,该律师的行为触犯了《刑法》第 398 条的规定,构成了故意泄露国家秘密罪,以泄露国家秘密罪对该律师提起公诉。

　　[解析]

　　本案争议的核心问题是侦查终结的案卷材料是否属于国家秘密。从现行的法律规范看,并没有直接明确的规定。虽然《保守国家秘密法》第 9 条规定,维护国家安全活动和追查刑事犯罪中的秘密事项属于国家秘密的范围,但什么是追查刑事犯罪的秘密事项,并没有具体所指。

　　根据《保守国家秘密法》第 20 条的规定,对于有争议的事项是否属于国家秘密,由保密部门确定。为了降低律师执业风险,对于涉及的可能产生国家秘密争议的信息处理,律师应当采取十分谨慎的做法,必要时可以向有关部门进行咨询和查证。

二、律师的民事责任

　　律师民事责任是指律师和律师事务所在执业活动中,由于违法行为或者过错给当事人造成损失,所应当承担的民事责任。律师从事业务活动,是基于律师事务所与委托人签订的委托代理合同,这种委托代理合同建立的是一种民事代理关系。按照我国相关民事法律规定,代理人因过错给当事人造成损失的,应当承担赔偿责任。

　　《律师法》第 54 条明确规定:"律师违法执业或者因过错给当事人造成损失的,由其所在的律师事务所承担赔偿责任。律师事务所赔偿后,可以向有故意或者重大过失行为的律师追偿。"

　　追究律师的民事责任应当同时具备以下条件。

　　第一,律师主观上存在过错。所谓主观上的过错就是指律师对行为的实施主观上存在故意或者过失。如果律师对行为和结果的发生,律师主观上不存有故意、过失的过错,即便给当事人造成损失,律师也不应当承担民事责任。可见,律师民事责任的归责原则是过错责任原则,不适用无过错归责原则和公平责任原则。

　　第二,律师的过错行为给当事人造成了损害结果,并且行为和结果之间具有直接因果关系。如果律师的行为虽然有一定过错,但是并没有实际上给当事人造成损害后果,或者当事人虽然有损害后果,但并非律师的过错行为所致,则律师不应该承担民事责任。

第三,律师的执业行为必须具有违法性。所谓"违法性"不仅是指违反民事法律,还包括违反委托合同上规定的条款,例如,律师与对方当事人恶意串通泄露当事人的秘密,或者与第三人恶意串通实施危害当事人合法权益的行为。

第四,律师的违法行为必须是发生在律师执业活动中。律师执业是律师根据律师事务所的指派,接受当事人的委托,履行律师事务所和当事人订立的委托合同的活动。这种行为属于律师事务所的职务行为,只有在这个过程中发生的过错行为才能讨论律师民事责任的问题。如果律师的行为不是发生在执业活动中,那就并非是律师执业过错行为,而是非职务的个人行为,如果导致当事人权益受损的结果,只能是自然人民事责任问题,不属于我们讨论的律师民事责任问题。

小贴士

《律师事务所管理办法》第 44 条规定:律师违法执业或者因过错给当事人造成损失的,由其所在的律师事务所承担赔偿责任。

律师事务所赔偿后,可以向有故意或者重大过失行为的律师追偿。普通合伙律师事务所的合伙人对律师事务所的债务承担无限连带责任。特殊的普通合同律师事务所一个合伙人或者数个合伙人在执业活动中因故意或者重大过失造成律师事务所债务的,应当承担无限责任或者无限连带责任,其他合伙人以其在律师事务所中的财产份额为限承担责任;合伙人在执业活动中非因故意或者重大过失造成的律师事务所债务,由全体合伙人承担无限连带责任。个人律师事务所的设立人对律师事务所的债务承担无限责任。国家出资设立的律师事务所以其全部资产对其债务承担责任。

三、律师的行政责任

律师的行政责任是指律师和律师事务所违反国家行政法律规范,特别是违反《律师法》和《律师和律师事务所违法行为处罚办法》规定的义务,实施有关行政违法行为所应承担的法律责任。

律师承担行政责任的方式主要有以下几种。

(1)警告。主要适用于情节轻微的行政违法行为。这种处罚方式通过对违法律师予以警示训诫,使其认识到行为的违法性。

(2)罚款。2007 年修订《律师法》加重了对律师违法违规行为处罚的力度,增加了罚款的形式,最高罚款额度可以达到 5 万元。

(3)没收违法所得。根据《律师法》和《律师和律师事务所违法行为处罚办法》的规定,这是一种经济性的行政处罚,这种行政处罚附加适用。

（4）停止执业。停止执业是禁止律师在特定时间内从事执业活动的行政处罚。停止执业的时间为 3 个月以上 1 年以下，这种处罚适用于律师情节严重的违法行为。

（5）吊销执业证书。吊销执业证书是对律师最严厉的行政处罚。根据《律师法》规定，吊销律师执业证书意味着被处罚者永远不能再取得律师执业证书。律师被吊销律师执业证的，司法行政机关应收缴其律师执业证并予以注销。

律师事务所因违法执业行为而承担的行政责任的方式主要有以下几种。

（1）责令改正。责令改正是命令律师事务所对违法行为予以纠正的行政处罚方式，适用于律师事务所的轻微违法行为。

（2）罚款。2007 年修订《律师法》加重了对律师事务所违法违规行为处罚的力度，增加了罚款的形式，最高罚款额度可以达到 10 万元。

（3）没收违法所得，可以并处罚款。这是一种独立适用的处罚方式，同时可以并处违法所得 1 倍以上 5 倍以下罚款。

（4）停业整顿。停业整顿是责令律师事务所停止执业活动予以内部整顿的处罚方式，适用于律师事务所情节严重的违法行为。

（5）吊销执业证书。吊销执业证书是通过吊销律师事务所的执业证书的手段取消律师事务所执业资格的行政处罚方式。这是对律师事务所最严厉的处罚，适用于律师事务所情节严重的违法行为。

案例 7-5

某市某某律师事务所非律师执业人员张某以律师名义与该所律师王某共同接受委托，作为李某一审诉讼代理人，收取律师代理费 7000 元，并收取律师办案费 8000 元，某某律师事务所为其出具了有关代理手续，并向当事人开具了金额 7000 元的律师业收费专用发票。

某某律师事务所律师王某将 8000 元办案费提走，并填写了支出凭单；某某律师事务所将收取的 7000 元代理费按 4∶6 的比例，分别作为王某和张某的创收，其中张某创收的 50％由其个人提走，另外 50％留在某某律师事务所作为公共开支及税费。

某市司法局认为，某某律师事务所同意非律师人员执业的行为和张某的违法行为，分别违反了《中华人民共和国律师法》第 47 条、《律师和律师事务所违法行为处罚办法》第 8 条第 4 项，以及《律师法》第 46 条第 2 款的规定，现决定给予某某律师事务所责令改正、没收违法所得 2100 元，并处以 2 倍罚款的行政处罚；给予张某没收违法所得 2100 元，并处以 2 倍罚款的行政处罚；另外预收的 8000 元律师办案费，因办案过程中未发生实际费用，责成王某返还当事人。

[解析]

本案中,某某律师事务所为尚未取得律师执业证书的张某出具代理手续,并向当事人开具律师收费专用发票,给违法执业人员提供了便利,其行为纵容、鼓励了非律师人员的非法执业行为,违背了律师事务所的应尽义务,依据《律师法》和《律师和律师事务所违法行为处罚办法》有关规定,应承担相应的行政处罚责任。

第三节　律师执业处分

律师的执业处分,是指律师协会对律师和律师事务所违反律师职业规范行为作出的行业纪律处分。律师协会对会员的执业处分是两结合管理体制中律师协会管理职能的重要组成部分,对规范律师执业行为和保障法律服务市场健康发展具有重大意义。

一、对律师和律师事务所的执业处分方式

根据2004年第五届全国律协常务理事会第九次会议修订的《律师协会会员违规行为处分规则(试行)》第9条规定,律师协会对会员违规行为作出的行业处分种类有:训诫、通报批评、公开谴责、取消会员资格。

二、执业处分实施机构

《律师协会会员违规行为处分规则(试行)》第20、21、23条等条文规定,各省、自治区、直辖市律师协会及设区的市律师协会设立惩戒委员会,负责对违规会员进行处分。惩戒委员会的主任、副主任由同级律师协会常务理事会提名,经理事会决定产生,任期与理事会任期相同。惩戒委员会的职责主要包括:

(1) 接待投诉或接受有关部门移送的投诉,办理受理手续;

(2) 制作惩戒委员会评审记录,制作、送达惩戒委员会决定书及有关文书;

(3) 与行业处分工作有关的其他事项。

三、执业处分程序规定

(一)受理投诉

投诉人可以采用信函、电话、传真和直接来访等方式投诉,也可以委托他人代为投诉。惩戒委员会工作人员应当制作接待投诉记录,填写投诉登记表,妥善保管书面证据材料,建立会员违规档案。

（二）立案

惩戒委员会应在接到投诉案件后的 7 个工作日内对案件作出是否立案的决定。对于下列情况不予立案：

（1）虽有违法、违纪的事实，但不符合本惩戒委员会受理范围的；

（2）不能提供基本证据材料或证据材料含糊不清的；

（3）证据材料与投诉事实没有直接或必然联系的；

（4）匿名投诉的。惩戒委员会对于不予立案的投诉应在 10 个工作日内向投诉人答复并说明理由，但匿名投诉的除外。

（三）调查

惩戒委员会认为应当立案的，应于 10 日内向被投诉会员发出通知，要求被投诉会员到律师协会说明情况，回答质询，并提供书面答辩。惩戒委员会人员调查案情时，应由不少于两名调查人员同时参加，不得向被投诉人员直接出示投诉材料及其复印件，不得私自摘录、复制或泄露投诉材料，严禁将投诉材料转给被投诉会员。

（四）听取被投诉人陈述、申辩和组织听证

惩戒委员会在作出决定前，应通知被投诉人到会陈述、申辩，被投诉人不到会的视为放弃陈述申辩权，放弃陈述或申辩权利的不影响作出决定。惩戒委员会作出决定前，应当告知被投诉人有要求听证的权利。被投诉人要求听证的，应当在被告知后 7 个工作日内提出听证要求，惩戒委员会应当组织听证。

（五）处分决定的作出

执业处分决定应当集体作出决定，会议至少应由 2/3 的委员出席，决定由出席会议委员的 2/3 以上的多数通过。决定通过后，应当正式制作决定书。决定书经惩戒委员会主任审核后，律师协会会长签发。

（六）送达

决定书作出后要送达被投诉人。送达方式一般直接送达，也可以邮寄送达。受送达人拒收时，可由送达人在送达回证上注明情况后，交由受送达人所在单位代为签收。

 **实训练习**

不定项选择题

1. 律师协会对于违反律师职业规范的行为有权作出执业处分。下列选项中哪些属于律师协会有权作出的执业处分种类？（　　　）

A. 通报批评   B. 取消会员资格

C. 公开谴责   D. 警告

2. 下列选项中,哪些属于对律师违法行为实施行政处罚的种类?（　　）

A. 警告   B. 罚款

C. 吊销执业证书   D. 停止执业

3. 张律师在代理一起 A 公司投资法律事务过程中,发现该投资具有很大利润,并且回报快,就把该信息透露给自己的朋友。这个朋友利用他的信息,在 A 公司之前进行了商业投资行为,造成 A 公司的投资失败。下列哪一说法是正确的?（　　）

A. 张律师违背利益冲突职业规范

B. 张律师违背了保守秘密的职业规范

C. 张律师违背了不正当竞争的职业规范

D. 张律师违背了诚实信用的职业规范

第八章
刑事诉讼中的律师辩护及代理

学习目标

1. 掌握辩护制度的内容,明确辩护律师的诉讼地位、作用;
2. 理解律师辩护的权利,了解律师参与刑事辩护的规范。

引导案例

李某涉嫌一起故意伤害罪被公安机关逮捕,犯罪嫌疑人在当地委托了一名律师之后,又在审查起诉阶段到北京聘请了另外一位律师担任犯罪嫌疑人的辩护律师。根据分工,当地律师负责案件的跟踪以及与检察院、法院的沟通,北京律师负责案件的证据审查工作。北京律师在接受委托后,从当地律师处将其从检察院复制的案卷复印一套进行研究分析。

[解析]

本案例中,《中华人民共和国刑事诉讼法》第33条规定犯罪嫌疑人自被侦查机关第一次讯问或者采取强制措施之日起,有权委托辩护人。《刑事诉讼法》第32条规定,犯罪嫌疑人除自己行使辩护权外,还可以委托一至二名律师担任其辩护人。《刑事诉讼法》第38条规定辩护律师自人民检察院对案件审查起诉之日起,可以持律师事务所证明、授权委托书及律师执业证到人民检察院查阅、摘抄、复制本案材料。

第一节 辩护制度及律师辩护

案例 8-1

李某涉嫌非国家工作人员职务犯罪的案件,在侦查时,公安机关以非国家工作人员受贿罪立案侦查,检察院审查起诉将之改变定性为挪用资金。李某委托的律师张某到法院拿了起诉书后,针对起诉书指控的挪用资金罪的所有相关证据进行了补充阅卷,复制了全部材料。在补充阅卷中,辩护律师发现了挪用资金罪从轻处罚的情形。

[解析]

《刑事诉讼法》第33条规定,犯罪嫌疑人有权委托律师担任自己的辩护人。辩护律师根据《刑事诉讼法》第38条规定,查阅、摘抄、复制该案的案卷资料及其他有效工作,极大的维护了当事人的合法权益。

一、刑事诉讼律师辩护概述

辩护制度的概念。辩护制度是指法律规定的关于辩护权的内容、行使方式、辩护的种类、原则、程序以及辩护人的范围、权利、义务、责任等一系列规范的总称。简单地说,即是在刑事诉讼中确保犯罪嫌疑人、被告人行使辩护权的制度。保障犯罪嫌疑人、被告人的辩护权是辩护制度的核心问题,是宪法保障基本人权在刑事诉讼领域中的具体表现。

辩护权是刑事诉讼中的犯罪嫌疑人、被告人,针对指控、起诉进行辩解、反驳,以维护自身合法权益的权利。《宪法》第125条规定:"人民法院审理案件,除法律规定的特别情况外,一律公开进行。被告人有权获得辩护。"《刑事诉讼法》第11条规定:"人民法院审判案件,除本法另有规定的以外,一律公开进行。被告人有权获得辩护,人民法院有义务保证被告人获得辩护。"表明国家司法机关有义务保护犯罪嫌疑人、被告人的辩护权且任何组织和个人不得以任何理由、形式,对辩护权加以剥夺。

在现代刑事诉讼中,辩护职能不仅被公认,而且有日趋强化的态势。辩护权行使的方式主要有:自行辩护、委托辩护和指定辩护。自行辩护,是指犯罪嫌疑人、被告人针对刑事控诉和追诉自行进行辩护的一种方式。委托辩护,是指犯罪嫌疑人、被告人为了更好地行使自己的辩护权,通过与法律允许的人签订委托合同,由委托人代替自己行使辩护权。

《刑事诉讼法》第33条规定:"公诉案件自案件移送审查起诉之日起,犯罪嫌疑人有权委托辩护人。自诉案件的被告人有权随时委托辩护人。人民检察院自收到移送审查起诉的案件材料之日起三日以内,应当告知犯罪嫌疑人有权委托辩护人。人民法院自受理自诉案件之日起三日以内,应当告知被告人有权委托辩护人。"指定辩护,是指遇到法律规定的情形时,人民法院为没有委托辩护人指定辩护律师为其辩护。

《刑事诉讼法》第34条规定:"公诉人出庭公诉的案件,被告人因经济困难或者其他原因没有委托辩护人的,人民法院可以指定承担法律援助义务的律师为其提供辩护。被告人是盲、聋、哑或者未成年人而没有委托辩护人的,人民法院应当指定承担法律援助义务的律师为其提供辩护。被告人可能被判处死刑而没有委托辩护人的,人民法院应当指定承担法律援助义务的律师为其提供辩护。"

辩护人及辩护人的范围。在刑事诉讼中,辩护权除了犯罪嫌疑人、被告人自己行使之外,还可以由其他人协助行使,即辩护人行使。辩护人,是指在刑事诉讼中受犯罪嫌疑人、被告人委托或法院指定,帮助犯罪嫌疑人、被告人行使辩护权,依法维护犯罪嫌疑人、被告人合法权益的诉讼参与人。

 **小贴士**

根据《刑事诉讼法》第 32 条,《律师法》第 41 条之规定,可以担任辩护人的有:律师,人民团体或者犯罪嫌疑人、被告人所在单位推荐的人,犯罪嫌疑人、被告人的监护人、亲友。不得被委托担任辩护人的有:被宣告缓刑和刑罚尚未执行完毕的人,依法被剥夺、限制人身自由的人,无行为能力或者限制行为能力的人,人民法院、人民检察院、公安机关、国家安全机关、监狱的现职人员,本院的人民陪审员,与本案审理结果有利害关系的人,外国人或者无国籍人。

二、辩护律师的地位和作用

(一) 辩护律师在刑事诉讼中的地位

辩护律师,是指刑事案件中犯罪嫌疑人、被告人及其近亲属,根据《中华人民共和国刑事诉讼法》第 32 条第 1 项规定委托的持有律师执业证的律师辩护人。辩护律师在刑事诉讼中具有独立的诉讼地位。

(1) 辩护律师在刑事诉讼中的权利。根据《刑事诉讼法》第 39 条:"辩护律师自人民检察院对案件审查起诉之日起,可以查阅、摘抄、复制本案的案卷材料。其他辩护人经人民法院、人民检察院许可,也可以查阅、摘抄、复制上述材料。"而其他委托人要想行使上述活动就必须得到检察院或者法院许可。

(2) 律师开展辩护工作是根据法律和事实形成的,不受任何非法干涉和约束。第一,律师依法进行辩护不受公诉方的非法干涉。第二,律师依法进行辩护不受犯罪嫌疑人、被告人的约束。第三,律师依法进行诉讼活动不受审判人员的非法干涉和约束。

总之,辩护律师在刑事诉讼中具有特定的身份和职责,律师依法为犯罪嫌疑人、被告人辩护,不受他人干涉。律师的辩护意见,不受犯罪嫌疑人、被告人影响,律师在刑事诉讼中的诉讼地位是独立的。

(二) 辩护律师在刑事诉讼中的作用

(1) 能够有效克服犯罪嫌疑人、被告人在自行辩护的局限性,保障犯罪嫌疑人、被告人辩护权的充分实施,维护犯罪嫌疑人、被告人的合法权益。刑事诉讼中,虽然犯罪嫌疑人、被告人是直接当事人,最了解事情真相,并且对自己是否实施犯罪最为清楚。但是由于其身份的特殊和被采取刑事强制措施而失去人身自由或者自身缺乏法律专业知识的客观因素,造成自己行使辩护权会带有一定的局限性。而辩护律师担任犯罪嫌疑人、被告人的辩护人,能够弥补缺陷,将犯罪嫌疑人、被告人的合法权益最大化。

（2）可以起到教育犯罪嫌疑人、被告人认罪伏法的作用。因为辩护律师是受犯罪嫌疑人、被告人委托而参与刑事诉讼的,所以犯罪嫌疑人、被告人从心理上对辩护律师抱有认可和信任的态度。由于犯罪嫌疑人、被告人对于法律专业知识的欠缺,不清楚为自己的行为是否已经触犯法律,辩护律师从法律上对其进行解释,有助于犯罪嫌疑人、被告人认识自己的犯罪行为,接受改造。

（3）维护法律的正确实施,提高办案质量。由于办案人员的业务能力、工作条件,及案件的错综复杂等原因,所以导致在认定案件事实和应用法律上很难做到准确无误。因此,律师参与刑事诉讼,提供事实和证据,有利于法庭全面了解案件。同时在法庭上对控诉的辩护,促使办案人员力争准确地办理案件。从客观上起到了提高办案质量的作用。

三、辩护律师的权利

（一）接受委托担任辩护人的权利

《刑事诉讼法》第 32 条规定:"犯罪嫌疑人、被告人除自己行使辩护权以外,还可以委托一至二人作为辩护人。下列的人可以被委托为辩护人:律师;人民团体或者犯罪嫌疑人、被告人所在单位推荐的人;犯罪嫌疑人、被告人的监护人、亲友。正在被执行刑罚或者依法被剥夺、限制人身自由的人,不得担任辩护人。"之规定,律师可以接受委托担任辩护人。律师作为提供法律服务的专业人员进行辩护工作不受任何国家机关、社会团体和个人的非法干涉。

（二）收集与本案有关的材料的权利

《刑事诉讼法》第 41 条规定:"辩护律师经证人或者其他有关单位和个人同意,可以向他们收集与本案有关的材料,也可以申请人民检察院、人民法院收集、调取证据,或者申请人民法院通知证人出庭作证。"本规定指出辩护律师经证人或者其他有关单位和个人同意,可以向他们收集与本案有关的材料,也可以申请人民检察院、人民法院收集、调取证据。

辩护律师经人民检察院或者人民法院许可,并且经被害人或者其近亲属、被害人提供的证人同意,可以向他们收集与本案有关的材料。

（三）同在押犯罪嫌疑人、被告人会见和通信的权利

《刑事诉讼法》第 37 条规定:"辩护律师可以同在押的犯罪嫌疑人、被告人会见和通信。其他辩护人经人民法院、人民检察院许可,也可以同在押的犯罪嫌疑人、被告人会见和通信。辩护律师持律师执业证书、律师事务所证明和委托书或者法律援助公函要求会见在押的犯罪嫌疑人、被告人的,看守所应当及时安排会见,至迟不得超过四十八小时。"

辩护律师同在押犯罪嫌疑人、被告人会见和通信的权利在侦查阶段，审查起诉阶段和审判阶段均能行使。

(四) 参加法庭调查和法庭辩论权利

根据《刑事诉讼法》的有关规定，在法庭调查阶段，辩护人在公诉人讯问被告人后，经审判长许可，可以向被告人发问；经审判长许可，可以对证人、鉴定人发问；法庭审理中，辩护人有权申请新的证人到庭，调取新的证物，申请重新鉴定或者勘验。法庭辩论阶段，辩护人可以就证据和案件情况发表意见并且可以和控方展开辩论。

(五) 经被告人同意，进行上诉的权利

根据《刑事诉讼法》规定，辩护律师可以对尚未发生法律效力的判决或者裁定提出上诉。

(六) 维护被代理人相关法律权利

对于人民法院、人民检察院和公安机关采取强制措施超过法定期限的，辩护人有权要求解除强制措施。犯罪嫌疑人、被告人及其他法定代理人、近亲属或者犯罪嫌疑人、被告人委托的律师及其辩护人对于人民法院、人民检察院或者公安机关采取强制措施超过法定期限的，有权要求解除强制措施。人民法院、人民检察院或者公安机关对于采取强制措施超过法定期限的犯罪嫌疑人、被告人应予以释放、解除取保候审、监视居住或者依法变更强制措施。

(七) 查阅、摘抄、复制有关材料的权利

《刑事诉讼法》第 38 条规定："辩护律师自人民检察院对案件审查起诉之日起，可以查阅、摘抄、复制本案的案卷材料。其他辩护人经人民法院、人民检察院许可，也可以查阅、摘抄、复制上述材料。"

(八) 拒绝辩护的权利

《律师法》第 29 条规定："委托人可以拒绝律师为其继续辩护或者代理，也可以另行委托律师担任辩护人或者代理人。律师接受委托后，无正当理由的，不得拒绝辩护或者代理，但委托事项违法，委托人利用律师提供的服务从事违法活动或者委托人隐瞒事实的，律师有权拒绝辩护或者代理。"

第二节　律师介入刑事诉讼的基本规范

一、律师介入刑事诉讼的法律依据

律师在刑事诉讼活动中，接受犯罪嫌疑人、被告人或者他们的法定代理人、近亲属或

者犯罪嫌疑人、被告人指定的人的委托参与刑事诉讼,是代理公民行使辩护权,同犯罪行为做斗争,维护犯罪嫌疑人、被告人合法权益的一种方式。

《律师法》第28条第3款规定:"接受刑事案件犯罪嫌疑人的聘请,为其提供法律咨询,代理申诉、控告,申请取保候审,接受犯罪嫌疑人、被告人的委托或者人民法院的指定,担任辩护人,接受自诉案件自诉人、公诉案件被害人或者其近亲属的委托,担任代理人,参加诉讼。"这是立法对于律师在刑事诉讼中的担任代理人的具体规定,但是在我国司法实践的过程中,一些司法机关对这一条的理解不够清楚。所以最高人民法院、最高人民检察院、公安部、司法部联合颁发《关于律师参加诉讼的几项补充规定》构成了律师参与刑事诉讼活动的法律依据。

知识拓展

《中华人民共和国律师法》第28条规定:"律师可以从事下列业务:

(一)接受自然人、法人或者其他组织的委托,担任法律顾问;

(二)接受民事案件、行政案件当事人的委托,担任代理人,参加诉讼;

(三)接受刑事案件犯罪嫌疑人、被告人的委托或者依法接受法律援助机构的指派,担任辩护人,接受自诉案件自诉人、公诉案件被害人或者其近亲属的委托,担任代理人,参加诉讼;

(四)接受委托,代理各类诉讼案件的申诉;

(五)接受委托,参加调解、仲裁活动;

(六)接受委托,提供非诉讼法律服务;

(七)解答有关法律的询问、代写诉讼文书和有关法律事务的其他文书。"

二、收案

(一)咨询

律师接待当事人、应该认真全面的听取当事人陈述,充分了解当事人的要求,向当事人介绍相关的法律法规规定。

咨询要掌握三步:认真听,不要打断当事人的讲话,尽量保证当事人可以在平和的状态下把所思所想说出来。既可以帮助律师充分了解案件,也可以让当事人感受到律师对自己的尊重。为以后的沟通建立良好的基础。适时问,当事人介绍案情时,律师应该将所了解的问题进行罗列、归纳,在适当的时候对当事人提出问题。有利于把握案件的关键要素,为之后的咨询打下坚实的基础。全面说,要把当事人可能涉及的罪名全部进行介绍,不仅要介绍实体法,同时还要介绍程序法;不仅介绍律师的具体工作,还要介绍全面的法律服务的方案。

（二）接受委托

（1）律师事务所可以接受犯罪嫌疑人、被告人，或者他们的法定代理人、近亲属或者犯罪嫌疑人、被告人指定的人的委托，指派律师担任犯罪嫌疑人、被告人的辩护人。

（2）律师事务所可以接受被害人及其法定代理人或者近亲属、附带民事诉讼的当事人及其法定代理人、自诉案件的自诉人及其法定代理人的委托，指派律师担任诉讼代理人。

（3）律师事务所可以接受不被起诉人及其法定代理人、近亲属的委托，指派律师代为申诉。

（4）律师事务所可以接受申诉案件当事人及其法定代理人、近亲属的委托，指派律师担任申诉案件的代理人。

（5）律师事务所可以接受法律援助部门的指定，指派律师担任犯罪嫌疑人、被告人的辩护人以及被害人的诉讼代理人。

（三）办理委托手续

律师受理刑事案件，应该在侦查、审查起诉、一审、二审、申诉各阶段分别办理委托手续；也可以一次性签订委托协议，但应该分阶段签署授权委托书。律师不得接受同一案件两名以上犯罪嫌疑人、被告人及其近属或指定的人的委托，参与刑事诉讼活动。

律师受理案件必须办理如下手续。

（1）律师事务所与委托人签署一式两份的《委托协议》，一份交委托人，另一份由律师事务所存档。

（2）委托人签署至少一式三份的《授权委托书》，一份成交办案机关，一份交委托人保管，一份由承办律师存档。

（3）开具律师事务所介绍信，连同《授权委托书》、律师执业证复印件呈交办案机关。在公函上应当注明律师事务所的通信地址和律师的联系方式。

案例 8-2

某律师担任一起盗窃 7000 元案的犯罪嫌疑人的辩护人。在审查起诉阶段，该律师向检察院提交了委托手续，但在向检察院提交的委托手续上面没有写明联系电话。由于该案件是被告人认罪案件，证据确实、充分，检察院提起公诉时建议法院适用简易程序。

由于检察院工作繁忙，律师的委托手续上又没有联系电话，故而没有通知该律师案件提起公诉的情况。由于该案件事实清楚、证据确实、充分，于是在送达起诉书的五天内进行了开庭并当庭宣判有期徒刑六个月。家属接到在看守所里被告人打来的电话才知道已经开庭判决。

［解析］

被告人家属在接到在看守所中当事人的电话才得知已经开庭判决,于是就让律师的工作陷入被动之中。所以律师应该在呈交办案机关的公函上明确注明联系方式。接受委托之后应当及时向办案机关呈交委托手续,并且紧密开展相关的工作。

应注意律师不得私自收案、私自收费;律师办理刑事案件应当保守国家秘密、当事人的商业秘密和委托人的隐私;律师在承办刑事诉讼业务中必须遵守国家法律、法规,要以法律为准绳,以事实为依据,恪守律师职业道德和执业纪律;参与刑事诉讼必须认真维护当事人的合法权益;不得贬损其他律师事务所、律师;不得诋毁司法机关形象。

第三节　侦查阶段律师介入刑事诉讼

一、接受委托或指定的时间

在侦查阶段,公安机关、人民检察院对犯罪嫌疑人第一次询问或者采取强制措施之日起,律师事务所可以接受犯罪嫌疑人或其近亲属,或者犯罪嫌疑人指定的其他人的聘请或者接受法律援助中心的指定,指派律师为犯罪嫌疑人的辩护律师。辩护律师在侦查期间可以为犯罪嫌疑人提供法律帮助;代理申诉、控告,申请变更强制措施;向侦查机关了解犯罪嫌疑人涉嫌的罪名和案件有关情况,提出意见。

 小贴士

《刑事诉讼法》第33条规定:"犯罪嫌疑人自被侦查机关第一次讯问或者采取强制措施之日起,有权委托辩护人;在侦查期间,只能委托律师作为辩护人。被告人有权随时委托辩护人。侦查机关在第一次讯问犯罪嫌疑人或者对犯罪嫌疑人采取强制措施的时候,应当告知犯罪嫌疑人有权委托辩护人。人民检察院自收到移送审查起诉的案件材料之日起三日以内,应当告知犯罪嫌疑人有权委托辩护人。人民法院自受理案件之日起三日以内,应当告知被告人有权委托辩护人。犯罪嫌疑人、被告人在押期间要求委托辩护人的,人民法院、人民检察院和公安机关应当及时转达其要求。"

二、与侦查机关联系

律师接受委托后或者指定后,应及时与侦查机关取得联系,并向其提交《授权委托书》或者指定辩护的函、律师事务所公函和律师执业证复印件。承办律师应向侦查机关了解犯罪嫌疑人的罪名和案件有关情况。

三、与犯罪嫌疑人会见、通信

2012年12月,公安部修订了《公安机关办理刑事案件程序规定》,其中对辩护律师与犯罪嫌疑人的会见与通信也根据新《刑事诉讼法》的规定进行了修订。

辩护律师会见在押的犯罪嫌疑人应该携带:

(1)委托人签署的《授权委托书》及委托人的证明材料。

(2)律师事务所出具的会见嫌疑人的专用介绍信。

(3)律师事务所的《会见专用证明》。

(4)律师本人的律师执业证。

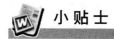 小贴士

律师会见在押犯罪嫌疑人、被告人专用介绍信

[　　]第　　号

_____(羁押场所名称):

根据《中华人民共和国刑事诉讼法》第36条、第96条、第151条以及《中华人民共和国律师法》第30条的规定,现指派我所_____律师前往你处会见_____案件犯罪嫌疑人_____。请予安排。

特此函告

_____律师事务所(章)

_____年____月____日

对于危害国家安全犯罪、恐怖活动犯罪、特别重大贿赂犯罪案件,律师会见在押犯罪嫌疑人,应当经侦查机关许可。除此之外的案件,律师会见在押犯罪嫌疑人,不需要经过侦查机关批准,并且侦查机关不可以监听及派员在场。根据《刑事诉讼法》规定,律师提出会见犯罪嫌疑人的,侦查机关应该在收到律师申请后48小时内安排会见。

会见嫌疑人的工作内容包括以下方面。

1. 向犯罪嫌疑人介绍自己

辩护律师在会见时,应当向犯罪嫌疑人告知委托人的情况,征询其是否同意聘请律师。如果同意,需要在聘请律师的《授权委托书》上签字并按指印确认。如果不同意聘请律师,应该记录在案,并让其签字确认。辩护律师可以单独会见犯罪嫌疑人,也可以根据工作需要,由其他律师、实习律师或者律师助理协助会见。

2. 向犯罪嫌疑人了解有关案件的情况

向犯罪嫌疑人了解案情,应该是由律师主导的谈话过程。律师既要控制会见谈话的

内容,也要控制谈论案情的深度。概括为以下内容:

（1）犯罪嫌疑人的基本情况。例如姓名、性别、出生年月、民族、职业、与委托人关系、前科等。

（2）是否参与以及怎样参与所涉案件。

（3）如果承认有罪,陈述涉及定罪量刑的事实和情节。

（4）如果认为无罪,陈述无罪辩解。

（5）被采取强制措施的法律手续是否完备,程序是否合法。

（6）被采取强制措施后其人身权利及诉讼权利是否受到侵犯。

（7）其他需要了解的情况。

要注意,辩护律师对犯罪嫌疑人的询问是循序渐进的过程。应该先从较为简单的问题开始,消除陌生感,对犯罪嫌疑人有一个总体的了解,并对犯罪嫌疑人的思维能力做出基本的判断。了解案情的时候要做到不可偏听偏信,要分析论证。

3. 为犯罪嫌疑人提供法律咨询

犯罪嫌疑人往往不了解法律,尤其是刑事法律,对如何正确运用法律保护自己的合法权益并不知情,所以,为犯罪嫌疑人提供法律咨询显得尤为重要。概括为以下内容:

（1）有关强制措施的条件、期限、适用程序的法律规定。

（2）有关侦查、检察及审判人员回避的规定。

（3）犯罪嫌疑人对侦查人员的提问有如实回答的义务,对本案无关的问题有拒绝回答的权利。

（4）犯罪嫌疑人有要求自行书写供述和辩解的权利,对侦查人员制作的询问笔录有核对、补充、改正、附加说明的权利以及确认笔录没有错误之后签名确认的权利。

（5）犯罪嫌疑人享有侦查机关将用作证据的鉴定结论向他告知的权利及可以申请补充鉴定或者重新鉴定的权利。

（6）犯罪嫌疑人任何时候都享有辩护权,不允许任何形式的剥夺。

（7）犯罪嫌疑人对违法办案行为享有申诉权和控告权,并可以委托律师代为申诉控告。

（8）刑法关于犯罪嫌疑人所涉罪名的相关规定。

（9）刑法关于自首、立功及其他量刑情节的法律规定。

（10）有关刑事案件侦查管辖的法律规定。

（11）其他法律问题。

律师会见犯罪嫌疑人时应该注意的事项:

（1）会见场所。律师会见未在押的犯罪嫌疑人,可以在其住所、单位或者律师事务所进行。会见时其他人员不得在场,犯罪嫌疑人是未成年或者聋、哑、盲人的,其法定的代理人或者近亲属应该在场。

（2）律师会见在押犯罪嫌疑人，应当遵守羁押场所依法作出的有关规定。不得为犯罪嫌疑人传递物品、信函，不得将通信工具借给犯罪嫌疑人使用。

（3）律师会见犯罪嫌疑人应该制作会见笔录，并交犯罪嫌疑人阅读或者向其宣读。在犯罪嫌疑人确定无误后要求其签字。在征求犯罪嫌疑人同意后，可以对会见进行录音、录像、拍照等。

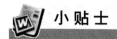 小 贴 士

会见犯罪嫌疑人笔录

时间：＿＿＿年＿＿月＿＿日＿＿时＿＿分至＿＿时＿＿分

地点：＿＿＿＿＿＿＿＿＿＿＿＿＿＿＿＿＿＿＿＿＿＿＿＿＿＿

会见人：＿＿＿＿＿　律师事务所：＿＿＿＿律师

记录人：＿＿＿＿＿　律师事务所：＿＿＿＿律师

被会见人：＿＿＿＿＿

涉嫌罪名：＿＿＿＿　第几次会见：＿＿＿＿

会见时侦查人员是否在场＿＿＿＿　（姓名）＿＿＿＿

笔录内容：＿＿＿＿＿＿＿＿＿＿＿＿＿＿＿＿＿＿＿＿＿＿

律师问：＿＿＿＿＿＿＿＿＿＿＿＿＿＿＿＿＿＿＿＿＿＿＿

答：＿＿＿＿＿＿＿＿＿＿＿＿＿＿＿＿＿＿＿＿＿＿＿＿＿

被会见人：＿＿＿＿（签名）＿＿＿＿

＿＿＿＿年＿＿月＿＿日

（4）辩护律师在执业活动中知悉的委托人的有关情况和信息，有权予以保密。但辩护律师在执业活动中知悉犯罪嫌疑人或者其他人，准备或者正在实施危害国家安全、危害公共安全以及严重危害他人人身安全的犯罪的，应及时告知司法机关。

（5）辩护律师在会见犯罪嫌疑人时，不得将通过律师工作所获得的案情情况告知犯罪嫌疑人。

 **案例 8-3**

张某与王某共同职务侵占国有控股企业资金案发，王某被警方抓获。王某的辩护律师李某从公安机关了解到张某在逃，并在会见中将这一情况告诉了在押的王某。王某知

道情况后面对公安机关的询问拒不回答,直到张某被抓获后才如实供述,并向公安机关交代了其之前不交代的原因是因为律师告诉他张某在逃。公安机关了解情况后向律师协会函告了这一情况,律师李某受到了处罚。

[解析]

律师李某在会见犯罪嫌疑人王某的时候没有遵守规定,将通过律师工作所获得案情信息告知了王某。导致王某在公安机关侦查过程中拒不交代情况,影响了办案进度,最后律师李某也受到了处罚。

第四节　审查起诉阶段律师担任辩护人或诉讼代理人

审查起诉,是指人民检察院对公安机关侦查终结移送起诉的案件和自行侦查终结的案件进行审查,依法决定是否对犯罪嫌疑人提起公诉、不起诉或者撤销案件的诉讼活动。

 延伸阅读

根据我国《刑事诉讼法》的规定,人民检察院对于公安机关移送审查起诉的案件,应当在 7 日内进行审查,审查的期限计入审查起诉的期限。人民检察院收到公安机关的起诉意见书后,应当指定检察人员审查案件是否属于本院管辖,起诉意见书以及案卷材料是否齐备,案卷装订、移送是否符合有关规定和要求,诉讼文书,技术性鉴定材料是否单独装订成卷,作为证据使用的实物是否随案移送及移送的实物与物品清单是否相符,犯罪嫌疑人是否在案及采取强制措施的情况。

经过审查,对具备受理条件的,填写受理审查起诉登记表,对移送的起诉意见书及其他材料不符合有关规定和要求或者有遗漏的,应当要求公安机关按照要求制作后移送或者在 3 日内补送。对于犯罪嫌疑人在逃的,应当要求公安机关采取措施保证在逃的犯罪嫌疑人到案后另案移送审查起诉,对在案的犯罪嫌疑人的审查起诉应当照常进行。人民检察院审查起诉部门受理本院侦查部门移送审查起诉的案件,应当按照上述程序办理。

人民检察院受理同级公安机关移送审查起诉的案件,经审查认为属于上级人民法院管辖的第一审案件时,应当写出审查报告,连同案卷材料报送上一级人民检察院,同时通知移送起诉的公安机关;认为属于同级其他人民法院管辖的第一审案件时,应当写出审查报告,连同案卷材料移送有管辖权的人民检察院或者报送共同的上级人民检察院指定管辖,同时通知移送审查起诉的公安机关。

上级人民检察院受理同级公安机关移送审查起诉的案件,认为属于下级人民法院管辖时,可以直接交由下级人民检察院审查,由下级人民检察院向同级人民法院提起公诉,同时通知移送审查起诉的公安机关。一人犯数罪、共同犯罪和其他需要并案审理的案件，只要其中一人或一罪属于上级人民检察院管辖的，全案由上级人民检察院审查起诉。

一、审查起诉阶段律师担任辩护人的法律依据

《刑事诉讼法》第33条规定："犯罪嫌疑人自被侦查机关第一次讯问或者采取强制措施之日起，有权委托辩护人。人民检察院自收到移送审查起诉的案件材料之日起三日以内，应当告知犯罪嫌疑人有权委托辩护人。""人民检察院审查案件案情，应当听取犯罪嫌疑人委托的律师的意见。"这些规定是律师以辩护人身份介入审查起诉诉讼程序的法律依据。

小贴士

《刑事诉讼法》第32条规定："犯罪嫌疑人、被告人除自己行使辩护权以外，还可以委托一至二人作为辩护人。下列的人可以被委托为辩护人：

（一）律师；

（二）人民团体或者犯罪嫌疑人、被告人所在单位推荐的人；

（三）犯罪嫌疑人、被告人的监护人、亲友。

正在被执行刑罚或者依法被剥夺、限制人身自由的人，不得担任辩护人。"

二、辩护律师在审查起诉阶段的工作

（一）接受委托

律师接受委托后，应告知人民检察院，并且提交律师事务所证明、律师执业证书和授权委托书或者法律援助公函。

（二）到检察院查阅、摘抄、复制办案的案卷材料

《刑事诉讼法》第38条规定："辩护律师自人民检察院对案件审查起诉之日起，可以查阅、摘抄、复制本案的案卷材料。"案卷材料包括案件的诉讼文书和证据材料。诉讼文书包括立案决定书、拘留证、批捕逮捕决定书、逮捕决定书和提请审查起诉而制作的程序文书。

辩护律师自人民检察院对案件审查起诉之日起，可以持律师事务所证明、授权委托书及律师执业证到人民检察院查阅、摘抄、复制本案材料。查阅、摘抄、复制案卷材料，应当在人民检察院设置的专门场所进行。复制案卷材料可以采取复印、拍照等方式，要注意，律师摘抄、复制有关材料时，必须忠于事实真相，保证其完整性、准确性。摘抄、复制的材料应当保密，并妥善保管。

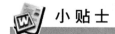 小贴士

委托授权书

委托人_____根据《刑事诉讼法》第 33 条的规定,特聘请_____律师事务所_____律师为_____案件的犯罪嫌疑人_____的辩护人。

本委托书有效期自即日起至本案审查起诉终结止。

委托人:_____(签字)

_____年____月____日

律师事务所函

_____市人民检察院:

本所接受_____的委托,指派_____律师,担任你院办理_____案件犯罪嫌疑人_____的辩护人。

特此告函

_____律师事务所(章)

_____年____月____日

律师在查阅、摘抄、复制案卷材料后,应当及时审查分析,制作阅卷笔录。概括为以下内容:

(1) 被告人基本情况;

(2) 被控罪名及其法定刑;

(3) 存在哪些指控证据;

(4) 被告人对于指控有何辩解;

(5) 被告人的辩解有何依据;

(6) 控方证据体系中有无漏洞,是否足以驳斥被告人辩解;

(7) 有无法定和酌定情节;

(8) 有罪或无罪,重罪或轻罪的分析;

(9) 量刑预测;

(10) 制定辩护方案,是否申请法院调查、是否自行调查取证、是否申请证人出庭以及形成何种辩护观点和意见等。

(三)与犯罪嫌疑人会见、通信

辩护律师在审查起诉阶段向检察院递交委托手续之后,即可持委托人签署的委托

书、起诉意见书、律师事务所介绍信、律师会见专用证明和律师职业证到羁押场所会见犯罪嫌疑人。律师会见犯罪嫌疑人不需要经过检察机关批准，会见过程中检察机关也不准派员在场。

对于犯罪嫌疑人未羁押的，辩护律师可以持律师执业证，到犯罪嫌疑人住所、单位或者通知犯罪嫌疑人到律师事务所进行会见。承办律师可以单独会见犯罪嫌疑人，也可以根据工作需要，由其他律师、实习律师或律师助理协助会见。

 小 贴 士

律师会见在押犯罪嫌疑人、被告人专用介绍信

〔　　〕第　　号

_____看守所：

根据《中华人民共和国刑事诉讼法》第36条、第96条、第151条以及《中华人民共和国律师法》第30条的规定，现指派本所_____律师前往你处会见_____案件犯罪嫌疑人_____。请予安排。

特此函告

_____律师事务所（章）
_____年____月____日

律师在会见犯罪嫌疑人前应通过阅卷等手段掌握和吃透本案证据，了解指控的罪名，分析本案诉讼文书，理出头绪，在此基础上拟定谈话提纲，并在与犯罪嫌疑人会见的时候对证据内容进行核实。

 案例 8-4

王某被指控与其他三人共同抢劫杀人，其他三人笔录都承认自己伙同王某拦路抢劫，王某也在笔录中予以承认。律师没有向王某出示三名同伙犯的笔录，而是针对三名同案犯笔录中的矛盾与王某笔录中的矛盾对王某进行询问，发现王某笔录中的基本内容都能够证实，但对进一步提出的问题，却回答不出来，如王某说自己用刀逼迫被害者拿钱出来，但是对于刀是从哪里来的，谁给他的，说不清楚。

律师将三名同案犯笔录中有关王某的情节一一核对，发现王某虽作有罪供述，但在一些细节上根本无法与同案犯的笔录相互印证。经过律师的深入盘问，王某痛哭流涕，

称自己是冤枉的,害怕讲实话会被判得更重,自己其实并没有参与抢劫杀人。

[解析]

律师通过背对背的核证,发现了矛盾和疑点,发现了真相,如果直接向王某展示同案犯的笔录的话,可能王某更加不愿意、更加不敢讲真话。而律师通过这种方式进行核证,可以获取真相事实,获得有价值的辩护信息。所以,只有在会见前做好充分的准备工作,才能有针对地听取犯罪嫌疑人的陈述和针对整理出的事实和程序上的问题向犯罪嫌疑人询问。

辩护律师在会见时应当询问的问题概括为以下几点:

(1) 涉嫌犯罪的相关事实;

(2) 有何辩解;

(3) 辩解有何证据;

(4) 如何归案有无自首情节;

(5) 有无检举揭发;

(6) 在共同犯罪中的作用(犯罪意图是谁提出的、目标谁定的、主要行为谁实施的、危害后果谁造成的);

(7) 有无控告和申诉;

(8) 生活上有无需要;

(9) 对家人有何嘱托;

与犯罪嫌疑人的通信。辩护律师与犯罪嫌疑人的通信,是《刑事诉讼法》第 37 条赋予律师在审查起诉阶段介入刑事诉讼中的一项重要的权利,与辩护律师会见犯罪嫌疑人同是一种重要的途径。律师与犯罪嫌疑人通信时应该注意:

(1) 注明律师身份、通信地址,并加盖律师事务所公章以证明律师身份;

(2) 通信内容仅限于与本案有关的情况。不能向犯罪嫌疑人提及可能妨碍侦查的有关同案犯罪嫌疑人及其近亲友的情况;

(3) 辩护律师与犯罪嫌疑人的通信,应保留信函副本以及犯罪嫌疑人来信的原件,并复卷备查。

 延伸阅读

《刑事诉讼法》第 37 条规定:"辩护律师可以同在押的犯罪嫌疑人、被告人会见和通信。其他辩护人经人民法院、人民检察院许可,也可以同在押的犯罪嫌疑人、被告人会见和通信。

辩护律师持律师执业证书、律师事务所证明和委托书或者法律援助公函要求会见在押的犯罪嫌疑人、被告人的,看守所应当及时安排会见,至迟不得超过 48 小时。

危害国家安全犯罪、恐怖活动犯罪、特别重大贿赂犯罪案件,在侦查期间辩护律师会见在押的犯罪嫌疑人,应当经侦查机关许可。上述案件,侦查机关应当事先通知看守所。

辩护律师会见在押的犯罪嫌疑人、被告人,可以了解案件有关情况,提供法律咨询等;自案件移送审查起诉之日起,可以向犯罪嫌疑人、被告人核实有关证据。辩护律师会见犯罪嫌疑人、被告人时不被监听。"

(四)调查取证

《刑事诉讼法》第 41 条规定:"辩护律师经证人或者其他有关单位和个人同意,可以向他们收集与本案有关的材料,也可以申请人民检察院、人民法院收集、调取证据,或者申请人民法院通知证人出庭作证。辩护律师经人民检察院或者人民法院许可,并且经被害人或者其近亲属、被害人提供的证人同意,可以向他们收集与本案有关的材料。"这是审查起诉阶段,律师进行调查取证工作的法律依据。调查取证权是辩护律师特有的一项权利,它对于查明案情事实,保障犯罪嫌疑人合法权益起着至关重要的作用。

律师进行调查时,应当持律师事务所介绍信,并出示律师执业证。律师进行调查,一般应由两名以上律师人员进行。律师调查笔录应当载明调查人、被调查人、记录人的姓名,调查的时间、地点。笔录内容应该有律师身份的介绍,被调查人的基本情况,律师对证人如何作证的要求,做伪证或者隐匿罪证要付法律责任的说明,以及被调查事项的基本情况。笔录制作完毕后,被调查人有阅读能力的,应当由被调查人自行阅读,被调查人没有阅读能力的,在制作笔录时,应当同步录像或者录音,制作完毕后向被调查人宣读。经被调查人核对无误后,应由其在每一页上签名并在笔录的最后签署记录无误的意见。

刑事诉讼中,被害人的证词往往是指正犯罪嫌疑人的重要证据。为了保证犯罪嫌疑人的合法权益,《刑事诉讼法》允许犯罪嫌疑人委托的律师向被害人及其提供的证人调查取证。但是在审查起诉阶段,律师向被害人或其提供的证人调查取证必须满足两个前提条件:其一,得到检察机关的许可;其二,征得被害人和被害人提供的证人的同意。

 小贴士

调查取证申请书

申请人:_____ 律师事务所:_____、_____律师

通信地址或联系方式:_____

申请事项:请求许可向_____调查取证

申请理由:_____

作为犯罪嫌疑人_____的辩护律师,因案情需要,本律师拟定向被害人(被害人近亲属、被害人提供的证人)_____调查、收集与本案有关的材料。根据《刑事诉讼法》第37条第2款规定,特此申请,请予以许可。

此致

_____人民检察院

申请人:_____律师(签名)

_____律师事务所(盖章)

_____年____月____日

辩护律师进行调查取证的内容主要包括:

(1)可以证明犯罪嫌疑人无罪、罪轻或者有法定、酌定从轻、减轻或者免除处罚的证据材料。

(2)可以证明控诉方证据不具客观性、关联性、合法性的证据材料。

(3)可以证明办案人员侵犯犯罪嫌疑人合法权益的证据材料。

(4)提出辩护或者代理意见。

根据《刑事诉讼法》之规定,辩护律师经过查阅、摘抄、复制案卷资料,会见犯罪嫌疑人,调查取证之后,应当形成辩护意见,以口头或者书面的方式提交给检察院审查起诉承办人,并进行沟通。

人民检察院对移送起诉的案件审查的三种结果:

(1)人民检察院认为犯罪嫌疑人的犯罪事实已经查清,证据确实、充分,依法应当追究刑事责任,作出起诉决定,向法院提起公诉;

(2)犯罪嫌疑人没有犯罪事实,有《刑事诉讼法》第15条规定的情形之一的,或者对于犯罪情节轻微,依照刑法规定不需要判处刑罚或免除刑罚的,人民检察院作出不起诉决定。

(3)对于需要补充侦查的案件,退回公安机关补充侦查,或自行侦查。

检察院经过审查,认为犯罪嫌疑人无罪,并对犯罪嫌疑人作出无罪不起诉决定的,辩护律师代理终结。检察院经过审查,认为犯罪嫌疑人有罪,但不予起诉的,辩护律师代理终结。检察院经过审查,认为犯罪嫌疑人犯罪事实不清。证据不足,作出疑罪不起诉的,辩护律师代理终结。

人民检察院作出不起诉决定,如果被不起诉人不服,要求申诉的,应当与辩护律师办理委托手续,辩护律师重新接受委托后,可以在被不起诉人收到决定书后向检察院代为申诉。人民检察院作出不起诉决定,被害人不服的,代理律师可以在被害人收到决定书7日内向上一级人民检察院代为申诉。申诉被驳回后,可以代理被害人向法院起诉,或者不经申诉直接代理被害人向法院起诉。代理法院起诉的,应按自诉程序办理委托手续。

第五节　担任公诉案件辩护人

一、辩护资格的取得

律师事务所可以接受被告人或其近亲属、指定的人的委托,指派律师担任被告人的辩护人;也可以接受法律援助中心的指定,指派律师担任被告人的辩护人。

📖 知识拓展

《刑事诉讼法》第 33 条规定:"人民法院自受理案件之日起 3 日内,应当告知被告人有权委托辩护人。"

二、担任公诉案件辩护人的工作内容

(一)律师在庭前的准备工作

1. 审查管辖

律师在收案后应该注意审查该案是否属于受案法院管辖,若发现应由其他法院管辖的,应该及时以书面方式向法院提出,请求移送管辖。

2. 查阅、摘抄、复制案卷材料

根据《刑事诉讼法》第 38 条规定,律师自人民法院受理案件之日起,可以查阅、摘抄、复制本案的案卷的材料。合议庭、审判委员会的讨论记录以及其他依法不公开的材料不得查阅、摘抄、复制。律师在查阅、摘抄、复制案卷材料时应当记明查阅、摘抄、复制案件材料的时间、地点,并应注明案卷页数,证据材料形成的时间、地点及制作证据的人员。

同时应当注意证据材料的来源、形式、内容是否客观、合法;证据材料自身、证据材料与证据材料之间是否存在矛盾;证据材料在整个证据体系上的证明价值以及整个证据材料体系是否存在缺陷。审判阶段的辩护律师可以向侦查及审查起诉阶段的承办律师了解案件的有关情况,请求提供的有关材料,侦查及审查起诉阶段的律师应当予以配合。审判机关认定事实的主要依据就是证据,辩护律师通过认真、细致和全面分析指控材料中的证据,在整个辩护工作中起着重要的作用。

3. 会见被告人

辩护律师会见被告人,应当携带人民检察院的起诉书副本、授权委托书、律师事务所会见被告人专用证明和律师执业证。由于辩护律师已经查阅过起诉书和有关指控犯罪事实的材料,对案件已经有了初步的了解,所以会见被告人,事先应该准备会见提纲,有针对性的询问被告人。

认真听取被告人的陈述和辩解,发现、核实、澄清案件事实和证据材料中的矛盾和疑点。同时还应向被告人介绍法庭审理程序,告知被告人在庭审过程中的诉讼权利和义务以及在审理过程中的分工和协调。

4. 调查核实相关证据

辩护律师可以根据实际情况依法调查、收取与案件有关的证据。律师向证人调查、收集证据,证人不同意作证和不配合的,律师可以申请法院向其调查取证或者通知其出庭作证。辩护律师可以申请向被害人及其近亲属、被害人提供的证人收集与案件有关的材料,人民法院同意之后签发准许调查书。

辩护律师向证人或者其他有关单位和个人收集、调取与本案有关的材料,因证人或其他有关单位和个人不同意,应当申请人民法院收集、调取。人民法院收集、调查证据材料时,辩护律师可以在场。开庭前,律师应将收集的证据材料制作证据清单。列明证据名称、待证事实、页数、来源,一式两份,与开庭前五日前提供给法庭,证据材料原件在开庭举证时提交法院。

5. 确定辩护方案,撰写辩护提纲

撰写辩护提纲是律师出庭辩护的重要准备工作。在实践中,我们发现了辩护目的是非常重要的,即做无罪辩护还是做罪轻辩护。

6. 出庭准备

辩护律师申请法院通知证人、鉴定人、有专门知识的人、出庭作证的,应该制作上述人名单,注明其身份、地址、联系方式等,并说明拟证明的事实,与开庭5日前提交法院。就拟当庭宣读、出示的证据,应该制作目录并说明要证明的事实与开庭5日前提交法院。开庭前辩护律师应向法院了解证人、鉴定人、勘验检测制作人的出庭情况。辩护律师应了解公诉人、法庭组成人员情况,协助被告人确定有无申请回避的事由以及是否提出回避的申请。

 案例 8-5

李某涉嫌受贿案的案件。被告人李某提出其在侦查阶段所作的收受贿赂10万元的笔录系在威胁、引诱的情况下作出的,是不属实的,其实该10万元是借的。针对被告人的辩解,辩护律师制作了笔录,将被告人如何被威胁、引诱的经过详细地记录下来。

辩护律师随即向法院申请非法证据排除,提交了申请书、笔录、调取审讯同步录音录像的申请书、证人(行贿人)出庭作证的申请书。合议庭收到辩护律师的申请书后,决定召开庭前会议,承办人亲自到检察院查看了审讯录像,并通知证人到庭前会议接受控辩双方的质询。经过质询,该证人讲明该 10 万元确实是被告人向自己借的。

[解析]

证实 10 万元系借的与证人原来笔录里该 10 万元是收受贿赂所得有显著的区别,这对于被告人是极其有利的。辩护律师通过庭前会议程序,促使法庭展开了程序和实质的审查,为下一步的辩护打下了坚实的基础。

(二)律师在庭中的准备工作

1. 开庭阶段

这一阶段,辩护律师的主要任务是从程序上保护被告人的诉讼权利。注意法庭的组成人员是否符合法律规定,如果不符合,应当要求法庭纠正;注意审判员、书记员、翻译人员、公诉人、鉴定人之中是否有回避情形,如果存在,协助被告人提出回避申请;注意证人是否到庭,如果有利证人没有到庭,可以向法庭提出申请单停或者请求延期审理;注意审判长是否告知被告人的各项诉讼权利,如果没有全部告知,应该及时提出。两名以上被告人的案件有多名辩护律师的,应该按照被告人的被指控顺序依次就坐。

2. 法庭调查阶段

这一阶段,律师主要的任务是查清有利于被告人的事实情节,核实能够证明被告人无罪、罪轻或免除刑事责任的证据。法庭要在公诉人、当事人以及其他诉讼参与人的参与下对案件的事实情节进行全面的调查核实。律师要一面核实自己所掌握的证据,一面获得自己还未掌握的新证据和事实。

在法院调查过程中律师应该认真听取对被告人的询问,并做好记录,调整发问提纲,做好发问准备;经审判长许可,可以向被告人发问,应当多问对被告人有利的问题;控方在询问时宣读被告人原有罪供述的,辩护律师应当结合其他证据加强质证;公诉人以威逼、诱导方式对被告人询问,或者询问与本案无关的问题,律师可以提出反对意见。法庭驳回律师意见的,应尊重法庭决定;对控方出示的证据依据不同种类的证据的特性及案件的具体情况进行质证;辩护律师举证时,应当向法庭说明证据的形式、内容、来源以及所要证明的问题。

3. 法庭辩护阶段

法庭辩护阶段是辩护律师履行辩护职责最重要的阶段。公诉人发表公诉意见时,辩护律师应当认真听取,记录要点,调整答辩提纲,做好辩论准备。律师发表辩护意见,应当针对控诉方的指控,从事实是否清楚、证据是否充分、适用法律是否准确无误、诉讼程序是否合法等方面进行分析论证,并且提出关于案件定罪量刑的意见和理由。

律师做罪轻辩护时,可以参考以下总结的内容:被告人犯罪的主观恶性较小;共同犯罪的作用次要;有自首、立功等从轻情节;认罪态度好,悔罪表现佳;被告人身体状况不佳不宜羁押以及家庭需要照顾等。律师做无罪辩护时,可以从围绕以下内容进行:控诉方指控的证据不足,不能认定被告人有罪;其他依法认定被告人无罪的情况;控诉方或辩护方提供的证据,能证明属于下述情况,依据法律应当认定被告人无罪的:

(1) 被告人行为情节显著轻微,危害不大,不认为是犯罪;

(2) 被告人的行为系合法行为;

(3) 被告人没有实施控诉方指控的犯罪行为。

律师在发表辩护意见时应当注意:紧紧围绕定罪与量刑这一中心,紧抓要点,不要纠结于细枝末节;观点明确,逻辑严谨;以说服法官为目的,不以旁听人员为发言对象,不哗众取宠;做到有理、有利、有节,尊重法庭,尊重对方;在答辩时,应该简洁有力,着重针对控诉方的新问题,新观点及时提出新的辩护意见。

在法庭辩论和被告人的最后陈述中,辩护律师发现有新的事实、证据需要查证的,可以申请恢复法庭调查。在庭审过程中发现审判程序严重违法,应当及时向法庭指出并要求予以纠正。

三、二审案件中的律师辩护

律师事务所可以接受上诉人、检察院提起的抗诉的原审被告人或其亲友的委托,指派律师担任公诉案件的上诉人、原审被告人的辩护人。二审律师可以向一审律师了解案件有关情况。辩护律师在接受委托后,应当及时了解案件的二审受理时间及案件承办人等情况,并且及时提交相关手续,提出阅卷要求。

二审辩护意见的提出有以下两大方向:其一,审查一审辩护意见为什么没有得到一审法院采信;其二,在原有辩护意见外寻找新的辩护意见。二审的审理方式分为开庭审理和不开庭审理两种。二审案件开庭审理的,辩护律师进行发问、质证、举证、辩护,要抓住上诉请求和理由,突出重点,避免重复。关于二审案件不开庭审理的,辩护律师应及时向法院提交新的证据和辩护意见。

第六节　律师办理部分刑事特别程序

一、未成年人犯罪的辩护

《刑事诉讼法》第260条规定:"对犯罪的未成年人实行教育、感化、挽救的方针,坚持教育为主、惩罚为辅的原则。人民法院、人民检察院和公安机关办理未成年人刑事案件,应当保障未成年人行使其诉讼权利,保障未成年人得到法律帮助,并由熟悉未成年人身心特点的审判人员、检察人员、侦查人员承办。"

对未成年犯罪案件,新《刑事诉讼法》确立了"教育、感化、挽救"的方针,确立了"教育为主、惩罚为辅"的原则。这也就意味律师在代理未成年人案件时不但要保证未成年犯罪嫌疑人的合法权益,还要强调保护,即未成年人的人权。未成年的人权包括:未成年人的姓名不受公开、与成年人分开关押、接受询问时法定代理人有权在场、不公开开庭、犯罪记录封存、减轻处罚等权利。

案例 8-6

一起未成年人强奸案,由于受社会、媒体关注度较高,其中一名未成年被告人的律师在不公开开庭以后,也将无罪辩护的辩护意见在网络上公布。辩护意见中包括了该未成年人的身份特征以及被害人的身份特征,造成了该未成年被告人信息对外泄露,也造成被害人的隐私公开。鉴于此,律师协会对该律师的执业行为进行了调查。

[解析]

《最高人民法院关于适用〈中华人民共和国刑事诉讼法〉的解释》第 469 条规定:"审理未成年人刑事案件,不得向外界披露该未成年人的姓名、住所、照片以及可能推断出该未成年人身份的其他资料。查阅、摘抄、复制的未成年人刑事案件的案卷材料,不得公开和传播。被害人是未成年人的刑事案件,适用前两款的规定。"根据上述规定,未成年被告人的辩护律师在执业过程中没有保护到未成年的人权,所以应当受到处罚。

辩护律师应当积极发挥作用,促成检察院对未成年当事人作出附条件不起诉决定。"附条件不起诉"是新《刑事诉讼法》新规定的制度。对于未成年人涉嫌刑法分则第四、五、六章规定的犯罪,可能判处一年有期徒刑以下刑罚,符合起诉条件,但有悔罪表现的,人民检察院可以作出附条件不起诉的决定。

 小贴士

附条件不起诉:检察机关认为可以不立即追究刑事责任时,给其设立一定考察期,如其在考察期内积极履行相关社会义务,并完成与被害人及检察机关约定的相关义务,足以证实其悔罪表现的,检察机关将依法作出不起诉决定。

未成年犯罪嫌疑人一旦被决定不起诉,相当于没有犯罪记录,对未成年人的人权保障是极其有利的,也极有利于未成年人未来的成长。因此,律师必须重视这一新规定,发挥专业作用,促成未成年当事人获得不起诉决定。

在检察院作出附条件不起诉后,辩护律师还要日常监督未成年人当事人服从规定,确保最终获得不起诉决定。

二、犯罪嫌疑人、被告人逃匿、死亡案件违法所得的没收程序

根据《刑事诉讼法》第280条的规定,这一没收程序分成两种情况:贪污贿赂犯罪、恐怖活动犯罪等重大案件,犯罪嫌疑人、被告人逃匿,在通缉一年后不到案的;贪污贿赂犯罪、恐怖活动犯罪等重大犯罪案件,犯罪嫌疑人、被告人死亡的。

案件类型必须是"贪污贿赂犯罪、恐怖活动犯罪",对一般的犯罪不适用。

《刑事诉讼法》第281条规定:"收违法所得的申请,由犯罪地或者犯罪嫌疑人、被告人居住地的中级人民法院组成合议庭进行审理。人民法院受理没收违法所得的申请后,应当发出公告。公告期间为六个月。犯罪嫌疑人、被告人的近亲属和其他利害关系人有权申请参加诉讼,也可以委托诉讼代理人参加诉讼。人民法院在公告期满后对没收违法所得的申请进行审理。利害关系人参加诉讼的,人民法院应当开庭审理。"据此规定,律师可以接受犯罪嫌疑人、被告人近亲属或者利害关系人的委托,担任其诉讼代理人,参与违法所得案件的审理,维护当事人的合法权益。律师可以就涉案财产是否属于案件违法所得进行调查和研究,提出意见。并且律师要运用自己的专业知识,维护当事人的合法权益。

 小贴士

2012年颁布的《最高人民法院关于适用〈中华人民共和国刑事诉讼法〉的解释》中对违法所得及其涉案财产的定义是实施犯罪行为所取得的财物及其孳息,以及被告人非法持有的违禁品、供犯罪所用的本人财物。

 实训练习

不定项选择题

1. 在张某故意毁坏李某汽车案中,张某聘请赵律师为辩护人,李某聘请孙律师为诉讼代理人。关于该案辩护人和诉讼代理人,下列哪一选项是正确的?[①] (　　　)

A. 赵律师、孙律师均自案件移送审查起诉之日起方可接受委托担任辩护人、诉讼代理人

B. 赵律师、孙律师均有权申请该案的审判人员和公诉人员回避

C. 赵律师可在审判中向张某发问,孙律师无权向张某发问

———————

① 2010年国家司法考试试题。

D. 赵律师应以张某的意见作为辩护意见,孙律师应以李某的意见为代理意见

2. 关于庭前会议,下列哪些选项是正确的?① （　　）

A. 被告人有参加庭前会议的权利

B. 被害人提起附带民事诉讼的,审判人员可在庭前会议中进行调解

C. 辩护人申请排除非法证据的,可在庭前会议中就是否排除作出决定

D. 控辩双方可在庭前会议中就出庭作证的证人名单进行讨论

3. 赵某因涉嫌抢劫犯罪被抓获,作案时未满 18 周岁,案件起诉到法院时已年满 18 周岁。下列哪一说法是正确的?② （　　）

A. 本案由少年法庭审理

B. 对赵某不公开审理

C. 对赵某进行审判,可以通知其法定代理人到场

D. 对赵某进行审判,应当通知其监护人到场

① 2014 年国家司法考试试题。
② 2013 年国家司法考试试题。

第九章
民事诉讼中的律师代理

学习目标

1. 了解民事诉讼中律师代理的特征；
2. 掌握民事诉讼中律师代理过程中各个法律文书的起草；
3. 理解民事诉讼中律师代理过程中需要注意的各种问题。

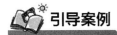

引导案例

某市法院受理了中国人李某与某甲因买卖合同纠纷提起的诉讼，李某委托张律师作为代理人，授权委托书中仅写明代理范围为"全权代理"。本案中，律师张某可以为哪些诉讼行为，哪些诉讼行为不可为？

[解析]

本案中，虽然李某在委托张律师为代理人时，授权委托书中写明代理范围为"全权代理"，但无具体授权，根据相关法律规定，不产生特别授权的效力。因此本案中，李某给张律师的授权仅为一般授权，张某仅能代表李某行使申请回避、提出管辖权异议，提供证据、出庭和辩论等一般诉讼权利；因为没有经过特别授权，张某无权代李某行使承认、放弃、变更诉讼请求，进行和解，请求调解，提起反诉或者上诉等实体诉讼权利。

第一节　民事诉讼中的律师代理概述

一、我国当前民事诉讼中律师代理的整体状况

改革开放 30 年以来，随着市场经济的逐步完善以及人们维权意识的不断提高，律师在民事诉讼中的参与程度也在逐步提升。人们在遇到合同、公司、房地产、知识产权或者

婚姻乃至赡养、抚养等纠纷需要通过法院来解决时,通常都会在第一时间想到寻求律师的帮助。

这一方面是因为我国法律体系的不断完善让法律专业以外的人很难弄懂纷繁的民事诉讼的实体和程序;另一方面是因为委托律师参与到民事诉讼中很大程度上可以使当事人免于诉讼之累。

相对于刑事诉讼和行政诉讼,民事诉讼是离一般人的生活最近的一个司法领域,对于民事诉讼的理解和掌握,对于一个专业律师而言也极为重要。比如,对于一个刚刚开始执业的律师而言,当事人一般不会放心将刑事案件和行政诉讼交给他们来处理,而合同纠纷、劳动纠纷以及婚姻纠纷则可以成为一个刚执业律师很好的起点。

二、民事诉讼中律师代理的概念、种类

民事诉讼中的律师代理是指根据《民事诉讼法》的规定,律师接受民事诉讼当事人或法定代理人的委托,受律师事务所或者法律援助机构的指派,为维护被代理人的合法权益,以被代理人的名义,在代理权限范围内代理被代理人进行民事诉讼的行为。民事诉讼中律师代理一般分为一般代理和特别授权代理。

所谓一般代理,是指当事人将普通的诉讼权利委托给律师行使,也就是说当事人把那些不直接涉及实体权利的一般诉讼权利授权代理律师去行使。所谓特别授权代理,是指当事人不仅将一般的诉讼权利,而且将重要的诉讼权利和实体权利中的处分权利一并交给律师行使。

根据我国《民事诉讼法》的有关规定,需特殊授权、涉及当事人实体权利的范围包括:代为承认、放弃、变更诉讼请求,代为上诉、撤诉,进行和解,提起反诉或上诉等。

三、律师在民事诉讼中的主要工作

(一)立案

律师在接受当事人(当事人为原告)的委托后,需要做的第一项工作就是立案。立案时需要按照法院的要求准备好材料,不同的法院对于材料的要求不同,所以律师在立案之前需要和管辖法院通过打电话等方式沟通询问。一般来讲,以下的几个材料是必须要准备的。

如果当事人是个人,需要准备当事人的身份证复印件(有些法院需要向立案庭法官出示身份证的原件)一份,起诉状(当事人本人签字)和证据材料若干份(被告个数+1)。

如果当事人是公司,需要准备如下几份材料:

(1)公司的营业执照副本复印件一份,加盖企业公章;

(2)公司的组织机构代码证副本复印件一份,加盖企业公章;

(3)公司法人的身份证复印件一份,加盖企业的公章;

（4）法定代表人身份证明一份，加盖企业公章；

（5）起诉状（加盖公司公章、法定代表人签字）和证据材料若干份（被告个数＋1）。

另外，无论当事人是个人还是公司，还需要准备授权委托书、出庭函以及代理律师的律师执业资格证复印件（原件备查）。

（二）法律文书的制作

律师在整个民事诉讼的程序过程中，需要通过口头和书面两种形式和法官来沟通。一般书面形式的材料就需要形成法律文书。一般来讲，律师在民事诉讼中需要准备起诉状、答辩状、代理意见、强制执行申请书等基本法律文书。

根据不同案件的需要，还需要准备鉴定申请书、撤销被告申请书、变更诉讼请求申请书等。法律文书的制作是一个律师的基本能力，对于刚开始执业的律师而言，是需要着重培养的能力。

（三）调查取证

律师调查取证是指律师在民事诉讼程序中向有关单位、个人进行调查、收集证据。比如，在被告是公司的案件中，律师可以通过到当地的工商局调取被告公司的档案来寻找对于原告有利的证据。再比如，律师可以和了解案件情况的人沟通，如果了解案件情况的人可以作为证人出庭，将对于当事人的诉讼结果起到非常大的作用。

（四）和当事人的沟通

在民事诉讼中，和当事人沟通的工作一直贯穿于程序的始终，从最开始的咨询、立案到最后的结案，律师在每个环节都要和当事人保持充分的沟通，只有这样，才能保证案件的发展方向是按照当事人的意志进行。

对于和当事人沟通这项工作，有如下两个特别的注意事项需要提醒大家。

（1）对于当事人，尤其当当事人是个人的时候，每次和当事人的重要谈话都要以书面形式形成谈话笔录，让当事人签字确认。这样可以最大程度上保护律师的合法权益，如果发生突发情况，律师可以通过谈话笔录来证明自己。

（2）对于案件的每一次重要的进展，比如开庭等，代理律师需要将工作的过程和结果简明扼要地总结出来以书面的形式发给当事人，这是律师执业素养的重要体现。

（五）法庭的举证质证和辩论

法庭的举证质证和辩论环节是一个律师综合素质的重要体现。这个环节需要考验一个律师的随机应变能力，对于细节的观察能力以及对于对方观点的快速总结能力。这是一个实践性的环节，只有不断的、反复练习才能使能力不断提高。

（六）案件执行

对于判决书的解读也是律师的一项基本功，读懂判决是执行判决的基础。执行过程中,和执行法官的积极、有效的沟通,执行手段的选择都非常考验一名律师的沟通协调能力和对于各种人际关系的把控能力以及谈判能力。

 案例 9-1

　　小王是一名法学院刚刚毕业的大学生。小王以后的职业理想是成为一名律师,所以他一毕业就加入到一家律师事务所成为一名实习律师,那么小王在一年的律师实习过程中,应该怎么样逐步地提高自己的能力而成为一名合格的律师呢?

　　[解析]

　　如果把律师作为一个终身的职业理想,那么在初入行的前三年,最重要的是打好基本功。那么律师的基本功又是什么呢? 当然是诉讼! 法庭才是一个律师的主战场。所以,小王在一年的实习过程中,应该做到如下几件事情。

　　(1) 熟悉诉讼的程序,对于每个环节中应该注意的问题有一个基本的把握。比如,如何立案,立案时每个不同的法院有什么不同的要求等。

　　(2) 提高法律文书的书写能力,律师主要的两项技能就是写和说,相对于说,写的能力是更基础更容易提高的,所以小王在职业生涯最开始一定要打好这个基础。

　　(3) 提高和不同人沟通、打交道的能力。相对于前面所说的能力,这是对一个律师而言更重要、更高级的能力,关系到一个律师的长远发展。

四、律师代理民事诉讼的几项基本原则

(一)恪尽职守

　　律师就是为当事人提供法律服务,因此在整个民事诉讼过程中,当事人的自由意志一定是最重要的。律师在决定是否变更诉讼请求、是否同意和解或调解等重大的事项时必须要和当事人充分沟通,尊重当事人自己的意见。同时,对于当事人做每一个选择可能要承担的后果,律师要从专业的角度给出客观的判断,切不可为了律师个人的私利对于当事人进行错误的引导。

(二)勤勉尽责

　　对于每一个代理案件涉及的事实和法律问题,律师都需要进行认真细致的工作。只有认真核实案件中涉及的事实的每一个细节,代理律师才能在庭审的举证质证以及法庭辩论阶段做到有的放矢,切中重点。只有对于案件涉及的每一个法条进行认真细致的研究,分析出其中的逻辑关系,才能和法官进行有效的沟通,也才能更好地维护当事人的合法权益。

（三）以礼待人

律师行业属于服务业的一种具体形式，所以服务的态度就显得尤为重要。以礼待人在律师执业操守中已经有了非常明确的规定，但仍需要强调一点，律师在诉讼中文明执业，无论是对于对方的当事人还是对方的诉讼代理人，都应当具有起码的尊重，即使对方在文明礼貌方面有所欠缺，也不能以粗暴的方式加以回击，应当以符合礼仪的方式提醒对方注意或提请法庭制止。

（四）妥善管理案卷

案卷的管理水平非常考验一名律师的基本功。因为律师的工作涉及非常多的材料整理工作，合理的、有效的管理各种案卷材料可以让后面工作事半功倍，反之，则会给后续的工作带来很大的麻烦。对于当事人提供的材料，律师应该只保留复印件，原件交当事人保管。开庭前需要当事人提供证据原件的，双方最好能列一份交接的清单，以方便庭后律师交还材料时双方进行核对。

第二节　民事诉讼中的律师代理关系

民事诉讼中的律师代理关系，是指根据法律的规定，律师接受当事人或者他的法定代理人的委托，代理其进行民事诉讼活动所形成的权利义务关系。律师代理关系的产生，通常基于当事人或者他的法定代理人的委托。此外，确定律师代理关系后，在代理关系中，因为法定或者约定的事由的出现，代理关系也能发生变更或者消灭。

律师代理关系的成立，是指在民事诉讼中，根据法定事由，律师与被代理人之间形成代理关系，律师成为被代理人的代理人。《民事诉讼法》第 58 条第 1 款规定："当事人、法定代理人可以委托 1～2 个作为诉讼代理人。"根据相关法律规定，律师不能私自接受委托，当事人及其法定代理人提出委托的，由律师事务所统一接受委托。在律师决定接受委托的，由律师事务所与委托人签订委托协议。

委托协议一般包括以下几个部分：

（1）委托人的状况（包括姓名、性别、年龄、单位名称、法定代理人等基本状况）及案件情况；

（2）律师事务所指派参加诉讼代理律师的状况；

（3）委托代理事项及权限；

（4）代理关系的有效期限；

（5）委托双方的权利和义务；

（6）双方商定的委托代理费用。

知识拓展

委托代理合同

甲方委托乙方北京市＿＿＿＿律师事务所代理甲方的法律事务,经双方充分协商达成协议,订立下列各条,共同遵照履行:

一、乙方接受甲方的委托,指派＿＿＿＿为甲方的代理人。

二、乙方指派的代理人必须以事实为依据,以法律为准绳,认真负责地维护甲方的合法权益。

三、甲方必须如实向乙方指派的代理人陈述案情、提供有关本案的证据。乙方接受委托后,如果发现甲方弄虚作假,有权终止合同,依约所收费用不予退还。

四、由于乙方的原因终止合同,依约所收的费用全部退还甲方;由于甲方的原因终止合同,依约付给乙方的费用不得收回。

五、甲方委托乙方的代理权限为:＿＿＿＿。

六、根据《律师服务收费管理暂行办法》的规定,甲方同意向乙方交纳律师代理费人民币＿＿＿＿(大写),支付方式为:＿＿＿＿。

七、乙方办案,甲方应负担其食、宿、交通等费用。

八、本合同自签订之日起至本案之日止为有效期限。

九、本合同一式二份,甲方一份,乙方一份,具有同等法律效力。

十、特别约定:

甲方:＿＿＿＿乙方:北京市＿＿＿＿律师事务所

＿＿＿＿年＿＿月＿＿日订立

在委托代理合同签订后,当事人还应该签订授权委托书,在后续的立案、开庭等程序中出示,示例如下:

授权委托书(单位)

委托单位:深圳市＿＿＿＿文化传播有限公司

法定代表人:＿＿＿＿　职务:执行董事

受委托人:＿＿＿＿

姓名:＿＿＿＿　职务:律师

工作单位:北京市＿＿＿＿律师事务所　电话:＿＿＿＿

姓名:＿＿＿＿　职务:实习律师

工作单位:北京市＿＿＿＿律师事务所　电话:＿＿＿＿

现委托上列受委托人在我单位与<u>国家工商行政管理总局商标评审委员会因商标申</u>
<u>请驳回复审行政纠纷一案</u>中,作为我方诉讼代理人。

代理人_____的代理权限为:

<u>代为立案,代为调查取证,代为出庭参加辩论,代为承认、放弃、变更诉讼请求,代为</u>
<u>接收法律文书,代为和解、调解</u>。

代理人_____的代理权限为:<u>同上</u>。

委托单位:_____(盖章)

法定代表人:_____(签名或盖章)

_____年____月____日

第三节　第一审程序中的律师代理

一审程序是对律师前期工作成果的检验,也是对于律师法律功底、反应能力、程序熟知程度的检验。但要在庭审中成功地发挥自己的业务水平,不仅需要具备上述功底和能力、知识,还需要非常认真的庭审前准备。

要想在庭审中胸有成竹、应对自由,需要在开庭前通过充分的准备和分析,弄清案件中所涉及的每一个法律问题及证据问题,并对可能涉及的理解问题或法律问题进行一定的预见,同时在预见的基础上准备好应对方案。

一、代理起诉和应诉

(一)诉状的撰写与审查

民事起诉状,是指公民、法人或其他组织,在认为自己的合法权益受到侵害或者与他人发生争议时或者需要确权时,向人民法院提交的请求人民法院依法裁判的法律文书。我国《民事诉讼法》第 121 条规定,起诉状应当记明下列事项。

(1)原告的姓名、性别、年龄、民族、职业、工作单位、住所、联系方式,法人或者其他组织的名称、住所和法定代表人或者主要负责人的姓名、职务、联系方式;

(2)被告的姓名、性别、工作单位、住所等信息,法人或者其他组织的名称、住所等信息;

(3)诉讼请求和所根据的事实与理由;

(4)证据和证据来源,证人姓名和住所。

民事起诉状一般由首部、正文和尾部组成。首部一般包括标题和当事人的基本情况介绍。正文一般包括诉讼请求、事实与理由、证据和证据来源及证人姓名和住址三部分的内容。尾部包括结尾和附项。

知识拓展

起 诉 状

原告：_____（北京）影业有限公司

住所地：北京市北京经济技术开发区____号____幢____室

法定代表人：_____

联系电话：_____

被告：深圳_____影视娱乐有限公司（原名称：深圳_____文化传媒有限公司）

注册地：深圳市福田区_____路_____号

法定代表人：_____

联系电话：_____

案由：

合作创作合同纠纷

诉讼请求：

1. 请求判令被告立即返还原告 300 万元及逾期付款的银行贷款利息_____元（暂计算至 2014 年 9 月 30 日），共计人民币_____元；

2. 所有诉讼费用由被告承担。

事实与理由：

2012 年 11 月 23 日，原告与被告（原名称为深圳_____文化传媒有限公司）签订一份《联合投资电影〈_____〉合同》，依据该合同的约定，原被告双方共同投资拍摄电影《_____》。合同签订后，原告实际出资伍佰万元，后退回贰佰万元。

2013 年 9 月 4 日，原被告又签订一份《解除"联合投资电影〈_____〉合同"协议》，决定终止该电影的拍摄工作，同时依据该协议第 3 条约定，被告应于 2013 年 12 月 31 日前返还原告已投入的投资款项，共计人民币叁佰万元整。但截至目前，被告仍未向原告支付此笔款项，虽经原告多次催促仍拒绝支付。

2013 年 12 月 3 日，被告名称变更为深圳_____影视娱乐有限公司。

为此，原告诉至贵院，请求依法支持原告的诉讼请求，维护原告的合法权益。

此 致

深圳市_____区人民法院

具状人：_____（北京）影业有限公司

2014 年 9 月 22 日

（二）制作证据目录

民事案件证据清单是当事人或其委托代理人在民事案件中提交法庭的证据目录,是当事人主张的事实与所提供证据的桥梁和纽带,证据清单的制作优劣直接影响到法庭对当事人所主张事实的认定,影响案件处理结果。

首先,证据目录从表面上看,至少应当将所有的证据都列举到证据目录之中,不能够有遗漏,这是不能够犯错的。

其次,案卷的证据的顺序要和证据目录一致,以免检索证据时,杂乱无序;证据目录,也应当编写页码顺序,并与证据一致,以方便直接检索。

最后,证据目录应当是了解案件的基本证据,并能够从证据证明内容的提示中简要地知道案件的基本事实;在公司纠纷以及中级人民法院以上的案件,对证据的要求要更高一些,一般会要求对证据的来源以及表现形式等也做说明。

在证据目录工作中最难的还是对证据的证明内容的分析和认定;要清楚每个证据的证明目的和证明的内容,以及与案件的争议焦点密切相关的证据,再细致些,勾画出与争议焦点以及诉讼请求密切关联的证据之中最关联的部分。

 **知识拓展**

证据目录

序号	证据名称	证明内容	备注
1	_____文化传媒（北京）有限责任公司2013年5月到2013年10月考勤登记表		复印件
2	_____文化传媒（北京）有限责任公司2013年5月到2013年10月周报登记表	被告从2013年5月起从未到原告处上班,属于长期严重的旷工行为,原告依法不应向被告支付工资报酬	复印件
3	_____文化传媒（北京）有限责任公司2013年4月到2013年10月门禁登记		复印件
4	于____的证言		复印件
5	周____的证言		复印件
6	_____文化传媒（北京）有限责任公司与北京_____教育科技有限公司的照片	两家公司在一起办公一起考勤,_____文化传媒（北京）有限责任公司实际上就是北京_____教育科技有限公司的品牌部	复印件

提交人:_____文化传媒（北京）有限责任公司
2014年4月25日

（三）申请诉前保全或诉讼保全

所谓诉前财产保全,也就是诉前保全,是指利害关系人因情况紧急,不立即申请财产保全将会使其合法权益受到难以弥补的损害的,可以在起诉前向人民法院申请,由人民法院所采取的一种财产保全措施。与诉前财产保全有关的民事争议必须有给付内容。争议的民事法律关系应是有给付内容的,如不是因财产利益之争,而是人身名誉之争,无给付内容的,法院就不能采取诉前保全措施。

财产保全,也叫诉讼保全。它是指法院审理案件时,在作出判决前为防止当事人(被告)转移、隐匿、变卖财产,依职权对财产作出的保护措施,以保证将来判决生效后能得到顺利执行。具体措施一般有查封、扣押、冻结。财产保全一般由当事人(原告)申请,由人民法院审查决定是否采取财产保全措施。对当事人(原告)没有提出申请的,但争议的财产可能有毁损、灭失或其他危险的,法院可依职权采取保全措施。

从程序上来讲,诉前财产保全由利害关系人在起诉之前向受诉人民法院提出申请。诉讼财产保全可以在起诉同时申请也可以在起诉以后提出申请。申请人必须要提供担保,申请人不提供担保的,法院有权依法驳回申请。担保可以在申请书中注明担保方式和担保人并由担保人加盖公章,也可以采用独立担保函。

应特别注意,各地法院对担保财产审核的要求不同,最好在申请前到拟申请的法院查明后,向委托人建议担保方案、选定担保方式。人民法院接受申请人的申请后,对诉前保全,须在 48 小时内做出裁定;对诉讼保全,情况紧急的,也须在 48 小时内做出裁定。裁定一旦做出即发生法律效力,当事人不服不得上诉,可申请复议一次,复议期间不停止对裁定的执行。以下对于诉讼财产保全给出一个示例。

知识拓展

财产保全申请书

申请人:李____,女,汉族,19 ____年____月____日出生,住北京市海淀区_____路甲____号,身份证号:_____

联系电话:_____

被申请人:王____,男,汉族,19 ____年____月____ 日出生,住北京市_____区_____街____号,身份证号:_____

联系电话:_____

请求事项:

立即查封被申请人的银行账号，冻结其账户的存款。

财产线索：

账户名为被申请人的银行卡两张。

事实和理由：

申请人与被申请人因离婚纠纷，于 2015 年 8 月×日向贵院起诉立案。被申请人有损毁（或隐匿）诉讼争执标的物的可能，为此，申请给予财产保全。

基于上述事实，为了保障申请人的合法财产权益，依据相关法律规定，向贵院提出财产保全的申请。申请人将对保全措施提供相应的担保，如因采取保全措施不当，造成被申请人的损失，由申请人承担。

此致

北京市＿＿＿区人民法院

申请人：李＿＿＿＿

＿＿＿＿年＿＿月＿＿日

二、答辩状的撰写

起诉答辩是法院审理案件中，被告对原告的诉讼请求所根据的事实和理由进行回答和辩解的诉讼行为。根据民诉法规定，答辩状应如期（收到诉状副本 15 日内）递交。当然，当事人也可以在开庭审理中进行陈述和答辩。

写答辩状时，应根据本案具体情况，针对起诉的内容进行书写。如双方的姓名、年龄、住址等基本情况，原告已经在起诉状上写清无误，被告在答辩状中可以从简书写。叙述事实和理由是答辩状中的重要部分。

被告在答辩状中应对原告在起诉中所提出诉讼请求、事实、理由及根据，对原告无理之处，被告可以进行反驳，并提出自己的理由、证据以及具体要求和有关法律依据。如原告侵犯了被告的合法权益而起诉无理时，被告在答辩状中有权提出反诉，即被告反告原告，以起诉的方式向原告提出独立的诉讼请求。

答辩状的最后由被告签名盖章，写明年月日。书写答辩状，应严肃认真，实事求是。篇幅不宜过长，要抓住重点，特别要抓住那些与事实不符，证据不足，缺少法律依据的内容，进行辩驳，以利于法院在审理时判明原告诉讼请求是否符合事实，是否有法律依据，从而作出正确裁决。

知识拓展

民事答辩状

答辩人：赵＿＿＿，男，19＿＿年＿＿月＿＿日生，汉族，住北京市＿＿＿区＿＿＿镇南＿＿＿村，电话：＿＿＿＿＿＿。

被答辩人：谢＿＿＿，女，19＿＿年＿＿月＿＿日生，汉族，住＿＿＿省＿＿县＿＿乡＿＿村001号。

被答辩人：田＿＿＿，男，19＿＿年＿＿月＿＿日生，汉族，住北京市＿＿＿区＿＿＿镇＿＿＿店村＿＿＿街18号。

因被答辩人诉赵＿＿＿、田＿＿＿提供劳务者受害责任纠纷一案，答辩人赵＿＿＿提出答辩如下：

第一，谷＿＿＿死亡原因是电线漏电触电所致。

从2014年5月12日开始，答辩人带领谷＿＿＿等工人为田＿＿＿建民房，谷＿＿＿是瓦工。2014年7月15日下午6时许，谷＿＿＿在贴砖过程中，因电线漏电触电身亡。北京市公安局＿＿＿分局出具的鉴定结论书载明：谷＿＿＿符合电击死亡。

第二，田＿＿＿没有尽到安全保障义务。

答辩人赵＿＿＿带领谷＿＿＿等工人为田＿＿＿建民房，田＿＿＿负有安全保障义务，应确保建房施工用电安全。施工开始前，田＿＿＿找专业电工从大队电路中接出一条线路连接一个配电箱用于工人施工用电，配电箱内有两个空开和一个漏电保护开关，田＿＿＿居住在前院中，配电箱就接到施工的后院里，建房施工用电都是连接到配电箱。2014年7月15日上午，为了节省用电成本，田＿＿＿私自将施工用电从后院的配电箱挪接到其居住的前院。当天下午就发生了谷＿＿＿触电死亡的悲剧。

第三，因为田＿＿＿没有能够确保施工用电安全，导致谷＿＿＿的触电死亡，田＿＿＿存在重大过错，应由其对谷＿＿＿的触电死亡承担法律责任。

第四，谷＿＿＿没有尽到妥善注意义务，对自己的死亡也存在过错。

谷＿＿＿虽然不是专业电工，但是作为一个具有完全民事行为能力的成年人，在为田＿＿＿房屋贴砖过程中，本应特别注意用电安全，但是由于谷＿＿＿的疏忽大意，没有注意用电安全，最终导致发生了因电线漏电触电死亡的悲剧，谷＿＿＿本身也存在过错。

第五，答辩人赵＿＿＿对谷＿＿＿的死亡没有任何过错，不应承担法律责任。

（一）田＿＿＿私自挪接用电线路既没有经过答辩人赵＿＿＿的同意，也没有告知赵＿＿＿，答辩人只是事后才获悉详情。

（二）谷＿＿＿触电后没有立刻死亡，被答辩人赵＿＿＿第一时间赶到现场，一边亲自为谷____做人工呼吸,一边指挥工人拨打"120"急救车,但令人遗憾的是,答辩人赵____的紧急救助行为并没有挽回谷____的生命,在急救车到达之前,谷____已经停止了呼吸。

第六,虽然答辩人赵____对谷____的死亡没有过错,但是出于人道主义精神,答辩人垫付了谷____家属到京办理谷____后事时所发生的全部食宿费用 10000 余元,并且委托女朋友杨____分 3 次付给谷____家属人民币共计 24500 元。

综上所述,被答辩人的诉讼请求没有事实依据和法律依据,请法院依法驳回被答辩人对答辩人赵____的诉讼请求。

此致
北京市____区人民法院

答辩人:赵____

____年____月____日

三、开庭前的准备工作

律师接受委托后至出庭前是律师代理民事诉讼最重要的一个诉讼阶段,这一阶段的准备工作做得是否充分直接关系到整个代理活动的成败。因此,开庭前律师需要做好如下的几个工作。

(一)查阅案卷材料,了解熟悉案情

阅卷既是代理律师的一项基本权利又是律师了解案情的一条重要途径。案卷材料是法院掌握的关于本案的各项材料,其来源有三个方面:

(1)原告方当事人以及代理人提供的;
(2)被告方当事人及代理人提供的;
(3)法院通过自行调查收集到的。

案卷材料包含了当事人制作并提交至法院的各种诉讼文书,如起诉状和答辩状,以及各种证据材料。这里的证据材料既包括双方当事人的举证材料又包括法院通过调查或鉴定得到的证据材料,能够比较客观、全面地反映案件事实及双方当事人各自的诉讼请求。

(二)与委托人进行充分沟通,了解委托人的想法

在了解基本案情和双方争执焦点的基础上,代理律师应当与委托人进行一次针对性的谈话,要求他详细地介绍案件的发生、经过和结果,并向委托人说明本案争论的焦点以及对其有利和不利的方面。此外还要听取当事人的意见,以便确定是否还需要委托人在提供新的证据和线索。同时,要注意委托人的思想动态,避免激化矛盾,而且要跟委托人介绍举证及参加诉讼时应注意的事项。

（三）调查收集证据

民事证据的收集是律师工作的专门技能，也是律师从事诉讼代理的基础性工作。从委托人陈述的确定或对方当事人陈述中自认的取得，或是对书证、物证、视听资料的审查判断，或是证人的查找及证人证言的采集，更有看似简单却实施艰难的勘验和鉴定，均是对于律师经验的考验。西方的俗语称"像律师那样去思考"，表达律师思考问题的角度的意义。律师在说明事实时最基本的要求就是"依证据说话"。

证据证明了"事实"，事实从发生过程可分为目前发生的事实和已经发生过的事实；民事诉讼中的事实指的是对已经发生过的事实的认定，是经过你的"实践智慧"、"法学素养"、"穿梭"过的法律事实。

就基础层面而言，事实的构成要素包括自然要素和法律拟制要素。认定事实是法院据以判决的基本依据，律师影响法院认定事实的基本依据是证据的收集和整理。证据是律师和法院互动最多的环节，证据规则是律师从事民事诉讼应当烂熟于心的，对其准确的理解和把握往往决定着正确的诉讼方向。

（四）查询法律与准备代理大纲

目前中国法检索的主流数据库是北大法宝。北大法宝中，最常用的子库系"中央法规库"、"公报案例库"与"裁判文书库"。最高人民法院新设了中国裁判文书网，该网还有高级检索功能。最高院的民商事判决一旦生效，需在规定时限内上传至该网站，未来全国法院生效判决均有望在该网站及时公开。其他常见数据库还有全国人大官网的"法律释义与问答"、中国法院网的"法律文库"、司法部的"中国法律法规信息系统"、"汇法网"。

（1）体系检索法：民法是有体系的，所以我们可以从体系出发进行检索。以"无权代理"为例，一旦就该问题进行检索，从民法体系出发判断，可判断该问题必然主要规定在《合同法》、《民法通则》及相关司解中。从北大法宝中检索出《合同法》，利用"代理"做关键词进行页面筛选，就可以发现《合同法》第48、49条与无权代理相关。

（2）关键词检索法：选定关键词（如"无权代理"）和子库（如中央法规库）后，可分别进行标题检索和全文检索。

代理大纲是律师参与法庭庭审的总计划书。经过立案、起诉或答辩、证据交换后，有律师认为案件已经成竹在胸，无须再整理了，但是，你如何能确认你方当事人的诉讼请求一定会被法庭支持？你又如何能确定对方当事人的诉讼请求一定会被法庭所否定呢？因此，代理大纲的重要性是毋庸置疑的。

（五）起草代理意见

代理意见是代理律师在开庭审理中，根据法庭调查的情况，对案件事实与法律发表的见解，书面的代理意见又称代理词。准备代理意见时，通常应当做比较广泛的书面准备，即根据本案的实际情况和自己的诉讼经验，尽可能多的预想案件审理中可能出现的问题,全面准备代理意见。当然,也可以只准备代理词的大纲,在开庭审理结束后,再根据案件审理情况书写代理词。

 **知识拓展**

代 理 词

尊敬的审判长、审判员:

我们作为北京市_____机械厂的诉讼代理人参加诉讼,结合本案的事实和法律,发表如下代理意见,请予考虑并采纳。

第一,原被告双方的《土地租赁协议书》已于 2014 年 6 月 20 日到期,依据合同的约定及法律的规定,该协议已经到期解除。被告应立即搬离租赁土地,拆除在租赁土地上违法建造的所有房屋,恢复土地原状,返还实际占用的土地 15.4 亩。

原告是北京_____总公司下属单位,授权经营北京市____区____庄____号院的土地,行使经营管理权。2009 年 7 月 1 日,原告与被告签订土地租赁协议书,协议约定将原告位于北京市____区____庄____号院内空地面积 7326 平方米,计 11 亩土地租赁给被告,租赁期限为 5 年(自 2009 年 7 月 1 日起至 2014 年 6 月 30 日止)。租金每年 22 万元。合同签订后,原告履行了合同义务,将土地交给了被告。被告实际占用了土地 15.4 亩,并在承租土地上大量违章建房。

2014 年 5 月,在土地租赁协议到期前一个月,原告及上级单位(即产权人)领导召开会议,正式通知被告合同到期不再续租,要求被告立即腾退土地,拆除所有违章建筑,被告的代表李卫民到会,会后并未履行搬出义务。

2015 年 3 月,原告及上级单位(即产权人)再次开会通知被告,土地租赁合同已将到期终止,要求被告在一个月内,即 2015 年 4 月底前拆除所有违建房屋并返还土地,被告到会,但仍不履行。

我国《合同法》第 91 条规定,债务已经按照约定履行的,合同权利义务终止。《合同法》第 235 条规定,租赁期间届满,承租人应当返还租赁物。返还的租赁物应当符合按照约定或者租赁物的性质使用后的状态。原告已经按照土地租赁协议书约定的时间履行完义务,现合同约定期限已到,被告应按照双方约定返还租赁土地,立即搬离租赁土地,拆除在租赁土地上违法建造的所有房屋,恢复土地原状,返还实际占用的土地 15.4 亩。

第二,被告在答辩中主张要参考合同第 6 条的规定,给予补偿,没有法律依据。

合同第 5 条明确规定:"乙方不得经营国家禁止的一切活动,如有违规或违法行为,乙方将承担一切责任,并服从甲方的处置。"乙方的这些违法建筑没有经过相关国家部门的审批,因此不存在补偿的问题。

第三,合同到期前一个月及到期后,原告多次通知被告土地租赁合同已经终止,要求其拆除违建房屋并返还土地,被告对此均明知,却拒不履行返还义务,致使原告不能及时收回和使用土地,产生重大经济损失,原告参照原租赁协议约定的租金标准和逾期返还土地的期限计算,主张逾期返还期间的土地使用费,完全合法。经原告暂计算至 2015 年 7 月 1 日的土地使用费为 22 万元。

综上,原告请求法院依法支持原告的诉讼请求,维护原告的合法权益。

以上意见,请予采纳。

代理人:王____

四、法庭审理过程中的律师代理活动

根据我国民事诉讼法的规定,开庭审理阶段一般分为以下的几个阶段:宣布开庭、法庭调查、法庭辩论、评议和宣判。这个四个阶段具有不同的特点,下面我们就来分开论述每个不同阶段中律师参与的代理活动。

(一) 宣布开庭阶段的律师代理活动

(1) 律师在此阶段需要注意核对对方当事人的身份以及对方代理人的身份及代理权限。

(2) 律师在此阶段可以申请延期开庭审理。我国民事诉讼法第 146 条规定:"有下列情形之一的,可以延期开庭审理:

① 必须到庭的当事人和其他诉讼参与人有正当理由没有到庭的;

② 当事人临时提出回避申请的;

③ 需要通知新的证人到庭,调取新的证据,重新鉴定、勘验,或者需要补充调查的;

④ 其他应当延期的情形。"

(3) 律师在此阶段可以申请回避。我国《民事诉讼法》第 44 条规定:"审判人员有下列情形之一的,应当自行回避,当事人有权用口头或者书面方式申请他们回避:

① 是本案当事人或者当事人、诉讼代理人近亲属的;

② 与本案有利害关系的;

③ 与本案当事人、诉讼代理人有其他关系,可能影响对案件公正审理的。

审判人员接受当事人、诉讼代理人请客送礼,或者违反规定会见当事人、诉讼代理人的,当事人有权要求他们回避。审判人员有前款规定的行为的,应当依法追究法律责任。前三款规定,适用于书记员、翻译人员、鉴定人、勘验人。"

(二) 法庭调查阶段的律师代理活动

法庭调查阶段是整个庭审中最重要的环节。前面我们提到过,对于法律思维而言,最重要的无外乎是"证据"和"法律",法庭调查就关系到对于证据的认定。法庭调查的第一步是宣读起诉状或者答辩状。因为书面的起诉状和答辩状都向法庭提交过,所以,有时候在庭审的时候,法官会要求律师对于起诉状和答辩状中的内容进行精简,只说主要事实以及诉讼请求。法庭调查的第二步是举证质证。

一般来讲,举证方会按照证据目录的内容分类分项向法庭出示证据的原件及复印件,同时举证方需要向法庭和对方说明这个(或这份)证据证明目的。质证方则会围绕着证据的真实性、关联性、合法性,针对证据证明力的有无以及证明力的大小进行质疑、说明和辩驳。对书证、物证、视听资料进行质证时,当事人有权要求出示证据的原件或者原物。

法庭调查的第三步是确定争议焦点。原告方在此阶段可以再次重申自己的诉讼请求,而被告方则在此阶段说明答辩意见。通过前面的举证质证,法官结合双方的陈述会确定几个争议的焦点。如果律师不认同法官确定的争议焦点,则律师也可以向法官提出。

(三)法庭辩论阶段的律师代理活动

法庭辩论是指在审判人员的主持下,双方当事人或其诉讼代理人根据法庭调查的证据、事实和相关法律的规定,当庭就双方争议的事实问题和法律问题进行辩驳和论证的诉讼活动。

在辩论中,应当及时归纳庭审调查的基本事实,对争议焦点、使用法律充分发表意见;也应该注意不要过于重复或者漫无边际。律师的辩论发言,应围绕争议焦点或者法庭调查的重点进行。从事实、证据、法律等不同方面进行分析,阐明观点,陈述理由。同时,律师发表代理意见应当重事实、讲道理,尊重对方的人格。不得讽刺、挖苦、谩骂、嘲笑对方,不得攻击合议庭成员。

(四)评议和宣判阶段的律师代理活动

评议和宣判阶段,代理律师的主要工作是认真听取审判,向当事人说明和解释判决或者裁定的内容,并就上诉等问题向当事人提供咨询意见,询问当事人是否提出上诉,可以根据当事人的授权,接受法院送达的判决书或者裁定书。

如果代理律师认为裁判正确,而当事人要求上诉的,代理律师可以向当事人提出裁判正确合法的意见,但是不能强迫当事人放弃上诉的权利。如果判决确有错误,应当根据当事人的请求,再办理委托手续,代理上诉。

(五)律师根据授权参与调解

律师参与调解应当有当事人的特别授权,因为调解成功意味着当事人的诉讼权利的自愿放弃或变更。律师在调解中更多的是扮演辅助法官说服当事人的角色,因此,需要特别注意言辞的把握,避免当事人认为你放弃了维护其合法权益。律师在参与民事纠纷调解中的技巧。

1. 解除对方的排斥心理

在调解过程中,律师不要求完全充当委托人口舌的角色,而是在自己当事人能够理解的程度上,尽量能够贴近对方,缓和谈判氛围,这样就能更好的拉近谈判双方的心理距离,打破敌对和警惕的僵局,能为顺利达成协商意见开一个好头。

2. 找准切入点

双方都有一个心理期待利益,律师应当从双方的言辞中揣摩出双方的此种心理,然后提出一个双方都比较能接受的意见,才能使调解有效进行,并进一步促使达成一致意见。

3. 审时度势、察颜观色

仔细观察对方在谈判过程中神态、言谈举止,透过外表看其内心思想活动。从而有效控制调解氛围,在恰当的时候提出恰当的调解意见。

第四节　第二审程序中的律师代理

民事诉讼第二审程序,是指由于当事人的上诉,上一级人民法院对下一级人民法院尚未发生法律效力的一审裁判进行审理所适用的程序。律师担任二审案件当事人的代理人是指律师接受第二审民事案件当事人的委托,担任诉讼代理人,参加二审民事案件的诉讼活动,以维护当事人合法权益的行为。

根据《民事诉讼法》的规定,当事人不服一审判决的,有权在判决书送达之日起 15 日内向上一级人民法院提起上诉;不服一审裁定的,在裁定书送达之日起 10 日内向上一级人民法院提起上诉。因此,当事人可委托律师代为提起上诉,更好地维护自己的合法权益。

一、上诉状和答辩状的撰写和审查

所谓民事上诉状,是指当事人或其法定代理人,不服地方各级人民法院的第一审民事判决或裁定,依法向上一人民法院上诉,请求重新审理案件而提出的一种诉讼文书。民事上诉状有如下几个特征。

(1)民事上诉状必须是民事诉讼当事人及其法定代理人提起的,别人无权提起;

(2)民事上诉状必须是对地方各级人民法院的第一审裁判不服所提起的;

(3)民事上诉状必须依照法定程序和期限,向制作第一审裁判的上一级人民法院提起上诉。

**知识拓展**

民事上诉状

　　上诉人（原审原告、反诉被告）：陈____，男，汉族，19____年____月____日出生，现住____市____区____号，身份证号码：_____

　　上诉人（原审原告、反诉被告）：沈____，女，汉族，19____年____月____日出生，现住____市____区____号，系陈____之妻，身份证号码：_____

　　被上诉人（原审被告、反诉原告）：秦皇岛市_____投资有限公司，住所地秦皇岛市____区____路____号，法定代表人王____，总经理

　　上诉人因不服秦皇岛市中级人民法院做出的（20____）秦民三初字第____号民事判决，特依法提起上诉。

　　上诉请求：

　　1. 将原判决第一项"陈____、沈____在本判决生效之日起十日内办理_____广场房产土地的解除抵押手续"改判为_____公司支付剩余转让款后我方办理_____广场房产土地的解除抵押手续。

　　2. 将原判决第四项"陈____、沈____在本判决生效之日起十日内将秦皇岛_____有限公司房产证、土地证、公司证照原件及公章交于被告秦皇岛_____投资有限公司"改判为_____公司支付剩余转让款后我将公司房产证、土地证、公司证照原件及公章交于_____公司。

　　3. 撤销原判决第六项"原告陈____、沈____于判决生效之日起三十日内支付被告_____投资有限公司如下违约金（自2011年7月22日至判决生效止，每日按合同标的额12500万元的万分之三计算）"。

　　4. 所有诉讼费用由被上诉人承担。

　　事实和理由：

　　一审法院认定事实错误，一审法院所做判决恶意偏袒被上诉人，理由如下：

　　一、一审法院认定上诉人有违约行为，并向被上诉人支付违约金是错误的

　　上诉人与被上诉人所签订《股权转让合同》的第4条第2款有明确约定，任何一期未按时支付，上诉人有权要求被上诉人提前支付全部余款。双方于2011年6月6日签订协议，被上诉人应于2011年6月13日前支付5000万元，实际履行中，被上诉人于2011年6月24日支付985万元，2011年6月27日支付1015万元，2011年7月19日支付3000万元，没有按照约定支付，根据该条款，上诉人有权要求被上诉人提前支付全部余款。2011年8月29日上诉人起诉，要求被上诉人依据该合同条款，支付全部款项。

上诉人认为,由于被上诉人的违约行为,满足了合同约定的条款,将第三期应该支付的款项提前到 2011 年 7 月 19 日之后支付,这一条款应当优先于上诉人接下来应当履行的义务,所以一审法院认为上诉人没有办理解押手续和股权过户手续构成违约,是错误的。

从另一个角度说,由于被上诉人的违约行为,导致了上诉人对被上诉人履约行力的不安,依据法律规定,上诉人通过诉讼的形式依法行使不安抗辩权。如果上诉人在被上诉人已经违约,后期的支付能力毫无保障的情况下,上诉人为被上诉人解押和办理产权过户手续,将使上诉人在后期得到款项的权力更无保障。

为了使合同能够顺利履行,在被上诉人违约的情况下,上诉人还将整个资产交于被上诉人,使被上诉人及时产生了合同收益,上诉人不给被上诉人办理解押和产权过户手续,只是依据合同对自己权益的保护。而且在第一次庭审(即 2011 年 11 月)过程中,上诉人明确表示,如果被上诉人将款项马上支付给上诉人或打给法院,上诉人三天内就将解押手续和过户手续办理完毕。

在庭审过程中,上诉人还将用于解押款项的银行票据出示给一审法官,足以见得,上诉人没有违约的故意,是被上诉人的恶意违约,和一审法院长达两年的诉讼过程,才导致了上诉人没有条件也没有机会履行解押和办理产权过户手续义务。

在一审的判决中,也判令被上诉人先支付给上诉人 6500 万元 10 日后,上诉人再为被上诉人办理过户手续,既然一审法院已经认定被上诉人有先行给付 6500 万元的义务,上诉人的变更工商手续义务是在被上诉人给付后期转让款义务之后,那么一审法院在判令上诉人不给被上诉人办理变更过户手续构成违约,是自相矛盾的。

所以,一审法院以上诉人没有办理解压手续和股权过户手续,属于违约行为,属于认定事实错误。

二、被上诉人违约却让上诉人承担违约后果,显失公平

被上诉人支付给上诉人 6000 万元款项后,上诉人即将全部资产交由被上诉人管理并收取租金,按上诉人交付的营业面积,每年的租金收益近 2000 万元,案件审理两年,被上诉人收取租金近 4000 万元。但按一审法院的判决结果,上诉人要支付给被上诉人自 2011 年 7 月 22 日起到判决生效(暂按 2013 年 7 月 15 日)止,每日按合同标的额 12500 万元的万分之三计算,总额为 2718.75 万元,一审法院判令被上诉人给上诉人的违约金为,自 2011 年 6 月 14 日起至 2011 年 7 月 19 日止,每日按合同标的额 12500 万元的万分之三计算,自 2011 年 10 月 15 日起至判决生效(暂按 2013 年 7 月 15 日)止,每日按合同标的额 12500 万元的万分之三计算,总额为 2535 万元。

总账为被上诉人获取的利益是营业收入的租金 4000 万元加上上诉人需支付的违约金 6718.75 万元,而上诉人获取的利益仅仅为被上诉人需支付的违约金 2535 元。

从损失角度讲,被上诉人的违约行为后,漫长的诉讼期中没有任何损失,反而给自己带来重大收益。而上诉人将财产按时交付给了被上诉人,但转让款项 6500 万元却迟迟

无法收回,不仅有贷款利息损失,而且由于该款项巨大,使其现有企业经营发生严重困难,损失惨重。

为此,一审法院所做的判决让违约方得到了巨大的利益,让守约方却遭受了重大损失,天理何在。

三、假设上诉人应该支付给被上诉人违约金的情况下,一审法院认定的数额也是错误的

假设上诉人违约行为成立的话,那么违约行为的计算也应该从被上诉人支付给上诉人第二笔全部款项之日起,至 2011 年 11 月 4 日止。因为被上诉人在 2011 年 11 月 4 日已经对上诉人提出反诉,要求法院判决解除双方于 2011 年 6 月 6 日签订的股权转让合同,既然被上诉人诉请解除合同,那么就等于被上诉人不同意办理工商过户等相关手续,在此段诉讼期间,不能视为上诉人违约,上诉人无须向被上诉人支付违约金。

所以一审法院认定上诉人构成违约是错误的,违约金的计算方式也是错误的。

四、二审法院判令上诉人对抵押资产的解押行为的时间应晚于被上诉人给付 6500 万元款项的时间

一审法院判决第一项,判令上诉人在判决生效之日起十日内办理银谷地下广场房产土地的解押手续,上诉人认为,基于被上诉人的违约行为,被上诉人的 6500 万元的给付义务应先于上诉人对抵押资产进行解押。因为被上诉人的违约行为,足以导致上诉人怀疑被上诉人后期款项的支付能力,如果上诉人先行将资产解押,因被上诉人实际控制着该资产,被上诉人将该资产处置后,上诉人的权益将没有任何保障。

故二审法院应判令上诉人对抵押资产的解押行为的时间应晚于被上诉人给付 6500 万元款项的时间。

五、上诉人请求二审法院判令上诉人将房产证、土地证、公司证照原件及公章交于被上诉人的时间应晚于被上诉人给付 6500 万元款项的时间

一审法院判决第四项,判令上诉人在判决生效之日起十日将秦皇岛＿＿＿＿＿商贸有限公司房产证、土地证、公司证照原件及公章交于被上诉人,上诉人认为,基于被上诉人的违约行为,被上诉人的 6500 万元的给付义务应先于上诉人交付公司证照原件及公章的时间。因为被上诉人的违约行为,足以导致上诉人怀疑被上诉人后期款项的支付能力,如果上诉人先行将公司证照原件及公章交于被上诉人,因被上诉人实际控制着该资产,被上诉人将该资产处置后,上诉人的权益将没有任何保障。

故上诉人申请二审法院判令上诉人将房产证、土地证、公司证照原件及公章交于被上诉人的时间应晚于被上诉人给付 6500 万元款项的时间。

综上所述,上诉人认为一审法院认定事实错误,所做判决恶意偏袒被上诉人,上诉人特提起上诉,请求二审法院依法撤销(20××)秦民三初字第××号民事判决,支持上诉人的诉请,驳回被上诉人的反诉请求,所有诉讼费用由被上诉人承担。

此　　致
河北省高级人民法院

上诉人：陈＿＿＿＿　沈＿＿＿＿
20＿＿＿年＿＿＿月＿＿＿日

民事上诉状和答辩状与一审起诉状与答辩状的区别主要有以下几点：①围绕一审的诉讼请求和证据；②认真分析一审判决的正确与错误；③不能补充或变更一审诉讼请求，唯发现一审判决认定事实不清，适用法律不当的，可以要求发回一审法院重审。民事上诉答辩状示范如下。

 **知识拓展**

民事上诉答辩状

答辩人：＿＿＿＿＿＿＿＿（北京）影业有限公司，住所地北京市＿＿＿＿区＿＿＿＿街＿＿＿＿号＿＿＿＿幢＿＿＿＿室。

法定代表人：周＿＿＿＿，总经理。

被答辩人：深圳＿＿＿＿＿＿＿＿影视娱乐有限公司（原深圳＿＿＿＿＿＿＿＿有限公司），住所地深圳市＿＿＿＿区＿＿＿＿路＿＿＿＿K

法定代表人：吴＿＿＿＿，总经理。

答辩人针对被答辩人在上诉状中的主张，提出答辩意见如下：

一、被答辩人认为"《重庆＿＿＿＿》剧组资金账户、剧组印章、财务资料、账户密码及其他相关资料均在被上诉人处"没有事实依据。

根据答辩人与被答辩人签订的《联合投资电影〈重庆＿＿＿＿〉合同》中约定，答辩人与被答辩人各自委派专职财务人员负责专用账户的财务管理，以监督投资双方的投入及支出情况，因此影片的专用账户由答辩人、被答辩人双方共同管理，而非被答辩人所言在答辩人处。

二、被答辩人认为，因《联合投资电影〈重庆＿＿＿＿〉合同》是由答辩人与被答辩人两个主体签订的，那么合同中"交由"、"移交"的主体就应为答辩人。这种说法非常荒谬，从文本理解的常识来讲，"交由"、"移交"的主体不一定是合同主体中的一方，也可以是由双方人员组成的《重庆＿＿＿＿》剧组。

三、被答辩人认为，因答辩人未履行交接义务，根据合同的顺序履行抗辩权，被答辩人无须履行还款义务。这种说法与双方签订的《解除"联合投资电影〈重庆大＿＿＿＿〉合同"协议》是不符合的。

双方签订的解除合同中被答辩人向答辩人支付300万元的条款是无条件的，且如上所述本身就材料交接这件事情而言,因所有的材料都不在答辩人手中而在摄制组那里,即使需要履行交接义务也应该是摄制组履行交接义务。

此致

深圳市____人民法院

答辩人:_____(北京)影业有限公司

_____年____月____日

二、二审代理的工作规程

1. 签订委托代理合同。

2. 向一审法院或直接向二审法院递交上诉状(或答辩状)和全部诉讼材料和诉讼代理文书(律师事务所所函、当事人的授权委托书),应注意到二审法院是依上诉要求全面审查,其卷宗是独立的,不能因向一审法院已提交了证据而懈怠于向二审法院提交。

3. 查询二审法院立案时间和合议庭组成。

4. 查阅案卷。有新的证据的,宜提交或申请法院调取。

5. 决定是否申请回避并查询二审合议庭对本案是书面审理还是开庭审理。

6. 对书面审理的,及时提交代理词;对二审法院通知查询的,及时准备好举证并在询问时提交或强调;对开庭审理的,同一审一样准备代理大纲。

三、新证据

根据《最高人民法院关于民事诉讼证据的若干规定》第41条第2款:"二审程序中的新的证据包括:一审庭审结束后新发现的证据;当事人在一审举证期限届满前申请人民法院调查取证未获准去,二审法院经审查认为应当准许并依当事人申请调取的证据。"可见,二审的新证据分为两种情况,就第一种情况,"新发现的证据"从文字解释,应又可分为:一审庭审结束前已经存在的证据和一审庭审结束后才产生的证据。

对后一种情况,作为新证据,是没有争议的,也符合法理,作为律师,我们要善于发现并收集整理、及时提交,提交方式同一审举证,如并入上诉状,应作新证据的特别提示,以免被当作一审超举证期限的证据,二审法院不予采纳。

小贴士

根据《最高人民法院关于民事诉讼证据的若干规定》第43条第2款:"当事人经人民法院准许延期举证,但因客观原因未能在准许的期限内提供,且不审理该证据可能导致裁判明显不公的,其提供的证据可视为新的证据。"

第五节　再审程序中的律师代理

再审程序中的律师代理,是指律师根据当事人或其法定代表人、近亲属的委托,依法担任再审案件当事人的代理人,进行民事诉讼活动的行为。

一、当事人申请再审中的律师代理

律师可以以委托人的名义,代理委托人的合法意志,依据案件的事实和有关法律,代委托人书写再审申请书。在此过程中,代理律师应当审查以下几点:

(1) 是否属于可以申请再审的范围;

(2) 申请再审的主体是否合法;

(3) 申请再审的对象是否合法;

(4) 申请再审是否具有法定的事实和理由;

(5) 调解是否违反自愿原则或调解协议内容是否违法;

(6) 申请再审是否超过法定期限。

二、再审程序中的律师代理

再审案件可以分为自行再审案件、指令再审案件和上级法院提审案件。自行再审案件依原审判程序进行,但是必须另行组成合议庭,曾经参加此案审理的法官不能参加再审。按一审程序进行的再审,当事人可对在再审的判决、裁定提起上诉,律师经特别授权后也可代为提出上诉;按二审程序进行的再审,所做判决、裁定是发生法律效力的判决、裁定,当事人不能上诉。

指令再审案件,如果是指令一审法院再审的,适用一审程序,对再审的判决、程序,可由经当事人特别授权的律师代为上诉;如果是指令二审法院再审,适用二审程序,所做的判决、裁定为发生法律效力的判决、裁定,不能上诉。上级人民法院提审的再审案件,适用二审程序,由合议庭进行审理,所作的判决、裁定为发生法律效力的判决、裁定,不能上诉。

第六节　涉外民事诉讼中的律师代理

一般认为,涉外民事诉讼,是指具有涉外因素的民事诉讼;涉外民事诉讼程序,是指人民法院受理,审判及执行具有涉外因素的民事案件所适用的程序。所谓涉外因素是指具有以下三种情况之一。

第一，诉讼主体涉外，即诉讼一方或者双方当事人是外国人、无国籍人或者外国企业和组织；人民法院在审理国内民商事案件过程中，因追加当事人或者第三人而使得案件具有涉外因素的，属于涉外民商事案件。符合集中管辖规定的，有关人民法院应当按照最高法院《关于涉外民商事案件诉讼管辖若干问题的规定》的规定，将案件移送有管辖权的中级人民法院审理。

第二，作为诉讼标的的法律事实涉外，即当事人之间的民事法律关系发生、变更、消灭的事实发生在国外。

第三，诉讼标的物涉外，即当事人之间争议的标的物在国外。具备上述三个因素之一的民事诉讼就属于涉外民事诉讼。

律师代理涉外民事诉讼需要注意的问题包括以下几方面。

（一）委托授权手续问题

案例 9-2

A 是外国公民，因在履行中外合作经营企业合同中发生纠纷，他想到中国法院起诉对方当事人，但因年迈等原因不便亲临大陆。

［问题］

他该如何委托律师代理其进行诉讼？

［解析］

外国当事人在我国进行民事诉讼，有委托律师代理其进行民事诉讼的权利。但我国法律明确规定，外国人、无国籍人、外国企业和组织在人民法院起诉、应诉需要委托律师代理诉讼的，必须委托中华人民共和国的律师。这是为了维护国家的主权，不允许外国的司法制度在我国领域内适用，即不允许任何外国律师在我国作为涉外民事诉讼中当事人的代理人参加诉讼活动。如果外国当事人委托外国律师，该律师仅能作为中国律师的助手而不能以律师的身份出庭和参与诉讼。

在涉外民事诉讼中，经常会有像 A 这样的情况，本人不在我国领域内无法起诉或应诉，或欲聘请中国律师代理诉讼却又不了解中国情况。这样，可以向 A 推荐熟悉的中国律师。同时，最高人民法院还规定，外国驻华使馆、领馆授权其本馆官员，在作为当事人的本国国民不在我国领域内的情况下，可以以外交代表身份为其本国国民在我国聘请中国律师或中国公民代理民事诉讼。还需注意的是授权委托书的公证和认证问题。

我国《民事诉讼法》第 242 条规定："在中华人民共和国领域内没有住所的外国人、无国籍人、外国企业和组织委托中华人民共和国律师或者其他人代理诉讼，从中华人民共和国领域外寄交或者托交的授权委托书，应当经所在国公证机关证明，并经中华人民共和国驻该国使领馆认证，或者履行中华人民共和国与该所在国订立的有关条约中规定的证明手续后，才具有效力。"

（二）期间问题

我国《民事诉讼法》第 248 条规定："被告在中华人民共和国领域内没有住所的，人民法院应当将起诉状副本送达被告，并通知被告在收到起诉状副本后 30 日内提出答辩状。被告申请延期的，是否准许，由人民法院决定。"涉外民事案件一方当事人在国内有住所，而另一方当事人在国内没有住所，对国内当事人适用诉讼期间的一般规定，对国外当事人则适用涉外期间的特别规定。

与国内民事诉讼相比，涉外民事诉讼在调查取证、送达诉讼文书等方面都具有一定难度和复杂性，当事人进行诉讼期间和法院审理期间也较长。《民事诉讼法》第 250 条规定："人民法院审理涉外民事案件期间不受本法第 135 条、第 159 条的限制。"即第一审案件应当在 6 个月内审结、第二审的案件应当在 3 个月内审结、对裁定的上诉案件应当在 30 日内审结的限制，都不适用于涉外民事案件。

我国《民事诉讼法》第 249 条规定："在我国领域内没有住所的当事人，不服第一审人民法院的判决和裁定，有权在 30 日内提出上诉。被上诉人在收到上诉状副本后，应当在 30 日内提出答辩状，当事人不能在法定期间提起上诉或者提出答辩状，申请延期的，是否准许，由人民法院决定。"最高人民法院《关于适用〈中华人民共和国民事诉讼法〉若干问题的意见》第 311 条规定，当事人双方分别居住在我国领域内和领域外，对第一审人民法院判决、裁定的上诉期有不同的要求，居住在我国领域内的分别为 15 日和 10 日；居住在我国领域外的为 30 日。双方的上诉期均已届满没有上诉的，第一审人民法院的判决、裁定即发生法律效力。

（三）法律文书的送达问题

在涉外民事诉讼中，如果当事人在我国领域内居住，诉讼文书和法律文书的送达方式适用我国民事诉讼法的一般规定；如果当事人在我国领域内没有住所，则按照涉外民事诉讼程序的特别规定送达。

（1）依条约规定的方式送达，即依照受送达人所在国与我国缔结或者共同参加的国际条约中规定的方式送达。

（2）通过外交途径送达，即人民法院将需要送达的诉讼文书交给我国外交机关，由我国外交机关转交给受送达人所在国驻我国的外交机构，再由其转送该国的外交机关，然后由该国外交机关将诉讼文书转交给该国有管辖权的法院，最后由法院将其送达受送达人。

(3) 由我国驻外国使、领馆代为送达。对住在外国的中国籍当事人可以由我国司法机关直接委托我国驻当事人所在国使、领馆代为送达诉讼文书。

(4) 向受送达人委托的人送达。

(5) 向受送达人设在我国的代表机构送达。

(6) 邮寄送达。在受送达人所在国的法律允许的情况下,可以邮寄送达。

(7) 公告送达。

在以上几种送达方式都不能采用时,可以通过公告送达,公告送达的期间为 6 个月,自公告之日起满 6 个月的即视为送达。

(四) 申请财产保全的问题

涉外财产保全,当事人既可以在诉讼开始后提出申请,也可以在诉前申请保全,但是人民法院不能依照职权进行保全。人民法院裁定准许诉讼前财产保全后,申请人应当在30 日内提起诉讼,逾期不起诉的,人民法院应当解除财产保全,由此造成的被申请人的损失及有关费用由被代理人(即申请人)承担。

 **实训练习**

单项选择题

1. 在一起侵权诉讼中,原告申请由其弟袁某(某大学计算机系教授)作为专家辅助人出庭对专业技术问题予以说明。下列哪一表述是正确的?(　　)

A. 被告以袁某是原告的近亲属为由申请其回避,法院应批准

B. 袁某在庭上的陈述是一种法定证据

C. 被告可对袁某进行讯问

D. 袁某出庭的费用,由败诉方当事人承担

2. 赵洪诉陈海返还借款 100 元,法院决定适用小额诉讼程序审理。关于该案的审理,下列哪一选项是错误的?(　　)

A. 应在开庭审理时先行调解

B. 应开庭审理,但经过赵洪和陈海的书面同意后,可书面审理

C. 应当庭宣判

D. 应一审终审

3. 张某诉美国人海斯买卖合同一案,由于海斯在我国无住所,法院无法与其联系,遂要求张某提供双方的电子邮件地址,电子送达了诉讼文书,并在电子邮件中告知双方当事人在收到诉讼文书后予以回复,但开庭之前法院只收到张某的回复,一直未收到海斯

的回复。后法院在海斯缺席的情况下,对案件作出判决,驳回张某的诉讼请求,并同样以电子送达的方式送达判决书。关于本案诉讼文书的电子送达,下列哪一做法是合法的?(   )

A. 向张某送达举证通知书   B. 向张某送达缺席判决书

C. 向海斯送达举证通知书   D. 向海斯送达缺席判决书

律师与公证

第十章
行政诉讼中的律师代理

学习目标

1. 掌握行政诉讼制度的内容;
2. 了解律师在办理行政诉讼业务过程中应当掌握和注意的基本法律问题;
3. 掌握律师代理行政诉讼和行政复议的工作流程;
4. 明确律师承办涉外行政案件应注意的问题。

引导案例

A公司通过伪造房产过户文件的方式,骗取了房产登记部门的房屋产权登记;而该房屋已经由原房主出售给B公司但尚未办理过户手续。B公司了解到房屋产权登记情况后,拟通过行政诉讼确认其对房屋的产权。

律师在接待这个当事人过程中,就涉及如何应用诉讼法的基本原理来分析当事人的目的能否实现。根据的诉讼目的有限性原则,法院仅仅是审查行政机关已经作出的行政行为的合法性,通过行政诉讼不能够直接产生确认房屋产权的法律后果。因此,律师应当和当事人详细探讨解决当事人纠纷的法律途径,告知行政诉讼的特点和局限性,告知当事人最终需要通过民事诉讼途径解决其确认争议。

第一节　律师代理行政诉讼概述

根据行政法律业务是否受行政诉讼法调整作为划分标准,律师代理行政诉讼划可分为诉讼业务和非诉讼法律业务。

一、行政诉讼业务

1989 年 4 月 4 日第七届全国人民代表大会第二次会议通过的《行政诉讼法》是中国行政诉讼制度的基本法律依据。2014 年 11 月第十二届全国人民代表大会常务委员会第十一次会议对《行政诉讼法》作出了大幅修正,并自 2015 年 5 月 1 日起施行,这是行政诉讼法自 1989 年制定后作出的首次修改。在我国的民事诉讼、刑事诉讼和行政诉讼中,行政诉讼制度确立得最晚,截至目前审理的案件数量也是最少的。

根据 2014 年年底最高人民法院的统计数据,该年各级人民法院新收一审、二审、再审刑事案件 1164826 件,民商事案件 9068011 件,行政案件 193240 件。但是,从行政案件数量的纵向比较来看,却是同比上升 20.98%,呈现了较大幅度的增长态势,行政诉讼的各种制度和理论问题逐步在实践中得到发展和完善。行政诉讼案件对"全面建设法治国家"的促进效果亦非常明显,越来越多的律师愿意和正在投身于行政诉讼工作,这为行政诉讼业务的开展起了进一步的推动作用。

二、行政非诉讼业务

除了诉讼业务外,律师从事行政非诉讼业务的种类也越来呈现越多样化,从服务形式上看,主要包含以下两种。

(一) 行政法律咨询业务

随着相对人和政府部门法律意识的增加,有关行政法律方面的法律咨询业务越来越多。从当事人的情况来看,当事人对行政机关制定规范性文件的合法性、对行政机关行为合法性、合理性等进行的咨询;对于政府的相关行为是否侵犯到相对人利益的咨询。

从行政机关来看,行政机关对于制定规范性文件的合法合规性、对于具体行政决定的合法性的咨询等案件也越来越多。这些咨询业务都是律师行政非诉讼业务中非常重要的一个方面。

(二) 准诉讼业务

主要包括行政听证的法律业务和行政复议的法律业务,这类业务数据量庞大,在服务内容和形式上,与诉讼业务有类似之处。

1. 行政听证法律业务

行政听证是指行政机关听取当事人陈述和意见的程序。根据行政处罚法的规定,行政机关作出责令停产停业、吊销许可证和执照、较大数额罚款等行政处罚决定之前,应当告知当事人有权要求听证;当事人要求听证的,行政机关应当组织听证。可以看出,行政处罚法规定的当事人在对于方式人权利义务影响较大的处罚领域。而依据行政处罚法的规定,当事人可以亲自参加听证,也可以委托一人至二人代理,因此律师代理行政处罚的听证业务已经越来越广泛。

律师代理行政处罚中的听证业务,主要的工作内容包括:行政处罚中的听证代理工作;代为处理听证程序事宜;准备在听证会上提交的证据和证据目录、证据说明等;查询有关的法律规定,判断行政机关适用法律是否正确;出席听证会,代理当事人申辩和质证;听证会结束后,要根据听证的实际情况,决定是否要求进一步补充证据,并与听证会主持人明确补充证据的提供时间。

在行政许可中的听证代理工作,根据行政许可法的规定,法律、法规、规章规定实施行政许可应当听证的事项,或者行政机关认为需要听证的其他涉及公共利益的重要行政许可事项,行政机关应当向社会公告并举行听证。行政许可直接涉及申请人与他人之间重大利益关系的,行政机关在作出行政许可决定前,应当告知申请人、利害关系人享有要求听证的权利;申请人、利害关系人在被告知听证之日起 5 日内提出听证申请的,行政机关应当在 20 日内组织听证。

2. 行政复议法律业务

行政复议是行政机关解决行政争议的制度。根据行政复议法的规定,公民、法人或者其他组织认为具体行政行为侵犯其合法权益,有权向有管辖权的行政机关提出行政复议申请。行政机关受理行政复议申请,经过申请后作出复议决定。

在行政复议中,律师主要代理公民、法人或者其他组织进行行政复议的工作根据《行政复议法》规定,行政复议实行书面审查,所以律师的代理工作相对于代理诉讼要简单些。主要代理工作包括:

(1) 草拟复议申请书,并向有管辖权的机关提出复议申请。

(2) 审查被申请复议行政机关提供的证据材料,对于被申请人的证据材料提出书面质证和辩论意见。

(3) 收集和提供有关证据。

📖 **知识拓展**

根据《行政处罚法》第 42 条的规定,行政机关作出责令停产停业、吊销许可证或者执照、较大数额罚款等行政处罚决定之前,应当告知当事人有要求举行听证的权利;当事人要求听证的,行政机关应当组织听证。当事人不承担行政机关组织听证的费用。

听证应当依照以下程序组织:

(1) 当事人要求听证的,应当在行政机关告知后三日内提出;

(2) 行政机关应当在听证的七日前,通知当事人举行听证的时间、地点;

(3) 除涉及国家秘密、商业秘密或者个人隐私外,听证公开举行;

(4) 听证由行政机关指定的非本案调查人员主持;当事人认为主持人与本案有直接

利害关系的,有权申请回避;

(5) 当事人可以亲自参加听证,也可以委托一人至二人代理;

(6) 举行听证时,调查人员提出当事人违法的事实、证据和行政处罚建议;当事人进行申辩和质证;

(7) 听证应当制作笔录;笔录应当交当事人审核无误后签字或者盖章。

当事人对限制人身自由的行政处罚有异议的,依照治安管理处罚法有关规定执行。

第二节　律师代理行政复议的工作流程

行政复议代理人,是指以行政复议申请人或者第三人的名义,在代理权限内进行行政复议活动的人。作为行政复议代理人,具有以下几个特征。

(1) 行政复议代理人只能以被代理人的名义参加到行政复议当中,而不能直接以自己的名义进行行政复议活动。

(2) 行政复议代理人只能在代理权限范围内进行活动,他在代理权限范围内进行活动的法律后果,包括对被代理人有利的以及不利的法律后果,都由被代理人承担;但如果代理活动超出了代理权限范围,对超出代理范围的部分,应当由代理人自己承担相应的法律责任。

(3) 行政复议代理人原则上只能从事一般性的代理活动,如提交有关文书材料、查阅有关资料、提供答辩意见等,对于撤回行政复议申请等重大事项,应当有被代理人的特别授权,否则不能擅自作出决定。

在行政复议中,律师常常作为行政复议的委托代理人主要代理公民、法人或者其他组织进行行政复议的工作根据行政复议法,行政复议实行书面审查。主要的工作内容包括:①草拟复议申请书,并向有管辖权的机关提出复议申请。②审查被申请复议行政机关提供的证据材料,对于被申请人的证据材料提出书面质证和辩论意见。③收集和提供有关证据。

一、受案范围

律师应依法审查确定申请的事项是否属于行政复议机关受理行政复议案件的范围。有下列情形之一的,公民、法人或者其他组织可以申请行政复议:

(1) 对行政机关作出的警告、罚款、没收违法所得、没收非法财物、责令停产停业、暂扣或者吊销许可证、暂扣或者吊销执照、行政拘留等行政处罚决定不服的;

(2) 对行政机关作出的限制人身自由或者查封、扣押、冻结财产等行政强制措施决定不服的；

（3）对行政机关作出的有关许可证、执照、资质证、资格证等证书变更、中止、撤销的决定不服的；

（4）对行政机关作出的关于确认土地、矿藏、水流、森林、山岭、草原、荒地、滩涂、海域等自然资源的所有权或者使用权的决定不服的；

（5）认为行政机关侵犯合法的经营自主权的；

（6）认为行政机关变更或者废止农业承包合同，侵犯其合法权益的；

（7）认为行政机关违法集资、征收财物、摊派费用或者违法要求履行其他义务的；

（8）认为符合法定条件，申请行政机关颁发许可证、执照、资质证、资格证等证书，或者申请行政机关审批、登记有关事项，行政机关没有依法办理的；

（9）申请行政机关履行保护人身权利、财产权利、受教育权利的法定职责，行政机关没有依法履行的；

（10）申请行政机关依法发放抚恤金、社会保险金或者最低生活保障费，行政机关没有依法发放的；

（11）认为行政机关的其他具体行政行为侵犯其合法权益的。

律师应当告知委托人，申请行政复议，行政复议机关已经依法受理的，在法定行政复议期限内不得向人民法院提起行政诉讼。向人民法院提起行政诉讼，人民法院已经依法受理的，不得申请行政复议。

律师应当告知委托人，依照法律、法规规定应当先向行政复议机关申请行政复议、对行政复议决定不服再向人民法院提起行政诉讼的，在法定行政复议期限内不得向人民法院提起行政诉讼。

律师应当告知委托人，不服行政机关作出的行政处分或者其他人事处理决定的，可以依照有关法律、行政法规的规定提出申诉。

律师应当告知委托人，不服行政机关对民事纠纷作出的调解或者其他处理，可以依法申请仲裁或者向人民法院提起诉讼。

律师应当告知委托人，行政机关的具体行政行为所依据的下列规定不合法，在对具体行政行为申请行政复议时，可以一并向行政复议机关提出对该规定的审查申请：

（1）国务院部门的规定；

（2）县级以上地方各级人民政府及其工作部门的规定；

（3）乡、镇人民政府的规定。前款所列规定不含国务院部、委员会规章和地方人民政府规章。

二、程序事项

（1）公民、法人或者其他组织有 60 天的复议期限，法律规定复议期限超过 60 天的除外。

（2）复议机关在收到复议申请后，应当在 5 日内做出审查，并做出是否受理的决定。

（3）法律、法规规定应当先向行政复议机关申请复议、对复议不服再向人民法院提起行政诉讼的，行政机关决定不予受理或者受理后超过复议期限不做答复的，公民、法人或者其他组织可以在收到不予受理决定书或者行政复议期满之日起 15 日内，依法向人民法院提起行政诉讼。

（4）行政复议机关应当自受理申请之日起 60 日内做出行政复议决定，但是法律规定的复议期限少于 60 天的除外，情况复杂不能在规定期限内作出行政复议决定的，经过复议机关负责人批准可以适当延长，但是延长期限最多不超过 30 日。

（5）行政复议中，除对具体行政行为不服可以申请复议以外，可以一并对具体行政行为所依据的下列规定提出审查申请：国务院部门的规定，县级以上地方各级人民政府及其工作部门的规定，乡、镇人民政府的规定。

📖 知识拓展

依据《行政复议法》第 10 条规定，依照《行政复议法》申请行政复议的公民、法人或者其他组织是申请人。如果有权申请行政复议的公民死亡的，其近亲属可以申请行政复议。如果有权申请行政复议的公民为无民事行为能力人或者限制民事行为能力人的，其法定代理人可以代为申请行政复议。如果有权申请行政复议的法人或者其他组织终止的，承受其权利的法人或者其他组织可以申请行政复议。

在行政复议中，同申请行政复议的具体行政行为有利害关系的其他公民、法人或者其他组织，可以作为第三人参加行政复议。如果公民、法人或者其他组织对行政机关的具体行政行为不服申请行政复议的，作出具体行政行为的行政机关是被申请人。对于律师来讲，申请人、第三人可以委托代理人（当然包括律师）代为参加行政复议。

第三节　律师代理行政诉讼的工作流程

一、接受原告的代理请求

（一）审查判断争议的行政行为是否属于行政诉讼的受案范围

《行政诉讼法》第 12 条规定了可以提起诉讼的各类具体行政行为，包括：

（1）对行政拘留、暂扣或者吊销许可证和执照、责令停产停业、没收违法所得、没收非法财物、罚款、警告等行政处罚不服的；

（2）对限制人身自由或者对财产的查封、扣押、冻结等行政强制措施和行政强制执行不服的；

（3）申请行政许可，行政机关拒绝或者在法定期限内不予答复，或者对行政机关作出的有关行政许可的其他决定不服的；

（4）对行政机关作出的关于确认土地、矿藏、水流、森林、山岭、草原、荒地、滩涂、海域等自然资源的所有权或者使用权的决定不服的；

（5）对征收、征用决定及其补偿决定不服的；

（6）申请行政机关履行保护人身权、财产权等合法权益的法定职责，行政机关拒绝履行或者不予答复的；

（7）认为行政机关侵犯其经营自主权或者农村土地承包经营权、农村土地经营权的；

（8）认为行政机关滥用行政权力排除或者限制竞争的；

（9）认为行政机关违法集资、摊派费用或者违法要求履行其他义务的；

（10）认为行政机关没有依法支付抚恤金、最低生活保障待遇或者社会保险待遇的；

（11）认为行政机关不依法履行、未按照约定履行或者违法变更、解除政府特许经营协议、土地房屋征收补偿协议等协议的；

（12）认为行政机关侵犯其他人身权、财产权等合法权益的。除前款规定外，人民法院受理法律、法规规定可以提起诉讼的其他行政案件。

《行政诉讼法》第 13 条则规定了不能提起行政诉讼的行政行为：

（1）国防、外交等国家行为；

（2）行政法规、规章或者行政机关制定、发布的具有普遍约束力的决定、命令；

（3）行政机关对行政机关工作人员的奖惩、任免等决定；

（4）法律规定由行政机关最终裁决的行政行为。

小贴士

《国家赔偿法》规定了可以提起行政诉讼的几类事实行为，该法第 3 条规定，行政机关及其工作人员在行使行政职权时有下列侵犯人身权情形之一的，受害人有取得赔偿的权利：

（1）违法拘留或者违法采取限制公民人身自由的行政强制措施的；

（2）非法拘禁或者以其他方法非法剥夺公民人身自由的；

（3）以殴打、虐待等行为或者唆使、放纵他人以殴打、虐待等行为造成公民身体伤害或者死亡的；

（4）违法使用武器、警械造成公民身体伤害或者死亡的；

（5）造成公民身体伤害或者死亡的其他违法行为。

该法第 4 条又规定，行政机关及其工作人员在行使行政职权时有下列侵犯财产权情

形之一的,受害人有取得赔偿的权利:

(1) 违法实施罚款、吊销许可证和执照、责令停产停业、没收财物等行政处罚的;

(2) 违法对财产采取查封、扣押、冻结等行政强制措施的;

(3) 违法征收、征用财产的;

(4) 造成财产损害的其他违法行为。

最高人民法院《关于适用〈中华人民共和国行政诉讼法〉若干问题的解释》则结合法院行政审判工作实际,就《行政诉讼法》有关条款的适用问题作出了司法解释,进一步明确了行政诉讼的许多重大的、具体的问题。如该解释第 2 条对《行政诉讼法》第 49 条第 3 项规定的"有具体的诉讼请求"作出了具体规定。再如其第 6 条对《行政诉讼法》第 26 条第 2 款规定的"复议机关决定维持原行政行为"作出了具体规定等。

律师在接触当事人的时候,应当在尽可能快的时间内对争议行政行为的可诉性作出判断。如果争议的行为是下列任何一种情况,均应当告知当事人不能够代理其提起行政诉讼:

(1) 抽象行政行为;

(2) 内部行政行为;

(3) 行政终局裁决行为;

(4) 国家行为;

(5) 公安、国家安全等机关依照刑事诉讼法的明确授权实施的行为;

(6) 调解行为以及法律规定的仲裁行为;

(7) 不具有强制力的行政指导行为;

(8) 驳回当事人对行政行为提起申诉的重复处理行为;

(9) 对公民、法人或者其他组织的权利义务不产生实际影响的行为。

当然,随着社会的发展,行政行为的类型和内容在逐步发生变化,有时候非常复杂。在有些情况下很难根据上述情形作出迅速的判断,需要进行深入细致的研究工作;有些时候对某些判断容易产生争议,需要与当事人进行充分的沟通。

(二) 审查判断争议的行政行为是否已经具备诉讼的成熟性

1. 判断行政行为是否已经完成

一个可诉的行政行为,应当是一个已经发生法律效力的行政行为,具备行政行为的构成要件根据比较通行的说法,行政行为的构成要件包括:行政职能的存在和行政权的实际应用;行政行为法律效果的存在和行政机关表示行为的存在。

2. 考察行政诉讼与行政复议的关系

在行政诉讼中,除了考虑行政行为的成熟性以外,还要考察行政诉讼与行政复议的关系。《行政诉讼法》第 44 条规定："对属于人民法院受案范围的行政案件,公民、法人或者其他组织可以先向行政机关申请复议,对复议决定不服的,再向人民法院提起诉讼;也可以直接向人民法院提起诉讼。法律、法规规定应当先向行政机关申请复议,对复议决定不服再向人民法院提起诉讼的,依照法律、法规的规定。"根据这一规定以及有关司法解释,有关复议和诉讼的关系主要应当考虑如下情形。

(1)该争议是否属于法律、法规规定的应当复议前置的行政争议。根据目前的法律、法规,属于复议前置的争议主要有:依据《行政复议法》第 30 条规定的自然资源所有权、使用权确认争议;《税收征收管理法》第 88 条的纳税争议;《国务院审计条例》第 46 条规定的审计决定争议等。这类案件,当事人在提起诉讼之前,应当先申请行政复议,对复议决定不服的,才能够提起行政诉讼。另外,根据最高人民法院的司法解释,因复议机关不受理复议申请或者在法定期限内不作出复议决定,公民、法人或者其他组织不服,依法向人民法院提起诉讼的,人民法院应当受理。

(2)如果不属于应当行政复议前置的争议,根据最高人民法院的司法解释,法律、法规未规定行政复议为提起诉讼的必经程序,公民法人或者其他组织既提起行政诉讼又申请行政复议的,应由先受理的机关管辖;同时受理的,由公民、法人或者其他组织选择;公民、法人或者其他组织已经申请行政复议,在法定期限内又向人民法院起诉的,人民法院不予受理。但是在复议后经过复议机关同意撤回复议申请,在法定期限内对原具体行政行为起诉的,法院应当受理。

(3)审查确定争议的行为是否属于行政终局裁决行为。根据法律规定,如果争议行为属于行政机关终局裁决(一般表现为复议为终局裁决),且相对人已经申请复议并由复议机关作出裁决的,则律师亦不能代理其提起行政诉讼。

因此,律师在与当事人洽谈中,要全面了解当事人已经采取的法律行动和正在进行或已经完成的法律程序。尤其要对当事人是否已经申请复议和行政复议的效力及时作出准确的判断,以便确定能否接受当事人的委托,明确代理工作的内容。

(三)审查确定当事人的起诉是否在法定的起诉期限内

根据最高人民法院的司法解释,起诉超过法定期限且无正当理由的,法院不予受理。因此,在行政诉讼中,起诉期限的审查是律师能否接受委托的一个重要的程序性要件。律师在确定是否建立代理关系时,对于明显已经超过行政诉讼起诉期限的,应当明确告知当事人并建议采用其他途径解决纠纷。

根据《行政诉讼法》和有关规定,行政诉讼的起诉期限问题,主要应当考虑以下几个方面的内容。

1. 对具体行政行为不服,直接向法院起诉的

公民、法人或者其他组织同时知道行政行为的内容和起诉期限的,起诉期限为从知道行政行为之日起计算 3 个月,公民、法人或者其他组织知道行政行为的内容但是不知道起诉期限的,从知道或者应当知道诉权或起诉期限之日起计算 3 个月,但是从知道行政行为的内容之日起不得超过 2 年;公民、法人或者其他组织不知道行政行为的内容的,从知道或者应当知道具体行政行为的内容之日起开始计算起诉期限。

2. 经过复议的案件,当事人不服复议决定提起诉讼的

起诉期限为自收到复议决定之日起 15 天,计算方式参照前项。

3. 对于行政机关不作为的案件

如果行政机关履行职责有法定期限的,应当自法定期限届满之日起计算起诉期限;没有法定期限的,从公民、法人或者其他组织申请后 60 日届满开始计算起诉期限;但是公民、法人或者其他组织在紧急情况下请求保护人身权、财产权的则不受上述限制。

(四) 审查确定当事人的原告资格

不是任何人均有权对行政机关的某一个具体行政行为提起诉讼。在行政诉讼中,律师需要判断当事人是否具备原告资格。《行政诉讼法》第 2 条规定:"公民、法人或者其他组织认为行政机关和行政机关工作人员的行政行为侵犯其合法权益,有权依照本法向人民法院提起诉讼。(第 1 款)第 1 款所称行政行为,包括法律、法规、规章授权的组织作出的行政行为。"同时,该法 25 条规定:"行政行为的相对人以及其他与行政行为有利害关系的公民、法人或者其他组织,有权提起诉讼。有权提起诉讼的公民死亡,其近亲属可以提起诉讼。有权提起诉讼的法人或者其他组织终止,承受其权利的法人或者其他组织可以提起诉讼。"

同时,2015 年 5 月 1 日施行的最高人民法院《关于适用〈中华人民共和国行政诉讼法〉若干问题的解释》对行政诉讼的立案采取了登记制度。其第 1 条规定:"人民法院对符合起诉条件的案件应当立案,依法保障当事人行使诉讼权利。对当事人依法提起的诉讼,人民法院应当根据行政诉讼法第 51 条的规定,一律接收起诉状。能够判断符合起诉条件的,应当当场登记立案;当场不能判断是否符合起诉条件的,应当在接收起诉状后 7 日内决定是否立案;7 日内仍不能作出判断的,应当先予立案。起诉状内容或者材料欠缺的,人民法院应当一次性全面告知当事人需要补正的内容、补充的材料及期限。在指定期限内补正并符合起诉条件的,应当登记立案。当事人拒绝补正或者经补正仍不符合起诉条件的,裁定不予立案,并载明不予立案的理由。当事人对不予立案裁定不服的,可以提起上诉。"

因此,行政诉讼制度在目前的立法框架下,仍然属于自益诉讼的范畴,即当事人仅能够为自己的利益提起行政诉讼,而不能为他人或者公共利益提起诉讼。律师在考虑是否接受当事人的委托时,考察当事人的原告资格,需要审查的内容包括:

当事人的利害关系是否受到争议的具体行政行为的影响。法律上的利害关系主要包括:当事人的权利义务受到影响;当事人的法律地位受到影响;当事人的法律状况受到影响等。如在过去相当长的一段时间内,对于交通事故责任认定书,有些地方的法院认为其与当事人有利害关系,有些地方的法院则认为没有。

1992年最高人民法院和公安部联合下发的《关于处理道路交通事故案件有关问题的通知》第4条明确规定:"当事人仅就公安机关作出的道路交通事故责任认定和伤残评定不服,向人民法院提起行政诉讼或民事诉讼的,人民法院不予受理。"因此也造成了实践中的认识和执法不一的情形。

事实上,这种交通事故责任认定书,具备具体行政行为的各个要件,对当事人的法律状况作出了认定,当事人具有法律上的利害关系,应当赋予当事人原告资格。当然,现在由于人民法院对行政诉讼也推行了立案登记制度,这样的规定应当予以作废。

小贴士

就当事人的利害关系是否属于直接的利害关系还是间接的利害关系问题,理论上尚没有明确的结论,也是一个经常存在争议的问题。例如,在行政机关查处假冒伪劣产品的案件中,A公司的库存商品被认定是假冒伪劣产品而被没收;A公司当然是行政处罚行为的利害关系人。但是A公司已经与B公司签署了供货合同,这次的没收处罚直接导致A公司不能履行合同,B公司已经与其客户C签署了供货协议。那么关于B公司甚至C公司是不是行政处罚行为的利害关系人的问题上,答案就没有那么简单。

有的观点认为,与具体行政行为有利害关系,是指与具体行政行为有直接的利害关系,不需要通过其他的法律关系作为中介。按照这种观点,B公司、C公司等均不具有原告资格。另外一种观点认为,只要行政行为影响了当事人的权利义务,当事人与行政行为就有利害关系。按照这种观点,B公司、C公司就有原告资格。就这个问题的判断,不同的法院、不同的法官各自有不同的把握尺度,律师在代理中,可以结合案件具体情况,充分向当事人揭示风险后,可以接受当事人的代理。

另外,某些行政管理领域的利害关系人数量特别众多,比如证券监管、药品监管领域等。一个上市公司的退市决定涉及众多的投资者的权利义务,而这些众多的利害关系人是否均有原告资格,以及在部分起诉、部分不起诉的时候,是否全部要追加为第三人在实践中也是经常有争议的话题。争议的具体行政行为是否影响了当事人自己的利害关系,而不是他人的权利义务或者公共利益。这是我国目前行政诉讼制度下原告资格的重要特征,原告应当为自己的利益提起行政诉讼。

(五)审查确定是否存在重复起诉等情形

律师需要审查确定当事人拟起诉的争议,是否存在重复起诉、撤诉,或者诉讼标的已经为生效判决的效力羁束的情形。

1. 重复起诉

人民法院的司法审查权,一旦开始行使,应当是排他的和唯一的,其他法院不得再立案受理。很多时候原告已经在一个法院立案,又聘请律师在其他的法院立案,这样容易给律师的工作造成困难,也扰乱司法秩序。律师在接待当事人的过程中,要对是否已经提起诉讼的情况进行了解。如果已经提起诉讼的,律师可以代理已经进入诉讼程序的案件。

2. 撤诉

根据有关的司法解释,行政诉讼中法院裁定准许原告撤诉,原告以同样的事实和理由再次起诉的,法院一般不予受理。因此,如果存在撤诉的情形,就要考虑能否变更诉讼的事实和理由,否则律师无法接受其代理。

3. 诉讼标的是否已经受生效判决效力羁束

根据诉讼的证据规则,人民法院生效判决认定的事实,不需要当事人举证来证明,属于法院可以直接认定的事实。如果争议的具体行政行为的效力已经为生效判决认定,比如在民事审判活动中,法院已经对争议涉及的行政决定的效力进行了审查和认定,明确该决定是一个合法有效的行政行为,那么,再对具体行政行为起诉,法院有可能不受理,或者受理后驳回起诉。

律师在作出上述初步判断后,可以基本确定是否要与当事人建立委托关系。有一些情况下很难当时作出明确的判断或者对某些问题的认识可能发生争议。在这些情况下,律师应当在建立代理关系的同时,充分向当事人揭示其中可能存在的风险。

二、律师代理诉讼的主要内容

(一) 证据调查、证据准备和提供证据

根据有关司法解释的规定,原告应当就起诉是否符合起诉条件承担举证责任,并且在案件的审理中,无论是否承担举证责任,原告均应当尽可能收集有利的证据,为诉讼做好充分准备。

1. 证据调查

(1) 知己知彼,百战不殆。律师应首先向行政机关申请,查阅行政机关的案卷,复制有关的证据材料。根据行政机关"先取证,后裁决"的原则,行政机关的每一个具体行政行为均应当有充分的证据;同时根据行政公开原则,行政机关的案卷材料,应当向当事人公开。因此,律师在接受代理后,应首先到行政机关查阅有关的案卷材料,了解行政机关作出行政行为的理由和依据,为判断案件事实以及收集证据等做好准备。比如行政处罚案件,可以了解行政机关认定违法事实的证据材料。

对于行政许可案件,可以了解到行政机关据以颁发许可或者不颁发许可的材料等。

当然在实际工作中,并非所有的行政机关都能够配合律师的调查工作,这时候律师要尽可能通过各种途径了解行政机关的观点和论据,尽最大努力掌握更多的材料。

(2)让证据说明一切。律师应当根据了解的行政机关的论点和论据有针对性地制定证据调查方案,围绕行政机关证据的真实性、合法性等收集有关证据。其中包括要求诉讼的原告提供已经掌握的证据和证据线索等。

2. 证据准备

律师收集了证据材料后,要将证据提交给法院,还要进行大量的准备工作。根据《行政诉讼法》和最高人民法院规定的证据规则,证据准备工作包括以下几个方面的内容。

(1)证据应当具备法定形式。根据《行政诉讼法》第33条的规定,证据有以下几种:书证;物证;视听资料;电子数据;证人证言;当事人的陈述;鉴定意见;勘验笔录、现场笔录。而且这些证据只有经过法庭审查属实,才能作为认定案件事实的根据。因此,如果收集的证据不具备这些法定的形式,就不应当予以考虑。

(2)证据应当具备可采性。证据应当具备关联性、合法性和真实性。律师在准备证据时,应当就证据的可采性进行审查,原则上应当尽可能采用那些不容易产生争议的案件证据。

(3)证据应当围绕着具体行政行为的合法性进行准备,不能偏离诉讼的主旨。律师准备证据的时候,要始终明确行政诉讼审查的是行政行为的合法性,而对于合法性以外的事实均不予审查。实践中,经常有原告向法庭提供了大量的材料,但是均与法庭审查判断被诉行政行为的合法性无关,这样的证据准备工作注定是失败的。

3. 证据提供

(1)根据要求提供证据。根据有关规定,当事人应当对其提交的证据材料分类编号,对证据材料的来源、证明对象和内容作简要说明,签名或盖章,注明提交日期。目前,法院一般要求诉讼当事人填写法院格式化的证据清单。各地法院的证据清单格式虽不尽相同,但一般都是按照最高人民法院发布的《关于民事诉讼证据的若干规定》文书样式(试行)的规定来制作。

(2)原告应当在法定的期限内提供有关的证据。从程序上分析,原告在两个阶段可以分别提供不同的证据。

第一,在立案审查阶段,原告应当提供足以支持起诉符合立案条件的证据。这里面的证据,至少应当包括证明具体行政行为存在的证据,证明原告与具体行政行为有利害关系的证据等。最简洁的立案材料,除了诉状和基本的诉讼程序材料外,可以仅包括行政机关的行政决定书。

第二,在立案之后,法院发出举证通知书,要求原告在一定的期限内提供与案件有关的证据,原告应当按照法庭的要求提供其需要提交的全部证据材料;如果法院没有指定一个举证期限,原告应当在法庭审理之前提交全部证据材料。

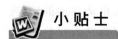

小贴士

原告在诉讼中依据法院指定的期限及时提供证据是非常重要的。根据 2002 年 10 月 1 日施行的《最高人民法院关于行政诉讼证据若干问题的规定》第 7 条规定："原告或者第三人应当在开庭审理前或者人民法院指定的交换证据之日提供证据。因正当事由申请延期提供证据的，经人民法院准许，可以在法庭调查中提供。逾期提供证据的，视为放弃举证权利。原告或者第三人在第一审程序中无正当事由未提供而在第二审程序中提供的证据，人民法院不予接纳。"因此，原告提供证据是原告主张权利的重要根据，在律师实务中，证据和证据清单的制作是非常重要的。

（二）代为草拟法律文书

律师代为草拟行政诉讼的法律文书，是律师代理工作的一项基本内容。我们在此主要讨论诉状的草拟工作和有关常见法律文书的草拟工作。

1. 确定行政诉讼原告

行政诉讼的原告应当有原告资格，这一问题在审查是否接受当事人的委托中已经讨论过。行政诉讼的原告，恒定是公民、法人或者其他组织。有的时候，行政机关也会以机关法人的身份成为行政诉讼的原告，比如在政府采购的法律关系中，财政部门作为政府采购的监督管理机关，而政府采购的采购人，作为被监管的主体之一，主要是行政机关。因此，作为采购人的行政机关如果对于财政部门的监管、处理决定不服的，也可以提起行政诉讼。

行政诉讼的原告，主要考查的是原告是否与被诉的具体行政行为有法律上的利害关系，而不一定是行政行为直接针对的相对人。比如行政处罚的被处罚人必然是行政相对人；但是在行政许可案件中，具有竞争性的行政许可的其他申请人也是利害关系人。

2. 确定行政诉讼的被告

因为行政行为的复杂性，律师应当按照下列原则确定行政诉讼中的被告：

（1）作出具体行政行为的被告的确定原则，作出具体行政行为的行政机关是被告。

（2）不作为或拖延履行的被告的确定原则，不履行或拖延履行法定职责的行政机关是被告。

当然，在行政诉讼的起诉程序中，法院经过审查，认为应当变更为适格的被告的，法院将告知原告变更；原告在此情形下可以考虑变更为适格的被告，否则法院将裁定不予受理（已经受理的，则会被裁定驳回起诉）。

3. 追加第三人

《行政诉讼法》第 29 条规定："公民、法人或者其他组织同被诉行政行为有利害关系但没有提起诉讼,或者同案件处理结果有利害关系的,可以作为第三人申请参加诉讼,或者由人民法院通知参加诉讼。人民法院判决第三人承担义务或者减损第三人权益的,第三人有权依法提起上诉。"因此,作为原告的律师,对于第三人的确定并没有法定的义务,但是在诉讼中,有些第三人参加诉讼对解决纠纷是非常重要的,可以向法庭申请追加第三人。

根据最高人民法院《关于适用〈中华人民共和国行政诉讼法〉若干问题的解释》第7条规定:"复议机关决定维持原行政行为的,作出原行政行为的行政机关和复议机关是共同被告。原告只起诉作出原行政行为的行政机关或者复议机关的,人民法院应当告知原告追加被告。原告不同意追加的,人民法院应当将另一机关列为共同被告。"

4. 准确提出诉讼请求

行政诉讼的诉讼请求,应当围绕被诉具体行政行为的合法性而提出、因此,诉讼请求应当符合行政诉讼法的规定,并且符合被诉行政行为的性质和状态。具体而言,行政诉讼的诉讼请求包括:

(1) 撤销之诉。根据《行政诉讼法》第70条规定,撤销之诉适用于被诉具体行政行为存在下列情况之一:主要证据不足的;适用法律、法规错误的;违反法定程序的;超越职权的;滥用职权的;明显不当的。

(2) 确认违法或者无效之诉。《行政诉讼法》第74条之规定,确认违法(但不撤销行政行为)之诉适用于:行政行为依法应当撤销,但撤销会给国家利益、社会公共利益造成重大损害的;行政行为程序轻微违法,但对原告权利不产生实际影响的。同时,不需要撤销或者判决履行的,人民法院判决确认违法:行政行为违法,但不具有可撤销内容的;被告改变原违法行政行为,原告仍要求确认原行政行为违法的。而对于确认无效之情形,适用于"行政行为有实施主体不具有行政主体资格或者没有依据等重大且明显违法"的情形(《行政诉讼法》第75条)。

(3) 责令履行法定职责之诉。责令履行法定职责之诉适用于被告不履行或者拖延履行法定职责的情形(《行政诉讼法》第72条)。

(4) 变更之诉。行政诉讼的变更之诉仅仅适用于行政处罚显失公正的情形或者其他行政行为涉及对款额的确定、认定确有错误的情形(《行政诉讼法》第77条)。

(5) 赔偿之诉。赔偿之诉适用于行政诉讼附带行政赔偿诉讼的情形(《行政诉讼法》第76、78条)。

除了准确把握行政诉讼的上述法定类型的诉讼请求以外,还要注意诉讼请求要符合案件的事实情况,要具有逻辑性,符合行政诉讼的特点。

5. 确定准确的管辖法院

行政诉讼的管辖分为级别管辖、地域管辖两个方面的内容。

(1) 级别管辖。根据《行政诉讼法》的规定,行政诉讼的级别管辖实行的是基层法院管辖为主、其他法院管辖为辅的原则,大量的行政诉讼案件都由基层法院进行管辖。

中级人民法院管辖下列一审行政案件:对国务院部门或者县级以上地方人民政府所作的行政行为提起诉讼的案件;海关处理的案件;本辖区内重大、复杂的案件。其他法律规定由中级人民法院管辖的案件。在这里,"其他法律规定由中级人民法院管辖的案件"主要包括:确认发明专利权的案件,重大涉外或者涉及香港特别行政区、澳门特别行政区、台湾地区的案件等。

而高级人民法院管辖本辖区内重大、复杂的第一审行政案件。最高人民法院则管辖全国范围内重大、复杂的第一审行政案件。

(2)地域管辖。对于行政诉讼的地域管辖,以被告所在地法院管辖为原则,以原告所在地管辖为例外,其中,行政案件由最初作出行政行为的行政机关所在地人民法院管辖。经复议的案件,也可以由复议机关所在地人民法院管辖。

经最高人民法院批准,高级人民法院可以根据审判工作的实际情况,确定若干人民法院跨行政区域管辖行政案件。而对限制人身自由的行政强制措施不服提起的诉讼,既可由被告所在地,又可由原告所在地法院管辖;因不动产提起的行政诉讼,则由不动产所在地人民法院管辖。

 小贴士

如果两个以上人民法院都有管辖权的案件,原告可以选择其中一个人民法院提起诉讼。原告向两个以上有管辖权的人民法院提起诉讼的,由最先立案的人民法院管辖。

另外还必须注意的是,人民法院发现受理的案件不属于本院管辖的,应当移送有管辖权的人民法院,受移送的人民法院应当受理。受移送的人民法院认为受移送的案件按照规定不属于本院管辖的,应当报请上级人民法院指定管辖,不得再自行移送。

6. 事实与理由

诉状的核心内容是诉讼的事实和理由。诉状中的事实和理由部分,法律并没有对其有明确的要求,一般意义上,事实和理由部分应当包括如下要点内容。

(1)不服被诉具体行政行为的明确表示。

(2)认为被诉具体行政行为违法的基本理由,比如认为行政行为认定事实有错误、适用法律有错误或者程序有错误等。

有的当事人的诉状写得特别的概括和笼统,比如实践中就出现了诉状的事实和理由部分只有三句话:原告认为被告具体行政行为主要证据不足,适用法律错误、程序违法。这样的诉状尽管不能说完全是错误的,但是没有任何的针对性,被告的答辩也没有针对性,对查明案件事实并没有多大的益处。

（三）草拟其他法律文书

律师代理行政诉讼的原告，认为被诉的具体行政行为应当停止执行的，应当代为草拟停止执行申请书，停止执行申请书采用书面形式，应当具备如下内容：申请人和被申请人的基本情况；申请停止执行的意思表示；停止执行的事实、理由和依据。

在上述的案件中，涉及行政机关批复应当停止执行的问题，律师可以草拟停止执行的申请书。

1. 财产保全申请书

在行政诉讼中，对于因一方当事人的行为或者其他原因，可能使具体行政行为或者人民法院生效裁判不能或者难以执行的案件，原告可以向法院申请进行财产保全。具体财产保全的情形，则可以参考民事诉讼的有关规定。

2. 先予执行申请书

在有关行政机关没有依法发给抚恤金、社会保险金、最低生活保障费等案件，原告可以向法院提出申请，请求裁定先予执行。先予执行申请书具体应当包括如下内容：申请人和被申请人的基本情况；申请的具体事项，包括执行的金额、执行的方式；申请先予执行的理由和依据，比如存在生活困难、紧急的需求等；同时要说明被告应当履行义务的依据。调取证据申请书。

行政诉讼中，原告或者第三人及其诉讼代理人有证据线索但是无法自行收集的情况下，可以向法院申请由法院调取下列证据：由国家机关保存而须由人民法院调取的证据；涉及国家秘密、商业秘密和个人隐私的证据；确因客观原因不能自行收集的其他证据（《行政诉讼法》第41条）。

在上述情形下，律师可以代为草拟调取证据申请书，申请书应当写明下列内容：证据持有人的姓名或者名称、住址等基本情况；拟调取证据的内容；申请调取证据的原因及其要证明的案件事实；调取证据申请书应当在举证期限届满之前提交法院。保全证据申请书。

在证据可能灭失或者以后难以取得的情况下，行政诉讼的参加人可以向人民法院申请保全证据。保全证据申请应当在举证期限内提交法院。律师草拟的保全证据申请书应当至少包括如下内容：证据的名称和地点；保全的内容和范围；申请保全的理由。当然，在申请证据保全时，如果人民法院要求提供担保的，还应提供一定的担保。

三、立案、出庭等的代理工作

（一）代为立案

根据2015年5月1日施行的最高人民法院《关于适用〈中华人民共和国行政诉讼法〉若干问题的解释》规定，行政诉讼的立案采取登记制度。根据该司法解释第1条规定：

"人民法院对符合起诉条件的案件应当立案,依法保障当事人行使诉讼权利。对当事人依法提起的诉讼,人民法院应当根据行政诉讼法第 51 条的规定,一律接收起诉状。能够判断符合起诉条件的,应当当场登记立案;当场不能判断是否符合起诉条件的,应当在接收起诉状后七日内决定是否立案;七日内仍不能作出判断的,应当先予立案。起诉状内容或者材料欠缺的,人民法院应当一次性全面告知当事人需要补正的内容、补充的材料及期限。在指定期限内补正并符合起诉条件的,应当登记立案。当事人拒绝补正或者经补正仍不符合起诉条件的,裁定不予立案,并载明不予立案的理由。当事人对不予立案裁定不服的,可以提起上诉。"从此条规定,我们可以看出:在立案时,需要提供以下资料。

(1)证明原告身份的材料。原告是公民的,应当携带公民的身份证明及身份证明复印件;原告是法人或者其他组织的,除原告的身份证明如营业执照副本复印件以外,还应当准备法定代表人身份证明书或者负责人身份证明书。

(2)起诉状。起诉状应当按照法院以及被告、第三人的数量提供足够的份数,确保法院及各方当事人均有一份起诉状原件,起诉状应有原告的签字或者盖章。

(3)证明被诉具体行政行为的证据。被诉具体行政行为有书面决定的,应提供书面决定,没有书面决定的,应当提供证明被诉具体行政行为存在的其他证据。

(4)当事人给律师的授权委托书和律师事务所致法院的函。法院收到材料后,一般会给当事人出具收到材料的清单,该清单证明法院收到了哪些材料以及收到材料的时间。

(二)代理出庭

法院一般在开庭前 3 日通知开庭审理的时间。

1. 出庭准备

律师代理当事人出庭参加诉讼,应当做好如下准备工作:

(1)对被告提供的证据和法律依据进行了认真的分析和研究,为法庭质证和辩论做好准备;

(2)对原告提供的证据和依据有充分的理解,能够有效地反驳被告的证据和依据;

(3)对于案件争议的焦点问题有充分的认识和评价,准备好说服法官的理由和论据。

2. 庭审顺序

庭审过程中,主要按照如下顺序进行:

(1)原告宣读诉状;

(2)被告宣读答辩意见;

(3)被告出示证据、原告质证;

(4)原告出示证据、被告质证;

(5)法庭询问;

(6)法庭辩论;

（7）最后陈述；

（8）休庭。

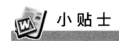 小 贴 士

行政诉讼起诉状

原告：_____有限公司

地址：_____ 电话：_____

法定代表人：_____ 职务：董事长

委托代理人：_____

被告：某市发展计划委员会 地址：_____

法定代表人：_____ 职务：_____

诉讼请求：

1. 请求撤销被告于_____年_____月____日下发的____号《关于对开发建设某住宅项目建议书（代可行性研究报告）的批复》；

2. 本案诉讼费由被告承担。

事实和理由：_____

此致

_____市_____区人民法院

原告：_____有限公司

法定代表人：_____

_____年____月____日

第四节　律师代理行政执行案件

非诉行政执行案件，也有学者称之为非诉执行案件，它是指法院依据《行政诉讼法》第 97 条规定："公民、法人或者其他组织对行政行为在法定期间不提起诉讼又不履行的，行政机关可以申请人民法院强制执行，或者依法强制执行。"依行政机关的申请，对未经诉讼审查的具体行政行为进行受理、审查和执行的活动。中国现行的非诉行政执行制度发端于改革开放之初，先由行政管理领域的单行法律、法规列举规定，最后由《行政诉讼法》作一般性规定。

该条规定确立了中国行政强制执行制度的基本格局，即，具体行政行为原则上由行

政机关申请人民法院强制执行;只有在法律、法规有特别授权时,行政机关才享有自行强制执行的权力。司法实践中,人民法院受理、审查、执行行政机关具体行政行为的行为习惯被称为"非诉执行"。《最高人民法院关于执行〈中华人民共和国行政诉讼法〉若干问题的解释》根据《行政诉讼法》第 97 条规定,对非诉执行案件的申请、审查、执行等作了更为具体、明确的规定。

一、接受委托

律师可以接受委托,担任行政执行案件的代理人。律师可以代理当事人就已经生效的行政判决书、行政裁定书、行政赔偿判决书、行政赔偿调解书等法律文书,向人民法院申请强制执行。行政机关依法作出具体行政行为后,相对人在法定期限内不起诉又不履行的,律师可以代理行政机关或具体行政行为确定的权利人,向人民法院申请强制执行。

律师代理行政执行案件,应审查下列内容:

(1)据以申请法院强制执行的行政判决书、裁定书或者行政赔偿调解书等法律文书是否已经发生法律效力;

(2)是否在申请强制执行的法定期限之内;

(3)执行事项是否具有可执行性;

(4)行政机关申请执行的具体行政行为是否可以由人民法院执行;

(5)行政机关申请执行的具体行政行为是否已经生效,并具有可执行内容;

(6)申请执行具体行政行为的行政机关是否为作出该具体行政行为的行政机关;

(7)对于行政机关申请执行具体行政行为,应审查法律、法规是否赋予该行政机关强制执行申请权,以及被申请人是否为该具体行政行为所确定的义务人;

(8)是否属于受理申请执行的人民法院管辖。

二、受理条件

律师在代理行政执行案件时,要注意行政执行案件的受理条件,具体内容如下:

(1)有权申请人民法院强制执行具体行政行为的主体包括:作出该具体行政行为的行政机关,生效具体行政行为确定的权利人或者其继承人、权利承受人,生效具体行政行为确定的利害关系人。

(2)行政机关申请人民法院强制执行具体行政行为,应当自被申请人起诉(或复议)期限届满之日起 180 日内提出,逾期申请的,除有正当理由外,人民法院不予受理。

权利人申请人民法院强制执行具体行政行为,应当自行政机关申请人民法院强制执行期限届满之日起 90 日内向人民法院提出,逾期申请的,除有正当理由外,人民法院不予受理。

(3)起诉期限或者申请复议期限届满前,行政机关申请人民法院强制执行的,人民法院不予受理。但下列情形除外：

① 法律、法规另有规定的；

② 不立即强制执行可能给国家利益、公共利益或者他人合法权益造成不可弥补的损失的。有以上第 2 项情形的应当已报请高级人民法院批准。

（4）有下列情形的，不得向人民法院申请强制执行：

① 法律、法规赋予了行政机关强制执行权，但未规定可以申请人民法院强制执行的；

② 国防、外交等国家行为；

③ 行政机关对行政机关工作人员的惩戒、任免等决定；

④ 行政机关针对不特定对象发布的具有普遍约束力的规范性文件；

⑤ 限制人身自由的行政决定；

⑥ 执行内容不具体或者不明确，或具有其他不宜由人民法院执行之内容的具体行政行为。

（5）向本院申请强制执行具体行政行为应当符合下列条件：

① 具体行政行为依据法律、法规的规定，可以由人民法院强制执行；

② 具体行政行为已经生效并具有可执行内容；

③ 被申请人是具体行政行为所确定的义务人或者其义务继受人；

④ 被申请人对具体行政行为在法定期限内未起诉（或申请复议），并且在具体行政行为确定的期限内或者行政机关另行书面指定的期限内没有履行义务；

⑤ 申请人在法律、法规或者司法解释规定的期限内提出书面申请；

⑥ 被申请执行的非诉行政执行案件属于高级人民法院管辖。

三、递交材料

（一）代理律师应当代理申请人提交的材料

（1）强制执行申请书；

（2）据以执行的生效行政法律文书；

（3）申请人为作出该具体行政行为的行政机关的，还需提供具体行政行为合法的事实依据和规范性文件依据；

（4）法院认为应当提交的其他材料。

（二）执行申请书应当包括的内容

（1）申请人和被申请人；

（2）申请执行事项和理由；

（3）申请执行的标的；

（4）可提供的证明被申请人财产状况的材料和线索；

（5）其他应当说明的事项。

申请人委托代理人的,应当向本院提交授权委托书。委托书应当经委托人签字并盖章,写明委托事项和代理权限。

四、律师代理行政执行案件的主要工作内容

（1）律师应告知委托人,对于逾期申请执行,除有正当理由外,人民法院不予受理。

（2）申请人的代理律师应代理申请人撰写执行申请书。

（3）申请人的代理律师应代理申请人在法定期限内向人民法院提交申请执行书、据以执行的生效法律文书,以及其他必须提交的材料等。

（4）申请人的代理律师可以代理申请人向人民法院提出财产保全的申请。

（5）律师应对人民法院裁定执行中止的事实与理由进行审查,确定是否提出执行中止的异议,协助委托人做好执行程序的恢复准备工作。

（6）律师应严格审查人民法院终结执行是否符合法律规定;对于不符合条件的终结执行,律师应代理委托人及时提出异议。

（7）律师可根据案件的性质及被执行人的执行能力等情况,提请委托人注意是否申请延期执行。

（8）可执行回转的案件,律师可代理委托人提出执行回转申请,协助委托人提出有利于回转执行的措施。

五、代理执行申请人的工作要点

（1）代理申请强制执行。

① 审查案件;

② 确定执行法院;

③ 提交执行申请书和相关证据;

④ 申请财产保全。

（2）代理申请执行人民法院的生效行政裁判。

（3）审查执行中止、终结是否合法。

📖 **知识拓展**

执行申请书

申请人:(行政机关、法人或其他组织)名称:＿＿＿＿＿＿　住所地:＿＿＿＿＿＿

法定代表人:＿＿＿＿＿＿。

（自然人）姓名：_____ 性别：____ 出生时间：_____ 民族：____

工作单位：_____ 住址：_____ 邮编：_____

联系电话：_____。

委托代理人：（律师）姓名：_____ 所属律所：_____。

（公民）姓名：_____ 性别：____ 出生时间：_____ 民族：____

工作单位：_____ 住址：_____ 邮编：_____

联系电话：_____。

被申请人：（自然人）姓名：_____ 性别：____ 出生时间：_____ 民族：____

工作单位：_____ 住址：_____ 邮编：_____

联系电话：_____。

（法人和其他组织）名称：_____ 住所地：_____

法定代表人：_____。

申请执行的事实和理由：_____（简要写明生效法律文书主要内容，相关义务履行情况，需要强制执行的内容）

此致

_____人民法院

_____申请执行人（签名或盖章）

_____年____月____日

第五节　律师承办涉外行政案件应注意的问题

涉外行政诉讼是指外国人、无国籍人、外国组织或者我国港澳台地区的自然人、法人或其他组织认为我国行政机关的具体行政行为侵犯了其合法权益，依照我国《行政诉讼法》向人民法院提起诉讼，或者因与我国行政机关作出的具体行政行为有法律上的利害关系，依法参加诉讼，并由我国人民法院进行审理并作出裁判的活动。它具有下列特征：

（1）涉外行政诉讼是人民法院解决发生在中华人民共和国领域内的涉外行政争议的活动。

（2）涉外行政诉讼的原告或者第三人必须是外国人、无国籍人、外国组织或我国港澳台地区的自然人、法人或其他组织否则就不构成涉外行政诉讼。

（3）涉外行政诉讼的被告只能是我国的行政机关，即涉外行政诉讼的被告具有恒定性。

（4）涉外行政诉讼争议的标的是我国行政机关作出的涉及外国人、无国籍人、外国组织权益或者我国港澳台地区的自然人、法人或其他组织的具体行政行为。

（5）涉外行政诉讼必须依据我国法律进行。

一、注意涉外行政诉讼的管辖

随着我国对外经济贸易和国际交往的不断扩大，涉外行政案件的数量逐渐增多，一般的涉外行政案件由基层人民法院进行一审管辖，但下列涉外行政案件由中级以上人民法院作为一审管辖法院。

（1）重大、复杂的涉外行政案件由中级以上人民法院一审管辖。重大、复杂的涉外行政案件包括：

① 被告为县级以上人民政府的涉外案件。

② 争议标的数额较大的涉外案件。

③ 社会影响重大的涉外共同诉讼、集团诉讼案件。

④ 其他重大、复杂案件。

（2）国际贸易行政案件由中级以上人民法院一审管辖。

（3）反倾销、反补贴行政案件由被告所在地高级人民法院指定的中级人民法院，或者由被告所在地的高级人民法院一审管辖。

二、涉外行政诉讼参加人

（一）涉外行政诉讼的原告

涉外行政诉讼的原告是指认为我国行政机关及其工作人员的具体行政行为侵犯其合法权益，而向人民法院提起行政诉讼的外国人、无国籍人、外国组织或者我国港澳台地区的自然人、法人或其他组织。

（二）涉外行政诉讼的被告

涉外行政诉讼的被告是指实施了作为原告的外国人、无国籍人、外国组织或者我国港澳台地区的自然人、法人或其他组织认为的侵犯其合法权益的具体行政行为，人民法院受理了原告的诉讼请求后，接到法院的受案通知而参加到行政诉讼中来的中国行政机关或法律、法规授权的组织。

（三）涉外行政诉讼第三人

涉外行政诉讼第三人是指同提起行政诉讼的具体行政行为有利害关系，为了维护自己合法权益而应我国法院的通知或自己请求参加到行政诉讼中来的人。

（四）涉外行政诉讼的代理人

涉外行政诉讼的代理人是指为维护当事人的合法权益，保证诉讼正常进行，以当事人的名义参加到涉外行政诉讼中来的人。

外国人、无国籍人、外国组织在中华人民共和国进行行政诉讼,需要委托律师代理诉讼的,根据我国《行政诉讼法》第100条的规定,应当委托中华人民共和国律师机构的律师。

外国人、无国籍人、外国组织或者我国港澳台地区的自然人、法人或其他组织委托中国律师担任诉讼代理人的具体程序与中国公民委托律师的程序相同。

但是如果该外国人、无国籍人、外国组织或者我国港澳台地区的自然人、法人或其他组织在中华人民共和国领域内没有住所的,其委托书要通过域外寄交或托交的,应当经所在国公证机关证明,并且经我国驻外使领馆认证,或者履行我国与该国订立的有关条约中规定的证明手续后,才具有效力。

如果我国在该国没有使领馆,授权委托书可以先经所在国公证机关公证,再经与我国、该国均有外交关系的第三国使领馆认证,再转由中国驻第三国的使领馆认证,方具有法律效力。

三、涉外行政诉讼的法律适用

涉外行政诉讼的法律适用,是涉外行政诉讼中的核心问题,涉外行政诉讼适用的法律包括:

(1)适用我国国内有关的行政法律、法规,参照规章。

(2)适用我国行政诉讼法和民事诉讼法。

(3)适用我国的司法解释。

(4)适用有关的国际条约。

四、涉外行政诉讼选择法律适用的规则

涉外行政诉讼适用的法律规范是由若干不同的规范组成的,如行政诉讼法的一般规定与专门适用于涉外行政诉讼的特别规定,国内法的规定与有关国际条约的规定等。这就不可避免地会产生法律规范的冲突问题以及发生冲突后如何选择法律适用的问题。在此阐述两个选择适用规则:

(1)特别规定优于一般规定。

(2)国际法优于国内法。

五、涉外行政诉讼的原则

(一)主权原则

主权原则在涉外行政诉讼中具体表现为:

(1)外国人、无国籍人、外国组织在我国境内发生行政争议,一律由我国人民法院管辖。

(2)人民法院在审判涉外行政案件时,只能适用我国的法律、法规,以及我国缔结或

参加的有关国际条约。

（3）外国人、无国籍人、外国组织参加涉外行政诉讼，必须使用我国通用的语言、文字。

（4）凡需要委托律师代理诉讼的，应当委托中华人民共和国律师机构的律师。

（5）我国人民法院审理涉外行政案件作出生效裁判，对作为当事人的外国人、无国籍人、外国组织具有法律约束力，其必须接受我国人民法院的裁判，并有义务履行。

（二）同等原则

同等原则具体包含两层意思：

（1）外国人、无国籍人、外国组织在我国进行行政诉讼，与我国公民、组织有同等的诉讼权利和义务，并不因为其是外国人而受到限制和歧视。

（2）涉外行政诉讼的同等原则，只适用于诉讼法上的权利和义务的同等，不适用于实体法的权利和义务。

（三）对等原则

它是指外国法院对我国公民、组织的行政诉讼权利加以限制的，我国人民法院对该国公民、组织的行政诉讼权利也采取相应的限制措施，使该国公民、组织在我国的行政诉讼权利与我国公民、组织在该国的行政诉讼权利对等。

六、涉外行政诉讼的期间与送达

（一）涉外行政诉讼的期间

在涉外行政诉讼中，延长诉讼期间的特别规定有：

（1）上诉期间。居住在域外的当事人，不服一审人民法院判决、裁定的，其上诉的期间为 30 日。

（2）答辩期间。居住在域外的被上诉人，在收到上诉状副本以后，提出答辩状的期间为 30 日。

（3）送达期间。居住在域外的当事人，邮寄、公告送达诉讼文书的期间为 6 个月。

（二）涉外行政诉讼的送达

它适用于在中华人民共和国领域内没有住所的当事人，具体包括两种情况：

（1）在我国领域内没有住所的外国人、无国籍人、外国组织。

（2）在我国领域内没有住所的中国公民。

人民法院对在中国领域内没有住所的当事人送达诉讼文书，可以采用下列方式：

（1）依条约规定的方式送达。

（2）通过外交途径送达。

（3）委托使领馆送达。

（4）向委托代理人送达。

（5）向代表机构、分支机构或业务代办人送达。这种送达方式主要针对受送达人是外国企业或组织而言。

（6）邮寄送达。受送达人所在国的法律允许邮寄送达法律文书的，可以邮寄送达，自邮寄之日起满 6 个月，送达回证没有退回，但根据各种情况足以认定已经送达的，期间届满之日视为送达。

（7）公告送达。通过上述方式无法送达或难以送达的，可以公告送达。公告送达是将应送达的诉讼文书张贴于法院公告栏内，同时将公告送达事项公布在全国性报纸上，自公告之日起满 6 个月，即视为送达。

 延伸阅读

涉外行政诉讼的独特之处

（1）主体的涉外性。由于行政诉讼的被告只能是我国国家行政机关或者法律、法规授权的组织，所以只有行政诉讼原告和第三人中至少有一方是外国人或者外国组织，才能形成涉外行政诉讼。当事人是港澳台地区的居民和组织的行政诉讼不属于涉外行政诉讼，只是考虑到这三个地方的特殊性，行政诉讼中具体问题的处理可以参照涉外行政诉讼的规定。

（2）行政诉讼发生地点的特定性。包括两种情形：一是具体行政行为必须发生在我国领域内，由我国的国家行政机关或者法律、法规授权的组织进行处理；二是外国当事人在我国人民法院提起行政诉讼或者参加到在我国法院进行的行政诉讼中。

（3）原则和制度的特殊性。涉外行政诉讼在原则和制度上有许多不同于一般行政诉讼的特点，我国行政诉讼法作出了详细规定。

 实训练习

不定项选择题

1. 某公安局以刘某引诱他人吸食毒品为由对其处以 15 日拘留，并处 3000 元罚款的处罚。刘某不服，向法院提起行政诉讼。下列哪些说法是正确的？（ ）

A. 公安局在作出处罚决定前传唤刘某询问查证，询问查证时间最长不得超过 24 小时

B. 对刘某的处罚不应当适用听证程序

C. 如刘某为外国人,可以附加适用限期出境

D. 刘某向法院起诉的期限为 3 个月

2. 在行政诉讼中,针对下列哪些情形,法院应当判决驳回原告的诉讼请求?(　　)

A. 起诉被告不作为理由不能成立的

B. 受理案件后发现起诉不符合起诉条件的

C. 被诉具体行政行为合法,但因法律变化需要变更或者废止的

D. 被告在一审期间改变被诉具体行政行为,原告不撤诉的

3. 2009 年 3 月 15 日,严某向某市房管局递交出让方为郭某(严某之母)、受让方为严某的房产交易申请表以及相关材料。4 月 20 日,该局向严某核发房屋所有权证。后因家庭纠纷,郭某想出售该房产时发现房产已不在名下,于 2013 年 12 月 5 日以该局为被告提起诉讼,要求撤销向严某核发的房屋所有权证,并给自己核发新证。一审法院判决维持被诉行为,郭某提出上诉。下列哪些说法是正确的?(　　)

A. 本案的起诉期限为 2 年

B. 本案的起诉期限从 2009 年 4 月 20 日起算

C. 如诉讼中郭某解除对诉讼代理人的委托,在其书面报告法院后,法院应当通知其他当事人

D. 第二审法院应对一审法院的裁判和被诉具体行政行为是否合法进行全面审查

第十一章
律师担任法律顾问

学习目标

1. 掌握律师担任法律顾问的职责，了解律师担任法律顾问的方式；
2. 掌握律师担任法律顾问合同的主要内容；
3. 了解律师担任政府法律顾问应注意的问题；
4. 了解律师法律顾问的业务范围，了解公职律师试点工作的现行模式。

引导案例

  世界上很多发达国家均充分认识到法律顾问的重要作用，聘请大量的企业法律顾问为其公司的经营和管理提供法律服务，律师和会计师成为公司的左肩右膀。据考察，美国通用电气公司有企业法律顾问（属公司员工）有800多人、总部保持在80～100人；德国西门子公司在全球有法律顾问400余人；埃克森-莫比尔公司共有法律顾问700余人、总部17人；法国埃尔夫石油公司在全球有500余名法律顾问，波音公司的法律顾问232人，占波音公司高管人员的46%。

第一节　律师担任法律顾问概述

一、律师担任法律顾问概念

  因中国律师制度起步晚，法律意识淡薄，对法律顾问的作用也没有充分予以认可。从中国传统观念上看，通常有纠纷才会想到请律师，律师的作用仅限于遇到纠纷时，通过打官司解决纠纷的人。因此很多企业在没有法律顾问的情况下，仅凭自己以往的经验或惯例，处理公司各方面的事务，这为公司日后发展埋下了法律风险，在出现法律纠纷时，因各种证据的不足,常常导致在诉讼中处于被动局面。

随着法律意识的提高,企业也逐渐认识到控制法律风险的重要性,聘请法律顾问也成为企业发展必不可少的条件之一。

律师担任法律顾问的法律依据有《中华人民共和国律师法》(以下简称《律师法》)《司法部关于律师担任政府法律顾问的若干规定》《司法部关于律师担任企业法律顾问的若干规定》等相关规定。依据《律师法》第 28 条规定,接受自然人、法人或者其他组织的委托,担任法律顾问是执业律师的主要业务之一。法律顾问是指律师依法接受公民、法人或者其他组织的聘请,以自己的专业知识和技能为聘请方提供多方面的法律服务的专业性活动。

在当前的现代社会下,法律顾问制度逐渐受到重视,目前各级政府以及很多政府职能部门都聘请律师担任常年法律顾问,大中型公司和企业聘请法律顾问已成为一种常态,公司内部设法务部门的也不少。

律师作为熟悉法律的专业人才,是国家法治建设的中流砥柱,律师担任法律顾问的优势越来越突显,使聘用单位更加规范化、合法化经营,可防范风险、控制风险以及化解风险,使受聘单位在法律的保驾护航下,得到更健康的发展。

二、律师担任法律顾问种类

律师担任法律顾问按照服务对象区分,可分为政府法律顾问、单位法律顾问和个人法律顾问;按照服务期限区分,可分为常年法律顾问和专项法律顾问。政府法律顾问是指律师接受国家政府机关、政府职能部门的聘请担任法律顾问。单位法律顾问是指律师接受企事业单位、社会团体的聘请担任法律顾问。其职责主要是为单位的经营管理和其他业务活动提供法律服务。

个人法律顾问是指律师接受公民的聘请担任法律顾问,其职责主要是为公民参与社会活动,包括处理家庭有关事务提供法律服务。常年法律顾问是指聘请方与律师事务所在聘请合同中约定聘请期限为一年以上的法律顾问。专项法律顾问是指法律顾问依据聘请合同的约定,就聘请方的某一项或某几项业务提供法律服务。

三、律师担任法律顾问职责

法律顾问的职责可以总结为事前防范、事中控制和事后化解三个内容。

在事前防范上,为了在从源头上消除风险隐患,尽量减少将法律风险转化为法律危机。法律风险可分为刑事法律风险、行政法律风险和民事法律风险。对于刑事法律风险,聘用单位一旦违反刑事法律,受到刑事处罚,除了面临罚金等刑事处罚外,其直接负责人员或直接责任人员可能要受到刑事处罚。

在行政法律风险上,特别是企业,在生产、经营过程中若违反相关法律、法规,可能会被吊销营业执照、行政拘留。这会给企业造成负面影响,影响企业的信用,会给企业造成重大损失。对于民事法律风险,主要的事前防范在于合同风险的防控,在签订合同时,根据企业具体情况,综合考虑合同的可操作性以及潜在的风险。

在事中控制上,顾名思义,控制风险是通过一定的手段促使风险朝着行为人与其的方向发展的行为和过程。比如,在履行合同的过程中,会出现各种合同没有约定或者不按合同约定履行合同的情形。此时,为了避免今后发生更大的纠纷或者造成更大的损失,顾问律师可以协调、协商等各种方式促使合同顺利履行。律师在熟悉交易事实的基础上,主动运用自己的专业知识和实务经验,从专业角度审查和判断,提出独立的控制风险的意见。

从事后化解上,化解风险是律师的主要工作之一。顾问律师应最大限度地避免商业纠纷或诉讼,即使面临诉讼,也应以最恰当的方式和最有效的手段予以解决。严格来说,诉讼并不能给企业带来经济效益,也不能给企业增值。诉讼往往是解决矛盾的最后的选择。作为企业法律顾问,顾问单位遇到问题时,应首先选择发送律师函、组织协商调解等非诉方式解决问题,即使提起诉讼,也应权衡利弊,仔细研究,这样才能更好地实现诉讼目的。

四、律师担任法律顾问的服务方式

在实践中,律师向受聘方提供法律服务的方式可以是灵活多样的。具体的方式可以依据受聘方的诉求,考虑受聘方自身的业务特点等因素,双方协商一致后,选择律师的工作方式。

(一)现场法律服务与非现场法律服务

现场法律服务可以区分为驻场法律服务与当场法律服务两种方式。驻场方式是指律师事务所指派顾问律师到受聘方办公地点按约定时间上下班,提供长期或定期的现场法律服务。聘用单位为大公司时,为保持与大公司及时沟通,提供服务质量与效率,长期维持良好的关系,并更好地寻求二次合作的机会,很多律师事务所会主动选择驻场法律服务。驻场时间通常约定每周特定几天的情形较多。驻场法律服务对后续合作机会的把握是十分关键的。当场法律服务是依据合同的约定,在公司需要时,指派顾问律师到聘用单位指定地点提供法律服务的方式。当场提供法律服务是当场解决聘用单位面临的问题,进行面对面的沟通,服务的效率和效果会更好。但对于律师事务所而言,其时间成本和经济成本均不低。不管选择何种服务方式,应符合公司的需求和具体情况。

在顾问律师提供法律服务的过程中,非现场法律服务是一种常态。如通过电话、邮件、微信等方式进行法律咨询,或者通过电话会议或视频会议提供法律咨询,律师在自己的办公场所为公司审核合同等各类法律文件、出具各种律师函或者法律意见书等。非现场法律服务可以节省在路途上的时间成本,可以在更有效的时间内提供法律服务。

(二)口头法律服务与书面法律服务

在提供法律服务的过程中,以是否出具书面文书为基准,可划分为口头与书面法律服务。此种区分无法从严格意义上予以区分。典型的口头法律服务是电话咨询。聘用单位在遇到法律问题需要咨询顾问律师时,通常会拨通顾问律师的电话进行口头咨询,既方便又快捷。除了电话咨询以外,工作例会、视频会议、参与谈判、培训或讲座等均为口头法律服务。

口头法律服务虽有其及时性的优点,但是通常需要即时回答问题,因此难免在有些问题上考虑不周全或者存在漏洞,因此在提供口头服务的过程中,应留有余地回答问题,对无法完全把握的问题,在充分考虑和研究确认后,应及时补充或修正,以免发生律师执业的风险。

书面法律服务为比较正式的法律服务方式。书面法律服务有很多形式。顾问律师出具书面的法律文书,用语应规范,应当符合法律服务行业及律师事务所对法律服务的规范与要求。书面法律服务包括对聘用单位相关的合同或者其他法律文书进行审核或修改,出具《法律意见书》《律师函》《律师尽职调查报告》《法律风险提示书》等法律文书。

综上,不同的法律服务方式所产生的工作量和工作效果是不同的,相应地,法律服务费也是不同的。顾问律师提供法律服务的方式并不是单一的,按照公司实际情况和需求,可同时采取多种服务方式。各类服务方式都有各自的优点和缺点,无优劣之分。具体的服务方式可与律师事务所充分协商后在合同中约定。

第二节　律师顾问合同

律师事务所受聘担任聘请人的法律顾问,必须签订法律顾问合同,法律顾问合同是法律顾问关系成立的唯一证明。聘请律师担任法律顾问的单位或个人,都应该和顾问律师所属的律师事务所签订委托聘请合同或者律师顾问合同。律师担任法律顾问、开展法律顾问业务、提供法律服务的依据是双方所签订的律师顾问合同。

一、律师顾问合同主要内容

律师事务所在接受聘请担任法律顾问之后,应与聘方协商一致后,签订律师顾问合同。律师顾问合同是确定双方权利义务关系的一种协议。通常包括以下几个方面内容。

(1)合同的名称;

(2)合同双方的名称或姓名、地址;

（3）合同双方法定代表人的姓名、职务、住址；

（4）律师事务所指派的律师的姓名、职务、住址；

（5）顾问律师的工作内容、职责范围；

（6）顾问律师的工作时间、工作方式；

（7）顾问律师的聘用期间；

（8）顾问费用、付款方式；

（9）合同生效和有效期限；

（10）合同变更或解除条件；

（11）违约责任和处理方法；

（12）争议的解决；

（13）签署合同的法定代表人，以及合同签订时间。

二、签订律师顾问合同应注意的问题

在签订聘请律师作为法律顾问的合同时，为了防止在合同的履行过程中发生纠纷，主要应注意如下几个问题：

（一）法律顾问合同的主体是聘请单位和律师事务所

聘请单位是和律师事务所签订合同，而不是具体担任法律顾问的律师签合同。在合同的履行过程中，律师事务所是合同的主体，由其享受权利，并承担义务。

（二）了解律师顾问的专业特长与服务经验，选择适合的法律顾问

因律师的业务范围的不同，在选择顾问律师上，应考察该律师的专业方向和执业方向。该律师是否足够专业、是否有丰富的实务经验。因提供具体法律服务的是顾问律师，不应仅凭律师事务所的名气而签订顾问合同，更应该注重顾问律师具备的能力和技能。

（三）合理选择符合聘用单位的服务方式

如前所述，在各种服务方式中，依据聘请单位的具体业务情况，合理选择律师的服务方式以及收费方式，如签订常年法律顾问合同还是专项法律顾问合同，服务方式选择现场还是非现场，费用支付方式按年费制还是计时收费等。

（四）合理认识律师顾问的作用

律师专攻于法律，对法律方面具有专业知识。律师提供的是法律服务，对聘用单位面临的各类法律问题提出合法性建议或论证以及处理问题的方案。顾问律师的法律意见会预防和减少法律风险，对于决策中存在的商业风险，不是律师的专长，律师是通过自身的专业素养和经验，发现法律漏洞和法律陷阱，为企业保驾护航。

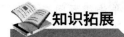

知识拓展

常年法律顾问合同

甲方：＿＿＿＿＿＿＿

法定代表人：＿＿＿＿＿＿＿

地址：＿＿＿＿＿＿＿

邮编：＿＿＿＿＿＿＿

电话：＿＿＿＿＿＿＿

乙方：＿＿＿＿＿＿＿市＿＿＿＿＿＿＿律师事务所

地址：＿＿＿＿＿＿＿

邮编：＿＿＿＿＿＿＿

电话：＿＿＿＿＿＿＿

甲方因业务发展和维护自身利益的需要，根据《中华人民共和国合同法》《中华人民共和国律师法》的有关规定，聘请乙方的律师作为常年法律顾问。

甲乙双方按照诚实信用原则，经协商一致，立此合同，共同遵守。

第1条　乙方的服务范围

乙方律师的服务内容为协助甲方处理日常法律事务，包括：

1. 解答法律咨询、依法提供建议或者出具律师意见书；

2. 协助草拟、制定、审查或者修改合同、章程等法律文书；

3. 应甲方要求，参与磋商、谈判，进行法律分析、论证；

4. 受甲方委托，签署、送达或者接受法律文件；

5. 应甲方要求，就甲方已经、面临或者可能发生的纠纷，进行法律论证，提出解决方案，出具律师函，发表律师意见，或者参与非诉讼谈判、协调、调解；

6. 应甲方要求，讲授法律实务知识；

7. 办理双方商定的其他法律事务。

未经双方协商同意，乙方的服务范围不包括甲方控股、参股的子公司，异地分支机构和其他关联企业的法律事务。

未经双方协商同意，乙方的服务范围不包括甲方涉及经济、民事、知识产权、劳动、行政、刑事等必须进入诉讼或者仲裁法律程序的专案代理事务，也不包括甲方涉及长期投资、融资、企业改制、重组、购并、破产、股票发行、上市等专项法律顾问事务。

第2条　乙方的义务

1. 乙方委派＿＿＿＿＿＿＿、＿＿＿＿＿＿＿律师作为甲方常年法律顾问，甲方同意上述律师指

派其他律师配合完成前述法律事务工作,但乙方更换律师担任甲方常年法律顾问应取得甲方认可;

2. 乙方律师应当勤勉、尽责地完成第1条第1款所列法律事务工作;

3. 乙方律师应当以其依据法律作出的判断,尽最大努力维护甲方利益;

4. 乙方律师应当在取得甲方提供的文件资料后,及时完成委托事项,并应甲方要求通报工作进程;

5. 乙方律师在担任常年法律顾问期间,不得为甲方员工个人提供任何不利于甲方的咨询意见;

6. 乙方律师在涉及甲方的对抗性案件或者交易活动中,未经甲方同意,不得担任与甲方具有法律上利益冲突的另一方的法律顾问或者代理人;

7. 乙方律师对其获知的甲方商业秘密负有保密责任,非由法律规定或者甲方同意,不得向任何第三方披露;

8. 乙方对甲方业务应当单独建档,应当保存完整的工作记录,对涉及甲方的原始证据、法律文件和财物应当妥善保管。

第3条 甲方的义务

1. 甲方应当全面、客观和及时地向乙方提供与法律事务有关的各种情况、文件、资料;

2. 甲方应当为乙方律师办理法律事务提出明确、合理的要求;

3. 甲方应当按时、足额向乙方支付法律顾问费和工作费用;

4. 甲方指定_____为常年法律顾问的联系人,负责转达甲方的指示和要求,提供文件和资料等,甲方更换联系人应当通知常年法律顾问;

5. 甲方有责任对委托事项作出独立的判断、决策,甲方根据乙方律师提供的法律意见、建议、方案所作出的决定而导致的损失,非因乙方律师错误运用法律等失职行为造成的,由甲方自行承担。

第4条 法律顾问费

乙方律师每个合同年度为甲方工作_____个小时。甲方委托事务不足小时数的,视为乙方律师完成了工作量;甲方委托事务超过小时数的,超出部分减按每小时_____元人民币计费。

乙方法律顾问费为年_____元人民币。自本合同生效后_____日内甲方向乙方支付_____元人民币;_____年____月____日之前再支付_____元人民币。

乙方户名:_____

开户行:_____

账号:_____

甲方就第1条第3款所列的专案代理事务或者专项顾问事务如果委托乙方办理,应向乙方另行支付代理费,由双方另订委托代理合同,乙方应优惠收费。

本合同到期终止后或者提前解除的,应当由双方书面确认并结清有关费用。

第 5 条 工作费用

乙方律师办理甲方委托事项所发生的下列工作费用,应由甲方承担:

1. 相关行政、司法、鉴定、公证等部门收取的费用;

2. _____ 市外发生的差旅费、食宿费,翻译费,复印费,长途通信费等;

3. 征得甲方同意后支出的其他费用。

乙方律师应当本着节俭的原则合理使用工作费用。

第 6 条 合同的解除

甲乙双方经协商同意,可以变更或者解除本合同。

乙方有下列情形之一的,甲方有权解除合同:

1. 未经甲方同意,擅自更换作为甲方常年法律顾问的律师的;

2. 因乙方律师工作延误、失职、失误导致甲方蒙受损失的;

3. 违反第 2 条第 5~8 项规定的义务之一的。

甲方有下列情形之一的,乙方有权解除合同:

1. 甲方的委托事项违反法律或者违反律师执业规范的;

2. 甲方有捏造事实、伪造证据或者隐瞒重要情节等情形,致使乙方律师不能提供有效的法律服务的;

3. 甲方逾期____日仍不向乙方支付法律顾问费或者工作费用的。

第 7 条 违约责任

乙方无正当理由不提供第 1 条规定的法律服务或者违反第 2 条规定的义务,甲方有权要求乙方退还部分或者全部已付的法律顾问费。

乙方律师因工作延误、失职、失误导致甲方蒙受损失,或者违反第 2 条第 5~8 项规定的义务之一的,乙方应当通过所其投保的执业保险向甲方承担赔偿责任。

甲方无正当理由不支付法律顾问费或者工作费用,或者无故终止合同,乙方有权要求甲方支付未付的法律顾问费、未报销的工作费用以及延期支付的利息。

第 8 条 争议的解决

本合同适用中华人民共和国《合同法》《律师法》《民事诉讼法》《仲裁法》等法律。

甲乙双方如果发生争议,应当友好协商解决。如协商不成,任何一方均有权将争议提交_____市仲裁委员会/中国国际经济贸易仲裁委员会,按照提交仲裁时该会现行有效的仲裁规则进行仲裁,仲裁裁决是终局的,对甲乙双方均有约束力。

或者

甲乙双方如果发生争议,应当友好协商解决。如协商不成,任何一方均有权向_____市_____人民法院起诉。

第 9 条　合同的生效

本合同正本一式两份，甲乙双方各执一份，由甲乙双方代表签字/并加盖公章，自_____年____月____日之日起生效。

第 10 条　合同的期限

本合同的期限为____年。

合同期满前____日内，由甲乙双方协商决定是否续签常年法律顾问合同。合同期满后，甲方交办的法律顾问工作延续进行的，甲方应当按第 4 条第 1 款规定的小时费标准按实际延续时间向乙方支付法律顾问费。

第 11 条　通知和送达

甲乙双方因履行本合同而相互发出或者提供的所有通知、文件、资料，均以扉页所列明的地址、传真送达，一方如果迁址或者变更电话，应当书面通知对方。

通过传真方式的，在发出传真时视为送达；以邮寄方式的，挂号寄出或者投邮当日视为送达。

　　　　　　　甲方：_____　　　　乙方：_____市_____律师事务所
　　　　　　　代表：_____　　　　代表：_____
　　　　　　　签约日期：_____　　签约日期：_____

第三节　律师顾问的业务范围

律师担任法律顾问的，应当按照约定为委托人就有关法律问题提供意见，草拟、审查法律文书，代理参加诉讼、调解或者仲裁活动，办理委托的其他法律事务，维护委托人的合法权益。律师担任法律顾问可分为担任政府法律顾问、企业法律顾问、个人法律顾问。对于政府顾问的业务范围将在后面的内容中涉及，本节主要就企业法律顾问、个人法律顾问进行阐述。

一、企业法律顾问业务范围

随着经济的高速发展，企业是社会经济发展的主导力量，企业在发展和壮大的过程中，面临着各种各样的风险，政府也不断制定规范和调整企业行为的各项法律、法规、规章，企业如果没有顾问律师或者从事法务工作的人员，企业面临的法律风险远高于市场风险。因此越来越多的企业开始聘请律师担任法律顾问。律师作为企业法律顾问的工作范围主要包括下列几个方面。

（一）解释或解答企业日常经营管理活动中遇到的法律问题

律师作为企业法律顾问，企业在发展过程中，会遇到各类法律问题。顾问律师应全面掌握企业的基本情况和有关的法律、法规政策后，对企业决策的合法性、可行性提出法律建议。

法律建议主要有可行性法律分析和风险分析。市场对从事生产经营活动的企业来说，又有机遇，也有风险。顾问律师应对企业决策可能带来的法律风险进行分析后，针对具体的法律风险制定相应的法律防范措施。

（二）为企业起草、审查各类合同以及法律文书

这是顾问律师做得最多的业务之一。企业在经营管理过程中，所签订的合同是企业经济行为的法律形式，直接关系到企业的最切身的利益。企业在发展过程中，会涉及签订各种类型的合同。例如，采购合同、销售合同、运输合同、抵押合同、贷款合同、招投标合同、劳动合同等，对合同签订的主体、交易安排、合同履行程序及过程、违约责任、合同救济等主要内容进行严格审核和把关。并且，顾问律师可根据公司的需要，签发律师函、律师声明、律师公告等。

（三）参与企业重大经济活动的谈判或洽谈

公司通常通过一系列的谈判或洽谈，与交易方签订合同，并实现公司的利益。顾问律师参加企业重大的谈判活动，应做好谈判前期准备，为企业的利益最大化提供法律帮助，比如，收集与整理谈判内容相关的法律、法规以及政策；起草、审查谈判中所需的各种法律文书；协助企业制订谈判方案等，律师在谈判的过程中应及时提供法律意见。

（四）为企业建立健全各项规章制度

企业内部建立的健全的规章制度，有助于企业事项规范化、科学化管理，企业的规章制度不仅要符合企业具体的生产、经营的要求，也不得违反法律、法规的强制性规定。作为顾问律师，应为企业制定符合企业现实要求的企业合同管理制度、产品质量管理制度、劳动人事管理制度等内部管理制度。该内部管理制度不仅要规范化，也应合法化，并具有可操作性。

由于国家法律法规对企业面临的具体事宜不可能进行非常详尽的规定，这种情形下，企业的内部规章制度在管理中可以起到类似于法律的效力，并在人民法院审理中可作为争议案件的依据。因此，企业合法完善的规章制度起到了补充法律规定的作用，有利于保护企业正常运行和发展。

（五）对企业员工进行法律培训、进行法制宣传

顾问律师根据企业的具体情况，根据不同部门的性质和业务特点进行有针对性的法律培训，举办各业务部门的培训班，学习与企业经营相关的法律、政策，提高业务人员的

素质,提前预防法律纠纷的发生。根据公司的需要,会同人力资源部培训员工和进行法治教育、法律宣传。公司的经营、管理等都是通过每一个员工来完成的,员工的法律意识强弱和法律知识掌握的多少直接影响着公司的利益。

因此,公司在人员法律风险上也必须予以防范。为提高公司员工的法律意识,法律顾问可以根据各部门的职责,有针对性地对员工进行法律培训,使之熟悉业务相关的法律知识,在具体工作中明确自身行为的法律责任;不定期向公司介绍宣传国家和地方新颁布的与企业密切相关的法律法规。公司的经营与现行法律息息相关,熟悉并掌握与公司相关的最新法律法规,有利于公司对自己的经营、管理行为等做出及时的决策,从而使公司抓住更多的潜在的机遇,为公司谋利。

(六) 代理公司行政、民事、刑事领域的诉讼或仲裁

企业合法权益受到侵犯或与他人发生争议时,通常有协商、调解、仲裁和诉讼4种可供选择的方式,律师可以根据实际情况,帮助企业选择最为有利的解决争议方式,并可以接受企业委托,代理其参加协商、调解、仲裁或诉讼活动,充分利用法律赋予律师的权利和自己掌握的法律知识调查取证,查明事实,据理力争,尽快解决纠纷,维护企业合法权益。虽然法律顾问的重点在于防范公司经营中的法律风险,但在公司出现法律纠纷时,法律顾问由于对公司的情况比较熟悉,能有针对性地收集对公司有利的证据,从而更好地维护公司的合法权益。

(七) 及时处理企业面临的其他相关问题

对于聘用单位正在违约的合同,要在对方接受的前提下,明确责任,签订补充协议,以消除承担违约责任的后果,尽量减少财产损失。对于企业口头合同,尽快用书面合同固定下来,采取措施留下书面的证据。对于快要超过诉讼时效的债权要尽快起诉,无法起诉时,要用书面形式进行公示催告以中断诉讼时效。对于面临的其他纠纷,区别轻重缓急,一一进行解决,尽最大努力维护聘请单位的合法权益,起到法律顾问的作用。

 小贴士

胡某和杨某利用自己成熟的客户资源,打算设立一家有限责任公司。便按照工商局要求提交的材料办理公司设立登记,注册资本1000万元,其中胡某占70%的股份,并担任法定代表人。杨某占30%的股份,并担任公司的经理,另外聘请了监事人员。公司经营范围是铝塑板的生产和销售,其产品品牌名称为"吉美"。

营业执照颁发以后,胡某便着手联系采购生产设备,铝塑板的生产原材料等;杨某负责招聘公司各个部门所需的工作人员。成立了销售部门、生产部门、办公室、人力资源部门等,并明确各个部门的工作职责和工作任务。各项工作准备就绪后,公司就正式经营运作。因资金周转的需要,在商业银行办理贷款手续,并以生产设备作为抵押贷款500

万元。在公司的经营过程中,每一个部门因为工作原因和外界不同的部门打交道,有工商局、税务局、质检局、劳动局等;因为要生产和销售产品,就要和采购商、建设单位、经销商、广告公司等企事业单位打交道。因公司的运作是要靠公司的员工来完成,所以对内还涉及规章制度的制定和人员的管理等。

二、个人法律顾问业务范围

公民个人聘请法律顾问是律师的一项重要业务。随着公民个人的法律意识的提高,公民聘请法律顾问也逐渐进入了公民的日常生活。公民法律顾问的业务范围主要包括以下几个方面。

(一)为公民的经营活动提供法律服务

个体工商户、农业承包户等公民在经营管理活动中,会遇到各种法律问题,顾问律师对其各种法律风险提供法律意见,如所涉及的经营业务是否符合法律规定,是否需要办理特别审批或许可证,如何尽量减少经营中的法律风险等。法律顾问在经营初期提前介入,可更有效地保障和保护公民的合法权益。

(二)为公民的日常生活提供法律服务

公民在学习、生活、工作中会遇到很多法律问题,比如,婚姻问题、继承问题、收养问题、劳动合同问题、未成年人保护问题等。顾问律师可及时解答公民提出的问题,及时解决公民面临的问题,最终有利于促进社会的稳定。

(三)为公民代书法律文书

为公民代书遗嘱,起草合同、协议等。

(四)代理参加公民的诉讼、调解和仲裁活动

公民通常缺乏参加诉讼、调解或仲裁活动的法律专业知识,顾问律师代理公民参加这些活动,可维护公民的合法权益,保护公民的人身权、财产权不受侵犯,可使公民合法行使自己的权利。

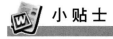 小贴士

法律意见书

_____律师事务所关于_____股份有限公司

以通讯方式召开_____年第____次临时股东大会的法律意见书

_____律股字(____)第__号

致：_____股份有限公司

根据《中华人民共和国公司法》（以下简称《公司法》）、《上市公司股东大会规范意见（2000年修订）》（以下简称《规范意见》）及《_____股份有限公司章程》（以下简称《公司章程》）的规定，受_____股份有限公司（以下简称公司）之委托，_____律师事务所（以下简称本所）指派_____律师出席了公司_____年第一次临时股东大会，并依照有关法律、法规、规范性文件，对公司本次临时股东大会的召集、召开程序、参加通讯表决的股东资格及会议表决程序等事宜进行了审查，现发表法律意见如下：

一、本次股东大会的召集、召开程序

1. 公司本次临时股东大会的审议事项为《董事会基金修正案》，根据《规范意见》的规定，公司可以采用通讯表决方式进行表决。

2. 公司董事会已于_____年____月____日在《中国证券报》和《上海证券报》上刊载了《A股份有限公司以通讯表决方式召开_____年第____次临时股东大会的通知》。该通知载明了会议日期、方式、参加对象、股权登记日、审议事项、联系方式、通讯表决票等内容。

3. _____年____月____日，公司本次临时股东大会依会议通知如期举行，并在公司会议室以通讯表决方式召开。会议召开涉及的时间、方式及其他事项与前述会议通知披露的一致。

经本所律师审查，公司本次临时股东大会的召集、召开程序符合《公司法》《规范意见》和《公司章程》的规定。

二、参加通讯表决股东资格的合法有效性

截至_____年____月____日，公司共收到有效表决票____张，代表股份____股，占公司股份总数的____％。

经本所律师审查，上述参加表决股东的资格均符合《公司法》《规范意见》《公司章程》及其他有关法律、法规的规定。

三、本次临时股东大会的表决程序

本次临时股东大会审议了会议通知中列明的《董事会基金修正案》，并以记名方式进行了表决。

在本所律师的见证下，公司的工作人员对表决情况进行了统计。表决结果为：同意____股，占到会有效表决权股份的____％；反对0股，占到会有效表决权股份的0％；弃权____股，占到会有效表决权股份的____％。

根据表决结果，《董事会基金修正案》获得通过，该表决结果当场宣布。

本所律师认为，本次股东大会的表决程序符合《公司法》《规范意见》《公司章程》及其他有关法律、法规的规定，表决结果合法有效。

四、结论意见

综上所述，本所律师认为，公司本次临时股东大会的召集、召开程序、参加通讯表决股东的资格及本次临时股东大会的表决程序均符合《公司法》《规范意见》《公司章程》及其他有关法律、法规的规定，会议形成的决议合法、有效。

_____律师事务所

经办律师：_____

_____

_____年___月___日

第四节　担任政府法律顾问应注意的问题

我国的政府法律顾问制度始于 20 世纪 80 年代，它经历了从试点到逐步成熟的不同阶段。1988 年 9 月深圳市人民政府最早成立了市政府法律顾问室，当时主要为政府提供经济领域的法律事务咨询。1989 年司法部发布了《关于律师担任政府法律顾问的若干规定》，1993 年国务院批准了《司法部关于深化律师工作改革的方案》，明确提出在国家机关等有关部门和单位中进行政府律师试点。1999 年 6 月吉林省组建了全国首家省级政府法律顾问团。

2014 年党的十八大做出《中共中央关于全面推进依法治国若干重大问题的决定》提出"深入推进依法行政，加快建设法治政府"，其中明确要求"积极推行政府法律顾问制度，建立政府法制机构人员为主体、吸收专家和律师参加的法律顾问队伍，保证法律顾问在制定重大行政决策、推进依法行政中发挥积极作用"。

从全国范围来看，目前已组建 8200 多个政府法律顾问机构，其人员主要由政府法制部门人员、公职律师、法学专家、执业律师等组成，其法律专业性大大加强。而在其中，担任政府法律顾问比较大的群体是律师群体。相关统计数据显示，截至目前，约有 23500 名律师受聘担任各级政府部门的法律顾问，占全国律师总数的 1/10 以上。

随着我国经济体制改革及社会主义法制建设的深入，政府在日常的行政工作中，面临着日渐繁杂和新颖的法律问题，面对的突发事情也日趋增多，能否充分做到依法行政既关乎着社会问题的解决，又影响着政府的权威、社会的公平正义。因此，急需设立政府法律顾问，为政府提供专业的法律服务。但目前政府对担任政府法律顾问的律师还不够重视，律师对政府法律顾问工作的积极性等方面也存在诸多问题，因此该制度还需要进一步完善。律师担任政府法律顾问有利于和谐社会主义的建设，但在担任政府法律顾问时,应注意如下几个方面的问题。

一、正视顾问律师与政府之间的地位

律师被政府聘用成政府法律顾问,是依据双方之间签订的聘用合同,是平等的民事法律关系,因此双方的法律地位是平等的,二者是服务与被服务的关系,管理与被管理的关系。另外,律师顾问为政府提供的服务是有偿服务。

但同时必须注意,律师顾问与政府之间并非体现为纯粹的经济利益关系,由于担任政府法律顾问亦是律师顾问参政议政的平台,因此律师顾问应当主动将自己为政府提供的有偿服务与自愿服务相结合。不能像对待一般的客户当事人那样,仅仅按照顾问合同上有约定履行,没有约定的则不愿意做。在特定情形下,基于社会公共利益的需要,顾问律师也有责任向政府提供必要的无偿法律援助服务。

二、应充分发挥律师法律顾问的作用,在法律原则性问题上应予以坚持

比如政府领导有时会限制律师参与政府事务、在政策与法律交叉的问题上,以政府政策为主,而忽视法律原则,导致顾问律师形同虚设。作为政府法律顾问,不应受到政府内部人员的影响,积极主动研究政府报告、政府的工作流程,深入仔细研究与政府制定的政策相关的法律规定,独立做出判断提出法律意见,敢于说"不",坚守法律原则,勇于维护法律的权威。

政府决策存在于内容广泛的政府行政活动之中,涉及所有行政管理事项,种类繁杂。按照依法行政的原则,所有的政府行政决策都必须合法,才能从源头上保证政府行政行为的合法性,尤其是一些重大决策,比如,城市改扩建、征地拆迁等,涉及面广,关系着人民群众的切身利益,若决策不慎,就有可能造成不可挽回的损失。

三、正确处理与政府法制工作部门之间的关系

律师作为法律顾问往往与政府法制工作部门共同为政府部门提供法律服务,为政府提出专业意见和建议,在职能上有一定的重叠,但是他们之间并不是竞争和可以代替的关系,而是互相协作、互相配合的关系。从性质来看,政府法制工作部门是依行政职能需要设立的政府内部机构,律师顾问是基于合同关系产生的外聘单位。

从认识立场来看,政府法制工作部门立足于政府机关内部,因此其观点往往具有倾向性;律师顾问的"外部人"身份往往能保证其认识处理问题的立场更为独立、角度更为客观。从权限来看,政府法制工作部门出具的法律意见是依职权、职责做出,通常具有决策方面意义;顾问律师的法律意见是基于合同义务做出,仅具参考价值。

从法律责任来看,政府法制工作部门体现为岗位责任,具有行政责任的性质,顾问律师体现为提供服务过程中的合同责任,是一种民事责任。正是基于上述的诸多差异,政

府法制工作部门与律师顾问不能相互代替,而相互配合共同为政府的依法行政提供法律方面的支持。

四、应转换角色,改变思维模式

政府顾问律师不仅服务对象以及工作环境不同,且处理问题的角度以及对工作思想的方式也不同,从法庭的角度来讲,律师可以为了维护当事人的合法权利,与对方当事人针锋相对、据理力争,但从政府的角度来讲,法律顾问是以政府法律顾问工作者的角色存在,同时解决问题的方式也不再是针锋相对及据理力争,而是深入的研究与商讨。

在政府法律顾问坚持原则的同时,将自己的合理建议反映给政府部门,如出现对自己意见不接受的情况时,也不会出现关系破裂的情形。

五、对负责的工作进行有效的定位

律师对不同政府部门提供法律顾问的服务时,需根据宏观性质以及各部门的特定,来对服务进行正确的定位,并重视法律顾问服务的效益与质量,从而为政府建设依法行政以及建立和谐社会提供高质量的服务。

一方面,现在社会纷繁复杂,随着经济的发展及改革的深化,各种社会矛盾浮出水面,法律顾问应帮助相关政府部门处理及预防好各种纠纷的发生;另一方面,政府在对重大项目进行决策时,努力实现论证和研究政府重大项目投资的相关法律。同时,应将自身的工作能力充分发挥出来,并对政府法律顾问的工作职责进行明确,努力提升自身的法律顾问业务技能。

第五节 律师担任企业法律顾问应注意的问题

 引导案例

2013年12月,北京市某律师事务所与北京某公司签订了法律服务合同,约定每年的法律顾问服务费为20万元,期限自2014年1月1日至2014年12月31日终止。根据双方合同约定,法律顾问费分两次分别在合同生效后、合同期满后支付。合同签订后,律所为公司提供了法律服务,某公司已按约定向律所支付了10万元服务费。

另外,双方在合同中约定,合同期满,该公司确认律所工作合格后,在收到律所出具的等额发票后10个工作日内支付剩余10万元法律顾问服务费,律所工作未能通过公司考核的,公司从未付合同款项中扣除法律顾问费,最高扣除和退还额度为合同总额的

20％,即 4 万元。到 2014 年 12 月底,某公司以电子邮件的形式向律所发出通知,告知该律所在法律服务方面存在的问题,称该律所代理公司诉讼过程中未能维护铁路信号公司的合法权益,拒绝支付剩余的法律服务费。

在处理该公司与一名员工的劳动争议仲裁一案中,因该律所对案情把握不准确,致使公司在仲裁阶段败诉,但此后公司另行委托其他律所的律师代理,并在诉讼过程中取得了一审和二审的胜诉。另外,该律所未及时对公司存在的法律风险给予诊断、识别,也未有效整理分类法律法规协助公司建立法律法规电子文库。律所认为已按合同约定全面履行了合同义务。就此双方产生了争议。

END

如上述案例,律师在担任企业法律顾问的过程中,因各种原因,被聘用单位认为未尽到作为企业法律顾问的义务,没有发挥到企业法律顾问的作用。因此律师在担任企业法律顾问时,应注意如下几个问题。

一、明确定位,坚持原则

顾问律师是企业的法律参谋,具有平等的地位,在工作上也具有相对独立性。顾问律师与企业地位虽是平等的,但作为企业的法律顾问服务于企业。在提供法律服务的过程中,律师应独立思考,向企业提出合法合理的法律意见和建议,以预防风险为主,明确自己的权利和义务,坚持依法办事,维护企业的合法权益,而不应受企业领导的过多影响,所提出法律意见具有倾向性。

实践中,律师不应过多干涉企业内部事宜。该坚持的原则应坚持,不能无原则地工作,在依法的情况下,有技巧性地竭力维护企业合法权益。同时要有自己的人格尊严和思想立场。

二、相互了解,良性沟通

有的企业对法律顾问的作用了解得不多,甚至,有的企业领导把法律顾问工作片面理解为在出现纠纷诉讼时才发挥作用。反过来,律师有时也不了解企业的经营现状和人事管理,常常感到不知从哪里开始下手。因此律师作为企业法律顾问,有必要通过各种渠道和途径加强互相之间的沟通,帮助企业确立法律文化建设。

律师在提供法律服务的过程中,与企业领导和负责人在工作上会有接触,平时的沟通与互动是必要的,这样才能互相增进信任,互相了解情况,为今后的合作打下良好的基础。律师在接受聘请后,首先可以通过个别访问、开座谈会、听有关部门负责人的介绍等方式,对企业进行调查研究,进行良好的沟通,为更好地为企业服务创造良好的环境。

三、深入调研、了解情况

顾问律师应当了解企业基本情况，对企业的内部与外部情况掌握清楚，并收集保存相关资料。深入了解企业的基本情况、企业所属行业的特点、企业在本行业中所处的地位以及作用，企业的隶属关系以及相关监管部门、了解企业的大客户以及在业务上有往来的主要单位或个人等信息。并收集企业的产品、技术资料以及其他业务方面的资料，对主要的技术用语应掌握。作为企业的法律顾问，为给聘请方提供服务，起到智囊的作用，要尽快掌握基本技术，实现由外行变为内行的转变。

基础工作做扎实的情况下，在以后提供法律服务的过程中，确定自己的工作方式、范围、目标，明确哪些事务需要诉讼、仲裁解决，哪些事务需要非诉讼解决，哪些事务需要向有关政府部门报告、汇报、请示或通过其他方式进行沟通协调。这样既能得到企业认可和信任，也可减少和避免工作失误，保证服务质量。这样才能将各项工作做得扎实、做得细致。企业在经营过程中会遇到很多法律问题，在企业的对外交易过程中，很多用电话、微信等沟通，有的企业对相互承诺的一些事项不做法律有效性方面的确认，一旦发生纠纷，企业就拿不出有效证据，在诉讼中处于被动地位。

四、建立和完善顾问律师工作制度

为了确保向企业提供优质服务，应建立完善的顾问律师制度。如工作日志制度、业务联系制度、汇报请示和集体讨论制度、档案制度、资料收集制度、工作总结制度等。该制度可准确地记录顾问律师为企业提供法律服务的基本情况、顾问律师与企业互通情况。

顾问律师遇到难以解决的、棘手的或其他重大、复杂问题时，应当及时向律师事务所汇报和请示，以便律师事务所开展集体讨论，集思广益，从而获得帮助，切忌未经深入研究就简单回答。顾问律师原则上应为每一个企业单位建立一份档案。该档案可能涉及企业的有关秘密和隐私，因此，档案应该由专人保管，防止丢失或泄密。这也是为自己的工作保留书面的证据，以防范面临执业风险。

五、重视和发挥团队的力量

为了向顾问单位提供更高效、优质的法律服务，要重视和发挥团队的力量。一个顾问律师可能承担好几家，甚至数十家企业的法律顾问，但毕竟律师个人的时间、精力和知识是有限的。并且在处理涉及企业改制、上市、破产清算等复杂的法律事务时，法律顾问很难独自操作，这时需要律师事务所或者某个团队来协同开展工作。

顾问律师是企业的帮手，可以为企业提供法律意见，解决实际法律问题，为企业争取利益、减少损失，使企业健康发展。因而，顾问律师也是保证国家法律正确实施、维护当事人合法权益的需要,更是构建和谐社会的时代需要。

六、注意和防范律师的执业风险

实务中,许多律师与顾问单位产生纠纷都是由于没有与顾问单位充分进行沟通,没有充分、及时地告知顾问单位法律性质和法律后果而造成的。鉴于这种情况,律师在办理业务过程中必须充分、及时并以书面形式告之客户有关事项的性质和法律后果,让客户在《风险告知书》上签字。另外,律师在做见证、出具法律意见书时,也应进行严格的审核,有关规避法律意见书的风险最为有效的办法就是在律师事务所内部进行复核。这样既有效地把风险控制在萌芽状态,同时还表现出律师事务所对客户绝对负责的工作态度。

律师的执业风险以及防范是律师应关注和注意的焦点。随着律师地位的提高以及律师作用的逐步加大,律师执业风险也越来越大。每位律师应认真研究分析律师的执业风险和防范问题,以减少在执业过程中的法律风险。

小 贴 士

《律师法》第54条 律师违法执业或者因过错给当事人造成损失的,由其所在的律师事务所承担赔偿责任。律师事务所赔偿后,可以向有故意或者重大过失行为的律师追偿。

《律师法》第49条 律师因故意犯罪受到刑事处罚的,由省、自治区、直辖市人民政府司法行政部门吊销其律师执业证书。该法第48条,律师有下列行为之一的,由设区的市级或者直辖市的区人民政府司法行政部门给予警告,可以处一万元以下的罚款;有违法所得的,没收违法所得;情节严重的,给予停止执业三个月以上六个月以下的处罚:

(1)私自接受委托、收取费用,接受委托人财物或者其他利益的;

(2)接受委托后,无正当理由,拒绝辩护或者代理,不按时出庭参加诉讼或者仲裁的;

(3)利用提供法律服务的便利牟取当事人争议的权益的;

(4)泄露商业秘密或者个人隐私的。

第六节 公职律师的试点

一、公职律师概述

从1993年始,依据国务院批转的《司法部关于深化律师工作改革的方案》,在国家机关中进行公职律师试点。2002年1月司法部发布《关于进一步推动律师工作改革的若干意见》,要求积极开展公职律师的试点,探索建立有中国特色的公职律师制度,公职律师试点工作力度加大。同年10月,司法部发布了《关于开展公职律师试点工作的意见》(以下简称《公职意见》),对公职律师的任职条件、职责范围、权利义务等作出了初步的规范。该意见为我国公职律师制度的试点工作提供了基本依据。

党的十八届四中全会出台的《中共中央关于全面推进依法治国若干重大问题的决定》提出,各级党政机关和人民团体普遍设立公职律师,企业可设立公司律师,参与决策论证,提供法律意见,促进依法办事,防范法律风险。

通常来说,公职律师一般指通过全国律师资格或司法考试,具有律师资格或法律职业资格证书,供职于政府职能部门或行使政府职能的部门,或经招聘到上述部门专职从事法律事务的人员。

《公职意见》规定,公职律师的职责范围为本级政府或部门行政决策提供法律咨询意见和法律建议;按照政府的要求,参与本级政府或部门规范性文件的起草、审议和修改工作;受本级政府或部门委托调查和处理具体的法律事务;代理本级政府或部门参加诉讼、仲裁活动为受援人提供法律援助;本级政府或部门的其他应由公职律师承担的工作。

二、公职律师试点工作的现行模式

(一)政府雇员制的"扬州模式"

2003年8月,司法部确定扬州市作为首家地市级公职律师试点城市。依据扬州市制定的《政府雇员管理办法》,作为法律专业的高级人才,公职律师以市政府高级雇员方式管理,其年薪按普通公务员的2～3倍确定和发放,雇用期限在3～5年,期满可以解聘或续聘,用人方式具备典型的市场化、法制化、职业化特点。

公职律师的雇员化管理,在选聘机制上灵活性更大,同时由于不受职务、职级限制,其律师效能和积极性更容易凸显。

(二)设立专门公职律师事务所的"广州模式"

2002年12月,全国首家公职律师机构——广州市公职律师事务所成立,它被确定为参照公务员法管理的正处级事业性质单位。到2011年12月底,广州市公职律师事务所公职律师达144人,其中专职公职律师11人,岗位律师133人,岗位律师主要分布在公安、税务、工商、民政、海关等政府机关的法制部门。广州公职律师既是公务员,又是律师,具有双重身份,不向社会提供有偿服务,律师事务所专门设立和单独管理,有效保障了公职律师独立执业和依法开展法律业务。

(三)分散在各行政部门的"厦门双重管理模式"

2003年初,福建省厦门市司法局开始公职律师试点工作。"厦门双重管理模式"下的公职律师,既具备政府公务员身份,又兼有执业律师身份;公职律师一方面享有公务员法规所赋予的权利,承担公务员应尽的义务;另一方面公职律师执业活动受《律师法》的调整,同社会律师具有同等的法律地位,在执业中享有依法调查取证、查阅案件材料等执业权利。

"厦门模式"公职律师的身份既不同于作为政府法律顾问的社会执业律师,也不同于被聘为政府雇员的公职律师,后两者均不具有公务员身份。厦门的双重管理模式即公职律师的行政编制由所在单位机关进行管理、考核、培训、晋升,业务上由司法行政机关进行资质管理和业务监督。公职律师"厦门管理模式"的人事管理权限归于所在单位,使人员编制、工作经费方面的难题得以解决,而且提高了政府各部门的积极性,可以使公职律师制度在低成本下运行并发挥职能。

三、我国公职律师试点工作存在的问题以及完善建议

我国公职律师制度虽然逐步在完善和建立,但可以说仍处于一种萌芽状态的新型职业。在推进公职律师的过程中,存在诸多问题有待解决,现简单论述一下公职律师试点工作存在的问题以及对其进行完善的措施。

(一)公职律师缺乏法律制度支持,应加强立法,为公职律师工作提供有力的法律依据

尽管公职律师试点已取得初步成效,现行法律法规中仍不存在关于公职律师的具体规定条款。另外,《律师法》规定,国家机关的现职工作人员不能兼任执业律师。显然,这与公职律师制度相冲突。《律师法》中规定的缺失,导致公职律师法律地位不明确,致使公职律师制度的发展缺少法律上支持,这已经成为公职律师建设的重大法律和体制障碍。

适时修改《律师法》,明确律师包括公职律师,对律师的范围、地位、性质、功能等方面作出涵盖公职律师的修订,最大可能地在法律层面对公职律师管理模式进行规范。并增加和完善公职律师办理法律援助案件的规定,使公职律师工作突出公益性特点。同时,修改与公职律师制度相关的配套法律法规及规章,确保公职律师工作的顺利开展。

除律师法外,我国其他一些立法、组织、信访以及法律援助等制度中也缺乏对公职律师的规定,从而限制了公职律师的发展。目前,虽然各地区制定了相关的公职律师管理规定,但其包含内容较少,缺少完善的法律体系支撑,很难起到有效的规范作用。

(二)公职律师的管理模式有待完善

如前所述,当前各试点地方对公职律师的管理模式差别非常大。是归属律师协会还是政府部门?是设立专门的公职律师办公室、公职律师事务所,还是在部门内部设立一定数量的公职律师?各个地方做法不一致。其中存在的突出问题是公职律师管理的条件划分还不科学,公职律师到底应当归属哪个部门管理,没有科学的依据与标准;如何设置公

职律师的实体机构,还需要进一步讨论;各相关部门之间职责如何划分,需要进一步明确。

在中央政府层面,制定专门的公职律师管理法规,对公职律师的招录、职级待遇及其机构设置、内部运行机制、决策机制等进行细化和规范。公职律师既是部门的公职人员,又具有律师的身份。从节约人力资源成本和便于实施角度来看,现阶段可采用所在单位和司法行政部门、律师行业协会管理的管理体制。这既便于为重大项目整合资源,又做到具体工作职责明确、分工负责,使公职律师有较大的独立性,保障公职律师发挥专业技能。

(三)公职律师人才选用机制尚不规范,规范人才选用机制,吸纳优秀法律人才组建公职律师队伍

从扬州、广州、厦门等地模式来看,选用公职律师的方式采用公务员和政府雇员的方式。若选用的是政府现有的公务员,虽然能节省开支和人尽其用,但是很容易出现机构重叠、职能交叉的问题;若面向全社会进行公开招聘雇员,扩编、增加财政支出的问题就会凸显。在全国没有统一录用机制的情况下,无论选择哪种录用方式,都会遇到一些体制性的障碍。

对于公职律师任职资质,包括司法部的《公职意见》在内,各地在试点工作中均作了限制性规定。从官方文件内容及各地做法来看,通常都要求担任公职律师的必须具备律师资格或法律职业资格,而且多数都倾向要求公职律师供职于政府职能部门或行使政府职能的部门。为适应政府法治工作的需要,有必要对公职律师设置较高的门槛,具备律师资格或法律职业资格仅仅是最基本要求,此外还应有良好的品行,不存在不宜担任公职律师的其他情形。

各级政府要充分利用本单位的法律人才,将取得国家法律职业资格的公职人员纳入法制人才库,充实到公职律师岗位。与此同时,鼓励内部人员积极参加司法资格考试,发现和培养法律人才。或者通过统一招录公务员方式,把具有法律职业资格的人才录用到政府机关,或者招录执业律师到公职律师岗位工作。也可以参考扬州的做法,以高薪招聘政府雇员的形式,采取市场化、法制化、职业化的用人方式,吸收高端法律人才。

(四)公职律师的职责行使不扎实,合理界定职能,为政府部门提供更为专业、优质的、高效的法律服务

如前所述,《公职意见》明确规定公职律师的职责范围,但在实际的试点工作中,公职律师的职责往往仅限于打打官司、审审合同等微观行为,主要侧重于事后救济工作。对于前期立法、文件起草、审议、修改和决策等工作,公职律师发挥的作用还不那么大。因此,《公职意见》中关于公职律师的职责的规定没有得到很好的落实,职责行使不扎实。

公职律师除可为本级政府或部门的日常行政决策提供咨询或建议,把好法律关,还可参与重大行政决策法律风险防范,对决策事项进行合法性论证,协助政府从法律角度

对重大决策进行事前的社会稳定风险评估,及时发现和反映有可能引发影响社会稳定的问题,提供应对预案,协助政府建立健全重大决策法律风险评估和应对机制。

政府承担着基础设施建设、招商引资等重大责任,这些项目从决策、审批至实施、运作往往周期较长,涉及的法律关系非常复杂,需要事前、事中、事后的全程法律服务的介入,以保障项目的顺利推进。公职律师作为律师,具有专业领域的理论知识和实务经验,由其参与政府的立法工作,可以更加注重立法的实践性和可操作性。

由公职律师参与其中,可进一步提升有关法规规章的质量。公职律师应参与预防和化解社会矛盾,全力维护社会和谐稳定。预防和化解社会矛盾是当前社会管理创新的重点领域,也是政府在新形势下的重要任务,公职律师可充分发挥职能作用,参与突发事件及群体性事件的处置,参与涉法信访工作,代理本级政府或部门参加诉讼与仲裁。

在我国,公职律师试点的实践,已经有十余年。通过多年的工作实践,在一定的程度上找出了存在的问题、提出了解决的办法、形成了可行的做法。但有必要在总结经验的基础上,进一步加大公职律师体制建设的工作力度,推动公职律师制度的发展。

 **实训练习**

不定项选择题

1. 甲公司和乙公司订立货物买卖合同,约定甲公司于 8 月 5 日前交货。乙公司于收到货物后 10 日内付款。8 月 1 日,甲公司听说乙公司正在申请破产,但无确切证据。甲公司决定中止履行合同并通知乙公司,要求其提供适当担保。乙公司答复,上述说法纯属谣传,拒绝提供担保,并要求甲公司如期履行合同。甲公司坚持要求乙公司提供担保,否则中止合同。根据合同法,下列说法中,正确的是(　　　　)。

A. 甲公司可以行使不安抗辩权,有权中止履行

B. 甲公司可以行使不安抗辩权,但应当取得乙公司的同意

C. 甲公司不能行使不安抗辩权,应当对乙公司承担违约责任

D. 甲公司对乙公司不承担违约责任

2. 甲将已出租给乙的房屋作为贷款担保抵押给丙,在债务履行期满后,甲不履行到期债务,丙为行使抵押权请求人民法院将该房屋扣押,并通知了乙。下列说法中,正确的是(　　　　)。

A. 该房屋抵押权自抵押合同生效时设立

B. 该房屋租金属于天然孳息

C. 自甲不履行到期债务之日起,丙有权收取该房屋租金

D. 自人民法院扣押该房屋之日起,丙有权收取该房屋租金

第十二章
律师办理诉讼外业务

学习目标

1. 掌握律师办理仲裁业务的步骤和方法；
2. 理解律师办理房地产业务的工作程序；
3. 了解律师办理非诉讼金融法律业务的内容；
4. 掌握律师证券法律业务的主要内容。

引导阅读

办理房地产权属登记中的律师代办业务

国家实行房地产登记发证制度，证明对房地产拥有财产权利的唯一形式是国家法律认可的房地产权属证件。由于房地产权属登记发生的法律后果的重要性，使代理办理房地产权属登记成为房地产律师业务的一项重要内容。①签订授权委托书；②准备房地产交易过户的文件资料；③申请交易过户；④代理申请测绘；⑤代理申报缴纳印花税、交易过户手续费、买受人应纳的交易契税；⑥领取房地产买卖契证；⑦申请领取房屋所有权证、土地使用权证、缴纳权证印花税、权证工本费、房屋测绘费、土地丈测费等有关费用。

第一节　律师办理诉讼外业务概述

一、诉讼外业务代理的概念

诉讼外业务代理，是指律师接受当事人的委托，在授权范围内处理当事人诉讼外法律事务的活动。

诉讼外业务是不包含纠纷而无须进行诉讼程序的事务或者虽然已经出现纠纷,但不通过法院进行诉讼,而在当事人之间通过调解或者仲裁解决的事务。例如,索取或者偿还信贷,办理信托、转让、赔偿、买卖、立约、商业登记、公司债务等事项;还有属于行政范围的权益争议,如劳动争议等非诉讼法律事务,都属于诉讼外法律事务的范围。

诉讼外法律事务具有以下特征。

(1) 诉讼外法律事务必须是具有法律意义的事务。具体是指办理这类事务本身能够引起法律关系的发生、变更或者消灭,或者办理这类法律事务应当履行一定的法律程序或者需要律师给予法律上的某种帮助;

(2) 办理这类法律事务的方式必须是不通过诉讼程序,律师向当事人提供的是诉讼之外的法律帮助;

(3) 非诉讼法律事务是基于当事人的委托或者请求而产生的;

(4) 律师在办理诉讼外法律事务中,与当事人之间的关系因事而异,可以分为委托代办、委托代理、居间调停等关系。

按照不同标准,诉讼外法律事务可以分为不同种类。

(1) 根据委托人所委托的事项是否会有争议,可以分为:

① 可能发生争议或者已经形成争议纠纷,但不通过诉讼程序解决的诉讼外事务;

② 不含争议、纠纷,无须诉讼的诉讼外法律事务。

前者如通过行政申诉、申请复议、申请复审等行政诉讼外事务;通过行政仲裁裁决的经济合同,技术合同,劳动争议,海事、商事仲裁的非诉讼事务;通过律师居间调解的各类争议和纠纷等。后者如各类行政申请事务、登记事项、声明事项、招标投标、商标注册、专利申请、技术转让、法律见证、项目调查、证券发行等。

(2) 根据诉讼外法律事务所调整的法律关系,可以划分为:

① 民事诉讼外法律业务,即代书遗嘱、法律见证等;

② 经济诉讼外法律业务,即商标注册、专利申请等;

③ 行政诉讼外法律事务,即行政申诉、行政申请等;

④ 涉外诉讼外法律事务,即涉外仲裁等。

(3) 根据律师在办理诉讼外法律事务过程中的地位及其所承办事务的特征,可以分为:

① 代理类诉讼外法律事务,即律师接受委托、以代理人身份办理的法律事务;

② 顾问类诉讼外法律事务,即律师接受聘请,为委托人的法律行为提供咨询、草拟法律文书、参与项目谈判等;

③ 居间调解类诉讼外法律事务,即律师根据双方或者多方当事人的意愿,居间调解纠纷;

④ 见证类法律事务,即律师根据当事人的申请,以见证人的身份,对当事人申请事项

的真实性与合法性进行证明等。

（4）根据律师所办理的诉讼外法律事务的性质，还可以分为顾问类诉讼外法律事务，仲裁类诉讼外法律事务，咨询类诉讼外法律事务，代书类诉讼外法律事务，证券类诉讼外法律事务，知识产权类诉讼外法律事务，谈判类诉讼外法律事务，审查签订合同类诉讼外法律事务，资信调查类诉讼外法律事务，税收类诉讼外法律事务，招投标类诉讼外法律事务等。

二、律师办理诉讼外法律事务的业务范围及工作方式

根据法律的规定和律师的业务实践，律师可以承办以下诉讼外法律事务。

（1）依照当事人的委托和授权，以代理人的身份代为实施单项法律行为或受托办理特定的法律事务。其工作内容主要是要求律师为当事人实施的某项法律行为或具有法律意义的事实代为办理行政手续、法律手续，或代为履行一定的法律义务。该项法律事务的特点是当事人的权利义务关系明确，没有争议，可以一次完成，如进行资信调查、申请营业执照、申办法人登记、申请专利、商标注册代为招标投标、代办公证、出具法律意见书等。

（2）律师接受当事人的委托，以代理人的身份与对方协商，参加调解、仲裁或者参加对不服行政裁决的申诉或申请复议。该项法律事务的特点是，当事人因与他人就民事、经济、贸易、海事、行政等方面发生纠纷，而委托律师通过诉讼外方式帮助解决。

（3）依照当事人的委托，以代表人的身份参加协商谈判活动或者订立法律文书。在该项法律事务中，律师一般是作为法律专门人员参加谈判，提供法律咨询，向委托人提出法律意见，与委托人共同研究谈判的策略和方案，并为委托人草拟、审查有关法律文书。对于谈判中涉及的法律问题，律师应准确地予以解答。在谈判结束时律师即应起草有关法律文书、办理公证手续等。

（4）接受双方或多方当事人的邀请，以中间人身份，主持调解或进行见证。

（5）解答当事人提出的法律咨询，代写法律文书等。

📄 小贴士

律师见证书

（　　　）　　　律见字第　　　号

　　　　年　　月　　日，张　　到　　　　　律师事务所称　　　　事情。张　　要求律师对　　　　事予以见证。经本律师询问，当事人情况如下：

张某，男，生于　　　　年　　月　　日，汉族，农民，某地人，现住　　　　，身份证

号：_____。

李某，男，生于_____年____月____日，汉族，农民，某地人，现住_____，身份证号：_____。

经核实，_____于_____年____月____日上午，张____李____于_____年____月____日在____律师事务所签订了《____协议》。

本律师按照张____的要求，起草了《_____协议》，《_____协议》约定事项张____、李____真实意思表示，张____、李____的签字、捺印属实。

本见证书一式三份，当事人各执一份，_____律师事务所留存一份。

附：《_____协议》原件，身份证、户口本复印件。

见证人：_____律师事务所

律　师：_____

日　期：_____年____月____日

三、律师办理诉讼外法律事务的意义

（一）有利于避免和及时解决各种纠纷，维护社会秩序的稳定

律师通过办理没有争议的诉讼外法律事务，通过为当事人提供咨询，从而避免纠纷的发生；对于已经出现的纠纷，也可以通过协商、谈判、调解等手段，及时妥善解决，因此对维护社会的稳定具有重要作用。

（二）可以防止和减少诉讼的形成，减轻司法机关的压力

律师代理诉讼外法律事务，通过调解、仲裁等方式解决纠纷，形成分流，节约了司法资源，使有限的资源能够用到重大疑难的案件的解决上，从而提高了效率。

（三）有利于各种社会关系的正常发展，维护社会的安定团结

有很多轻微刑事案件和一般的民事、经济纠纷，当事人如果能疏通思想、消除隔阂，就有可能达成谅解。诉讼外解决既可以维护自身的合法权益，又有利于当事人之间乃至整个社会的团结。

（四）有利于宣传社会主义法律，维护法律的尊严

律师在办理诉讼外法律事务中，必然会同进行诉讼活动中一样，对法律进行适用。当事人参与诉讼外法律事务活动的过程，就是当事人学法、知法、守法的过程。在诉讼外法律事务中，律师与当事人的接触是直接的，因此在这个过程中就起到了宣传法律的作用。

（五）可以为社会主义市场经济体制的建立和完善提供直接的法律服务

律师通过代理诉讼外法律事务，把法律服务直接送到生产、分配、交换和消费等经济

活动的各个层面,帮助公民和法人依法经营和管理,避免发生纠纷和依法解决纠纷,从而保障社会主义市场经济体制健康、有序地运行。

第二节　律师办理仲裁业务

一、律师办理仲裁业务的概念和种类

律师办理仲裁业务是指律师接受一方当事人的委托,代理其参加仲裁机构组织的仲裁程序,对当事人争议的事实和权利义务作出判断和裁决,从而解决争议的活动。从我国现行法律的规定来看,我国的仲裁包括国内仲裁、涉外仲裁和劳动仲裁 3 种,相应地,律师办理仲裁业务也包括这 3 种。

(一)国内仲裁

根据 1994 年 8 月 31 日通过的《中华人民共和国仲裁法》的规定,国内仲裁是指我国公民、法人和其他组织之间发生合同纠纷或其他财产权益争议之后,按照事先达成的仲裁协议,自愿将争议提交我国仲裁机构解决的一种仲裁。国内仲裁按照国际上通行的做法,对当事人之间的合同纠纷和其他财产权益纠纷的处理实行或裁或审、一裁终局的制度。国内仲裁在我国仲裁体系中占主导地位。

(二)涉外仲裁

涉外仲裁包括国际经济贸易仲裁和海事仲裁。国际经济贸易仲裁又称国际商事仲裁,是指中国国际经济贸易仲裁委员会根据双方当事人订立的仲裁协议,对国际经济和国际贸易中发生的争议进行的仲裁。海事仲裁是指中国海事仲裁委员会根据双方当事人达成的仲裁协议,对海事和海上运输中发生的争议进行的仲裁。此二者归属于涉外仲裁,涉外仲裁中适用的规则有:2012 年 2 月中国国际贸易促进委员会、中国国际商会修订并通过的《中国国际经济贸易仲裁委员会仲裁规则》;2004 年 7 月中国国际商会修订并通过的《国际海事仲裁委员会仲裁规则》。

(三)劳动仲裁

劳动仲裁是指由劳动争议仲裁委员会对当事人申请仲裁的劳动争议居中判断与裁决。在我国,劳动仲裁是劳动争议当事人向人民法院提起诉讼的必经程序。按照《劳动法》的规定,提起劳动仲裁的一方应在劳动争议发生之日起 60 日内向劳动争议仲裁委员会提出书面申请,除非因不可抗力或有其他正当理由,否则当事人的申请超过法律规定的仲裁时效的,仲裁委员会不予受理。用人单位和劳动者发生以下劳动争议可以申请劳动仲裁:

(1)因用人单位开除、除名、辞退劳动者和劳动者辞职、自动离职发生的争议;

（2）因执行国家有关工资、保险、福利、培训、劳动保护的规定发生的争议；

（3）因履行劳动合同发生的争议；

（4）法律、法规规定的其他劳动争议。

 **延伸阅读**

仲裁与诉讼有什么区别

（1）管辖不同。仲裁是协议管辖，而法院诉讼是强制管辖。仲裁以当事人双方自愿为原则，必须有双方事前或事后达成的仲裁协议，仲裁机构才能依法受理，并在此种情况下，法院无权受理此案件；而法院诉讼不必得到另一方当事人的同意或者双方达成诉讼协议，只要一方当事人向有管辖权的法院起诉，法院就可以依法受理争议案件。仲裁不实行地域管辖和级别管辖，而法院诉讼实行地域管辖和级别管辖。当事人双方有权选择任一合法成立的仲裁机构进行仲裁，不同的仲裁机构之间无任何隶属关系；而诉讼只能依法向有管辖权的法院起诉，当事人无权选择法院。

（2）仲裁庭和法院审判庭的组成方式不同。仲裁可由当事人约定仲裁庭的组成方式并自主选定或者委托指定仲裁员，而法院诉讼当事人不能选择审判庭的组成方式和审判员。

（3）审理不同。除特殊情形外，诉讼实行公开审理，而仲裁注重保护当事人的商业秘密，一般实行不公开审理。

（4）制度不同。仲裁实行一裁终局制度，不存在上诉或再审，也不得向法院起诉。当事人只有提出证据证明仲裁裁决确实存在《中华人民共和国仲裁法》第58条所列情形之一，经中级人民法院审查核实，方可依法裁定撤销仲裁裁决；而我国法院诉讼实行两审终审制，当事人不服法院判决可以上诉或者申诉。

（5）境外执行不同。法院判决在境外执行一般需要判决地国与执行地国签订有司法协助条约，或者有共同确认的互惠原则；仲裁裁决在境外执行，如果是在《承认及执行外国仲裁裁决公约》的缔约国执行，则会比较方便。

由于仲裁和调解、诉讼具有上述不同，因而也就产生了仲裁收费比较低，结案比较快，程序比较简单，气氛比较宽松，当事人的意愿得到了广泛尊重等特点。

二、律师办理仲裁业务的基本原则

律师办理仲裁业务必须坚持《仲裁法》规定的仲裁的基本原则，因为仲裁的基本原则是包括代理律师在内的所有仲裁参与者都必须遵守的基本原则，所以仲裁的基本原则也是律师代理仲裁所应当坚持的基本原则。具体包括以下内容。

（一）当事人自愿原则

当事人自愿原则是仲裁制度中的基本原则，它是仲裁制度赖以存在与发展的基石，主要体现在以下几个环节。

（1）以仲裁的方式解决纠纷，出于当事人双方的共同意愿。仲裁机构受理案件来源于当事人双方的共同授权，仲裁机构不能受理没有书面仲裁协议（含仲裁条款）的仲裁申请。

（2）向哪个仲裁机构提请仲裁，由当事人双方协商选定。当事人在选择、约定仲裁机构时，不因当事人所在地、纠纷发生地在何处而受到地域管辖的限制；也不因争议标的额的大小、案件的复杂程度而受到级别管辖的制约。

（3）组成仲裁庭的仲裁员由当事人在仲裁员名册中自主选定，也可以委托仲裁委员会主任代为指定，仲裁庭的组成形式也可以由当事人约定。

（4）当事人可以约定交由仲裁解决的争议事项。即当事人将哪些纠纷提请仲裁，可以由当事人自主协商确定。当事人既可以约定把因履行合同所产生的所有争议均交由仲裁解决，也可以约定将某一项或某几项争议交付仲裁。对于仲裁机构来说，也应当尊重当事人的选择，对当事人在协议中没有交由自己处理的争议，则不能主动审理和裁决。

（5）在开庭和裁决的程序中，当事人还可以约定审理方式、开庭形式等有关的程序事项。自愿原则是法律赋予当事人的诸项权利的集中体现，是仲裁活动的前提和基础。

（二）仲裁独立的原则

仲裁的独立，指的是从仲裁机构的设置到仲裁纠纷的整个裁决过程，都具有依法的独立性。仲裁法确立的仲裁独立的原则，是我国仲裁制度发展完善的一个里程碑。仲裁独立主要表现在以下几个方面。

（1）仲裁与行政机构脱钩。即仲裁委员会独立于行政机关，与行政机关没有隶属关系。这有利于我国仲裁真正做到具有公正性、权威性。

（2）仲裁组织体系中的仲裁协会、仲裁委员会和仲裁庭三者之间相对独立。即作为社会团体的中国仲裁协会，属于仲裁委员会的自律性组织。仲裁委员会是按地域分别设立的，相互之间无高低之分，无上下级之分，相互之间没有隶属关系，相互独立。

（3）仲裁庭对案件独立审理和裁决，仲裁委员会不能干预。法院对仲裁裁决虽然有必要的监督，但并不意味着仲裁庭附属于法院。我国《仲裁法》第 8 条规定："仲裁依法独立进行，不受行政机关、社会团体和个人的干涉。"

（三）根据事实、符合法律规定、公平合理解决纠纷的原则

此项原则是公正处理民事经济纠纷的根本保障，是解决当事人之间的纠纷所应当依据的基本准则。

（1）根据事实，就是在仲裁审理过程中，要全面、深入、客观地查清与纠纷有关的事实，包括纠纷的发生原因、发展过程、现实状况以及争议各方的争执所在。

（2）符合法律规定，即仲裁庭在查清事实的基础上，应当根据法律的有关规定确认当事人各方的权利与义务，确定承担赔偿责任的方式以及赔偿数额的大小。

（3）公平合理，就是仲裁庭在仲裁纠纷时应当公平、公正、不偏不倚。仲裁员在审理纠纷时应当处于公正地位，公平地对待双方当事人。同时公平合理还意味着，在仲裁中所适用的法律对有关争议的处理未作明确规定时，可以参照采用人们在经济贸易活动中普遍接受的做法，即参照经济贸易惯例或者行业惯例来判别责任。这样既体现了仲裁与诉讼的区别，也是仲裁的基本精神所在。

三、律师办理仲裁业务的步骤和方法

（一）审查收案

律师在决定接受委托前，应当认真审查案件内容。包括以下内容。

（1）当事人的主体是否适格；

（2）当事人之间是否达成仲裁协议；

（3）当事人是否有具体的仲裁申请和事由；

（4）所发生的纠纷是否属于仲裁机构受理的范围；

（5）所发生的纠纷是否已超过仲裁时效。

律师经过审查后认为可以接受当事人的委托的，应当由律师事务所与委托人签订委托合同，委托人与律师签订授权委托书，明确委托代理事项和代理权限，至此律师正式与当事人建立委托代理法律关系。

（二）参加仲裁前的准备

律师参加仲裁后，在仲裁开始前应当积极为参加仲裁做好准备工作，主要包括两个方面的内容。

（1）研究案情，调查收集证据。要向当事人了解案情，在此基础上进行调查取证，通过查阅相关法律法规，分析和研究案情，力争与委托人统一认识和看法。

（2）制作仲裁申请书或者仲裁答辩书。在全面分析案情的基础上，如果律师代理申请人一方，应当拟出或者协助申请人拟出仲裁申请书，并在征询申请人意见之后定稿。

如是代理被申请人一方，则应当在被申请人收到申请书副本后，分析申请书，了解申请人的要求和理由，然后向被申请人了解案情，找出答辩理由，写出答辩书。

（三）参加仲裁代理

在进入仲裁程序之后，律师应当做好以下工作。

（1）代理当事人选定仲裁员；

（2）代理当事人行使请求回避权；

（3）代理当事人选择仲裁方式；

（4）律师应当按时到庭；

（5）代理当事人提供证据和进行质证；

（6）代理当事人申请证据保全；

（7）代理当事人申请财产保全；

（8）代理当事人进行言辞辩论；

（9）代理当事人达成和解协议；

（10）代理当事人请求或者参加调解；代理当事人行使其他权利。

（四）仲裁裁决后的律师工作

在仲裁庭作出调解书或者仲裁裁决之后，律师可以根据当事人的委托，代为签收调解书或者仲裁裁决，同时告知当事人调解书或者仲裁裁决的法律效力；仲裁裁决书自作出之日起发生法律效力。

第三节　律师办理房地产业务

一、律师办理房地产业务的概念和范围

（一）律师办理房地产业务的概念

律师办理房地产业务是指律师接受当事人的委托，在当事人的房地产经营活动中，担任法律顾问或代理人，在当事人的授权范围内，以保障当事人依法经营权及维护当事人合法权益为目的，为当事人的经营行为提供咨询意见，草拟并审查法律文件，参与谈判及办理当事人委托的其他非诉讼事务的法律服务行为。

（二）律师办理房地产法律事务的范围

从律师的业务实践来看，其业务范围主要包括以下内容。

（1）房地产开发活动中的法律事务，如设立房地产开发公司的法律事务，出让或转让土地使用权的法律事务，房屋拆迁和安置的法律事务，房地产公司以土地使用权为担保的融资法律事务，开发项目工程建设承发包的法律事务等；

（2）房地产经营活动中的法律事务，如商品房预售和销售的法律事务，所有权人出售房屋的法律事务，所有权人出租房屋的法律事务，以房地产进行抵押的法律事务，房地产开发项目转让的法律事务，房地产中介活动中的法律事务，房地产物业管理的法律事务，房地产税收的法律事务，代理房地产行政复议等。

二、律师办理房地产业务的工作方式

（1）提供咨询意见，出具律师意见或法律意见书；

（2）代表当事人协商谈判或起草、审查法律文书；

（3）调查、查证；

（4）受托代办特定法律事务；

（5）提供律师见证；

（6）代理行政复议。

三、几项主要的房地产业务的工作程序

（一）国有土地使用权转让中的法律事务（以受让方的代理律师为例）

包括如下程序：

（1）了解国有土地使用权转让的目的；

（2）调查转让方的国有土地使用权出让合同，以便了解土地管理机关对出让该片土地使用权的土地使用条件及土地使用权期限；

（3）调查待转让的土地使用权的状况；

（4）委托评估土地使用权价格；

（5）准备谈判资料，帮助当事人测算土地使用权转让价格；

（6）参加土地使用权转让谈判；

（7）根据谈判结果起草土地使用权转让合同并协助当事人签署该合同；

（8）协助当事人清理并接收关于转让土地使用权的资料；

（9）协助或代理当事人到当地的县级以上人民政府土地管理机关办理土地使用权转让登记，领取土地使用权证书。

（二）房地产抵押的法律事务

房地产抵押是指抵押人以其合法的房地产，以不移转占有的方式向抵押权人提供债务履行担保的行为。债务人不履行债务时，抵押权人有权依法以抵押的房地产实现债权。律师受委托办理该项事务的工作程序为：①核查主合同；②核查抵押的房地产状况；③协助当事人设定抵押权；④协助当事人对抵押房地产进行评估，以确定抵押房地产的价值；⑤参加谈判，根据谈判结果草拟房地产抵押合同；⑥办理抵押登记；⑦抵押权消灭；⑧抵押权的行使。

（三）房地产预售、销售的法律事务

律师代理该项业务的工作程序为：

（1）协助开发商获取预售、销售批准文件；

（2）起草商品房预售合同和销售合同；

（3）审查开发商的广告，避免违反《广告法》和不实宣传，虚假宣传的广告用语；

（4）准备预售的资料和文件；

（5）谈判签约；

（6）办理预售登记；

（7）监督履行售房合同；

（8）验收接管房屋；

（9）代理办理产权过户。

第四节　律师办理金融与国际贸易业务

一、概述

随着我国社会主义市场经济改革和深入，金融活动日益成为国民经济的重要纽带，联结着生产领域、流通领域、科研领域、消费领域的各个环节。一般来说，金融业务是指货币资金的融通业务，是与货币流通、银行信用及其他信用有关的经济业务活动的总称。

在我国，金融是调动和配置社会资金为社会主义市场经济服务的重要途径，也是国家进行宏观经济调控的有效手段。众所周知，金融活动专业性、技术性都很强，涉及面广，操作程序复杂而严谨。相应地，金融法律制度同样具有专业性强、内容复杂、较难操作等特点，事实上，金融活动的参与主体并不都精通法律，因此，律师在金融业务领域有着广阔的执业空间。

金融律师业务，基本上可以说是律师业务中要求最高、难度最大的。律师应当具备以下基本素质。

（1）熟悉、掌握和运用民法通则、刑法、合同法、公司法、票据法、人民银行法、商业银行法、贷款通则、外汇管理条例，以及人民银行总行、证监会、外汇管理局等部门出台的政府规章，以及相关的国际条约和国际惯例。

（2）律师应当了解银行金融、财会、结算等各项管理业务。律师在为金融机构提供法律服务时，经常遇到银行日常业务问题，主要是金融业行政管理、银行财会、票据结算、国际融资、借款、担保和国际业务等问题。银行经常把业务中的合法与合规性和经营中的风险问题，请律师提出法律意见，进行合法与合规性把关。如果律师对金融业务不熟悉，就不能准确把握金融业务中的法律关系，难以胜任金融法律服务工作。

（3）律师应当不断积累社会经验和增强解决问题的能力。社会经验是日积月累、细心观察，并在实践中总结经验和吸取教训的基础上摸索和掌握的。其中包括思想品德、性格人品，以及语言表达能力、观察能力、处理人际关系能力、协调分歧意见能力和法律文书写作以及文化修养等方面。

二、业务范围和服务内容

律师作为精通法律的专业人士,可以为金融机构提供法律咨询、出具律师意见书、法律意见书;参与金融业务的谈判;起草、审查、见证金融类法律文件以及各类借款合同和担保合同;代理金融纠纷等方面的仲裁、诉讼、调解等。

在金融法律业务方面,律师提供的法律服务主要包括:

(一)代理金融纠纷案件

(1)接受金融机构委托,代表其通过催收、谈判、调解、诉讼等方式,依法收回逾期贷款及清理其他债权、债务;

(2)承办与信贷、票据、信托、融资租赁、保险等金融业务相关的争议纠纷的调解、诉讼或仲裁。

(二)担任金融机构常年或专项事务法律顾问

(1)就客户日常或特定金融业务中的法律问题及其他法律事务提供咨询意见,出具法律意见书或律师建议书;

(2)审查或草拟法律文件;

(3)参与其商务谈判;

(4)办理其交办的其他法律事务。

(三)国际金融法律服务

(1)对银行拟定的国际业务文件、有关规定或对外发布的声明等所涉及的法律问题提供法律意见;

(2)对银行参与或者草拟的常规贷款协议、抵押协议、质押合同、保函、出口信贷协议、国际银团贷款协议、融资租赁合同等契约性文件进行审查、修改,提供法律意见;

(3)国际债券发行、转让等境外筹资业务中的法律事务;

(4)对银行与境外银行签署的 ISDA 协议进行审查,修改,提供法律意见,协助银行制定 ISDA 附属协议;

(5)对银行的代客风险管理业务合同(包括各类衍生交易合同)进行审查、修改,提供法律意见;

(6)对银行与国内外金融机构的国际业务合作协议进行审查、修改,提供法律意见;

(7)参与银行国际业务纠纷的处理及各类国际金融欺诈、犯罪的防范和处理;

(8)少量的文本翻译工作。

(四)按揭贷款

(1)协助银行对发展商及其开发物业进行审查;

（2）协助银行对借款人（业主）主体资格及资信进行审查，草拟并安排各方签署贷款合同；

（3）代表境内外银行及/或借款人（业主）向政府有关部门办理抵押（变更、注销）登记手续等。

（五）其他金融法律服务领域

随着中国金融体制改革的深入及对外开放投资领域的扩大，律师的金融法律业务并已扩展至中外合资银行的设立、境外基金在华投资等领域。

下面就律师办理的非诉讼金融法律业务作一简介。业务内容具体包括口头咨询、出具法律意见书、参与商务谈判、草拟和审查合同、律师见证、发表声明和启事等。

1. 口头法律咨询

在金融法律业务中，口头解答咨询因其形式简单、灵活，在执业实践中被广泛应用。这也是律师的基本功之一。实际上，律师担任法律顾问、代理诉讼、办理其他非诉讼业务，均包括有口头解答法律咨询。

在口头法律咨询工作中，律师要把握的要点是：要注意引导当事人准确陈述事实，首先要了解当事人咨询的意图；了解问题的性质，即使不属于金融法律事务，是何种金融法律事务；了解当事人及所涉其他人员的基本情况，搞清各方之间的关系；了解事件发生的整个过程，特别是某些法律上至关重要的情节要询问仔细；检查当事人提供的有关材料，包括金融业内的单据、凭证等。

然后，律师要有针对性地发问，进一步弄清事件本身的事实情况，以及行业规章、政策以及惯例等。金融业务因其涉及面广，影响往往较大，国家主管机关多有相关政策，参与金融业务的主体中，一般均是商业银行、信用社、信托投资公司、保险公司、证券经营机构等，其业务都有行业特色。律师解答咨询，要明确、客观、有根据。

律师在口头法律咨询金融事务时，应注意以下问题：金融事务涉及银行、票据、证券等，在我国发展历史毕竟不是很长，许多方面尚无相当完善的规范体系和行业规则，有时，律师不仅要对金融法律业务进行解答，还要对非法律事务进行解答，这时，律师就要注意自己专业的局限性，不要对自己并不十分精通的专业领域作明确的判断，当然，基本的业务知识还是必备的。

在执业实践中，有的律师过于自信，对并非自己专业能力所及的事项提出法律意见，如发放贷款的现实风险，保险标的的估价、汇票上签名的真伪等。遇到这种情况时，律师除了详查有关业内规章规定外，还应视情况是否必要，咨询金融从业人员，切不可盲目作答，既损害了当事人的利益，又自毁声誉。

2. 出具法律意见书

法律意见书是律师意见的书面形式，出具法律意见书是律师办理非诉讼案件的基本业务。需要注意的是,除了证券法律业务之外,法律意见书在其他非诉讼业务中并无法定格式的要求。在此,我们姑且称为普通的法律意见书。

普通的法律意见书与律师解答法律咨询都是律师依法律专业能力对某方面问题的决策提供的专业意见,应该说,在性质上并无区别。只是前者通过书面形式体现,而后者为口头形式。在执业实践中,采用法律意见书的,多是为重大或复杂的问题决策提供专业参考意见。在金融事务当中,律师出具法律意见书意义重大。

3. 参与商务谈判

在金融法律关系中,除了金融内部的管理关系之外,当事人之间的关系更多的是平等主体之间的民事法律关系。其中,又有多数涉及合同法律关系。要达成协议,就要经过一系列的要约、承诺、反要约,最终达成一致意见。这一过程,也就是谈判的过程。在执业实践中,律师这时的身份多是当事人的常年法律顾问或专项事务法律顾问。

在金融法律事务中,无论是常年法律顾问还是专项事务法律顾问,在进行每一具体的谈判工作前,应对谈判事项有一定的了解。首先要与客户进行沟通、交流,了解谈判需要解决的具体问题,如是签订还是变更、解除合同,还是解决金融类合同的履行问题。应事先掌握谈判的具体计划、双方可能发生的争议和影响谈判成功的可能因素、对方的主要意图以及手中持有哪些筹码,甚至还要了解对方参与谈判人中的身份以及他们的办事风格和心理品质。但律师需要注意把握的重要一点是,尽可能少对法律之外的非专长业务问题过多参与意见,例如,合作项目的利润分配等属于双方决策者的事情,律师就不宜过多介入。

另外,在谈判工作中需要注意的是,律师在谈判成功后,要及时履行一定的法律手续,例如,公证、报主管部门批准、登记等。如果忽视这些“细节”就可能使得谈判前功尽弃。

4. 草拟和审查合同

在金融事务中,要涉及许多合同的问题。合同是发生业务关系各方活动的基础,也是主张权利和承担义务的主要依据。从执业实践来看,事前的——草拟和审查合同是律师最重要的业务之一——这样做可以防患于未然,尽可能在事情发生一开始就减少出现争议风险的概率。双方当事人经过谈判达成的一致的意思表示需要通过书面形式固定下来,这就需要律师草拟相关协议即合同;对于已经签订的合同来说,也需要律师审查双方权利义务是否明确,是否公开,是否有违反法律的内容,形式上有无缺陷等。

知识拓展

根据《合同法》的规定,借款合同是借款人向贷款人借款,到期返还借款并支付利息的合同。这一类金融合同是金融机构(包括非银行金融机构)开展借贷业务的依据。借款合同的合同一方必须是国家金融机构。尽管《合同法》也规定了自然人之间可以订立借款合同，但在主体一方是金融机构时的借款合同的性质仍有不小的差异。

借款合同应以书面形式表现。借款合同的主要条款应对包括但不限于借款种类、币种、用途、数额、利率、期限和还款方式等。另外，借款合同往往还要涉及《担保法》规定的保证、抵押、质押等事项。律师对于借款合同的审查要点是：除注意前面提到的事项之外，还应就防范金融风险注意审查借款人提交的担保物权属，其他担保资料的真实性，法定代表人、委托代理人的签名、盖章是否真实，有无职权或授权，对特殊行业或者特殊用途的相应审批手续是否齐备等。

5. 发表声明和启事

在律师承办金融法律事务中，往往需要通过大众媒体发表声明、启事、公告等，以公而告之。这需要当事人的委托授权。在执业实践中，这种法律服务也非常普遍。

第五节　律师办理证券业务

一、律师证券业务概述

（一）证券与证券业务

证券是以证明或设定权利为目的所制作的凭证，具体是指资金需求者为筹措长期资金而向社会公众发放、由社会公众购买并且能对一定的收入拥有请求权的投资凭证。证券的种类很多，我国目前发行的证券主要有：股票、债券（包括国家债券、地方政府债券、金融债券和公司、企业债券）、基金券（又称基金受益凭证）。而我国律师开展的证券业务，主要是股票和公司、企业债券两大类。

（二）律师证券法律业务的主要内容

1. 出具法律意见书

律师证券业务中的法律意见书，是指律师事务所根据当事人的委托，就证券的发行、上市、交易等事项，依照法律、法规所作出的肯定性或否定性的具有法律效力的书面结论性意见。《股票发行与交易管理暂行条例》（以下简称《股票条例》）规定，申请人申请公开发行股票的，以及股份有限公司申请股票上市的，应当附有律师事务所出具的法律意见书。

律师出具法律意见书应首先由律师事务所同委托方签订委托合同，然后由律师审查各项事实和资料后制作法律意见书。该法律意见书应以律师事务所的名义制作，由律师签名，并加盖事务所公章。律师及所在事务所应对意见书的真实性、准确性和完整性进行核查、验证,并就负有责任的部分承担连带责任。

对于公开发行股票的,还应当出具律师工作报告,对于股份有限公司的筹备情况和律师在其中所做的工作作出概括说明,以保证股份有限公司的整个活动程序符合法律要求。

2. 审查、修改、制作有关证券业务的法律文件

在证券的发行、交易过程中有许多重要性的法律文件,这些法律文件是证券发行与交易的必备条件,具有很强的技术性和规范性,其制作、修改、审查都需要证券律师的参与。具体说,律师在这方面的工作主要有:

(1)参与起草、修改或审查公司的创立性文件;

(2)参与制作、修改或审查证券发行文件;

(3)参与制作或审查有价证券;

(4)参与起草、审查有关证券上市及上市公司信息披露的文件;

(5)参与签订或审查证券承销协议、代售股票协议;

(6)参与证券发行和交易中有关合同或文件的签订、起草或审查。

二、公司债券发行中的律师业务

根据我国《公司法》的规定,股份有限公司、国有独资公司和两个以上的国有企业或者两个以上的其他国有投资主体投资设立的有限责任公司,为筹集生产经营资金,可以依照该法发行公司债券。

企业债券与公司债券,就二者发行的条件、程序及还本付息的特征来看,并无实质性的差异,因此可以认为,企业债券适用于未改建成公司形式的具有法人资格的企业,而公司债券适用于《公司法》规定的有权发行公司债券的公司。

律师为公司债券的发行提供法律服务,主要应注意以下一些问题。

(一)审查、确认发行主体资格

按照《公司法》的规定,只有股份有限公司、国有独资公司和两个以上的国有企业或者两个以上的其他国有投资主体投资设立的有限责任公司,才可以为了筹集生产经营所需要的资金而依法发行公司债券,一般的有限责任公司没有发行公司债券的资格。所以律师接受委托后,首先应审查欲发行公司债券的公司是否具备此条件。

(二)审查公司是否具备发行债券的条件

《证券法》第16条第1款明确规定了公开发行公司债券所必须符合的条件:

(1)股份有限公司的净资产不低于人民币3 000万元,有限责任公司的净资产不低于人民币6 000万元;

(2)累计债券余额不超过公司净资产的40%;

（3）最近 3 年平均可分配利润足以支付公司债券 1 年的利息；

（4）筹集的资金投向符合国家产业政策；

（5）债券的利率不超过国务院限定的利率水平；

（6）国务院规定的其他条件。

公开发行公司债券筹集的资金，必须用于核准的用途，不得用于弥补亏损和非生产性支出。上市公司发行可转换为股票的公司债券，除应当符合规定的上述条件外，还应当符合《证券法》关于公开发行股票的条件，并报国务院证券监督管理机构核准。

小贴士

《证券法》第 18 条还规定，有下列情形之一的，不得再次公开发行公司债券：

（1）前一次公开发行的公司债券尚未募足；

（2）对已公开发行的公司债券或者其他债务有违约或者延迟支付本息的事实，仍处于继续状态；

（3）违反该法规定，改变公开发行公司债券所募资金的用途。

律师应要求公司提供相关的文件、批文等，然后依法进行审查，主要是审查公司是否存在不能发行债券的法定情形。在全面了解情况的基础上，律师应提出合理的建议，采取合理的措施，协助公司做好相关法律事宜。

（三）明确债券种类，确定发行方式

公司债券的种类较多，各有其特色。依据不同的标准，可将公司债券分为不同的类别，常见的有公募公司债券与私募公司债券、记名公司债券与不记名公司债券、可转换公司债券与非转换公司债券、有担保公司债券与无担保公司债券、国内公司债券与国际公司债券等。

律师在接受委托后，应当了解拟发行债券的种类，因为不同的债券，其运作方式、程序、条件等方面会有不同，比如，私募公司债券的发行范围小，流动性差；记名债券的流动性差；发行无担保公司债券的限制条件相对要多等。所以，明确债券种类，对于接下来开展各项工作极为重要。

同样，确定发行方式也意义重大。实践中，一般主要采用公募发行的方式来发行无记名公司债券，律师应当根据具体情况，为发行公司提供相应的法律服务。

（四）协助公司按法定程序发行债券

按照《公司法》和《企业债券管理条例》的规定，符合条件的公司发行债券一般应遵循下述法定的程序。

1. 作出发行债券的决议或决定

发行公司债券属于公司经营策略和发展的重要事项,因此,应首先由公司内部作出决议或决定,具体分以下两种情况。

股份有限公司、有限责任公司发行公司债券,由董事会制订方案,股东会作出决议,决议的内容包括债券种类、面额和总额、利率、期限、偿还方式、发行方式及担保等事项。

国有独资公司发行公司债券,应由国有资产监督管理机构作出决定。

2. 制定债券发行章程或募集办法

在作出发行公司债券的决议或决定后,公司董事会应着手制定公司债券发行章程或公司债券募集办法。《公司法》(2013年修正)第154条对于公司债券募集办法中应载明的主要事项作了明确规定,律师应帮助公司做好这项工作。

3. 报请审核批准

拟公开发行公司债券,应当写出申请发行公司债券的正式书面报告,报请国务院授权的部门或者国务院证券监督管理机构核准,并应当报送下列文件:

(1) 公司营业执照;

(2) 公司章程;

(3) 公司债券募集办法;

(4) 资产评估报告和/或验资报告;

(5) 国务院授权的部门或者国务院证券监督管理机构规定的其他文件。

依照《证券法》规定聘请保荐人的,还应当报送保荐人出具的发行保荐书。

国务院证券监督管理机构对申请和有关文件审核后,根据情况作出批准或不予批准的决定。而且国务院证券监督管理机构对于已经批准的,也可以在发现其不符合法律规定时,予以撤销。

4. 公告募集办法

发行债券的申请经批准后,发行公司应当及时将公司债券募集办法公告于众,因为公司债券是向社会公众募集的,必须及时向社会公众公开有关信息。因此,律师应当注意公告公司债券募集办法,这是发行公司债券的一个重要的必经程序。公司债券募集办法中应载明下列主要事项:

(1) 公司名称;

(2) 债券募集资金的用途;

(3) 债券总额和债券的票面金额;

(4) 债券利率的确定方式;

(5) 还本付息的期限和方式;

(6) 债券担保情况;

(7) 债券的发行价格、发行的起止日期;

（8）公司净资产额；

（9）已发行的尚未到期的公司债券总额；

（10）公司债券的承销机构。

5. 募集款项和置备公司债券存根簿

当公司债券募集办法公告之后，发行公司就可以在募集办法中公告的期限内募集债款了。应募人按照其认购的数额缴纳款项后，公司应发给其公司债券，债券上应载明有法律规定的事项，并由董事长签名，公司盖章。

公司发行公司债券应当置备公司债券存根簿。发行记名公司债券的，应在存根簿上载明下列事项：债券持有人姓名或名称及住所，取得债券的日期及债券编号，债券总额、票面金额、利率、还本付息的期限和方式，债券的发行日期等。如果是发行无记名公司债券，则应在存根簿上载明债券总额、利率、偿还期限和方式、发行日期及债券编号。若是发行可转换为股票的公司债券的，除应登记上述内容外，还应当在债券上标明"可转换公司债券"字样，并在公司债券存根簿上载明可转换公司债券的数额。

6. 结束登记

公司债券的发行结束后，按照通行的做法，在公司债券募集工作结束后的一定期限内，公司董事会应当向证券监督管理机构登记。在申请结束登记时，应提交下列文件：关于募集公司债券的股东会记录，或授权部门的决定文件；公司最近的资产负债表，批准发行公司债券的文件；债款缴足证明书。

三、公司股票发行中的律师业务

律师在股票发行中的业务主要是参与起草、审查或修改有关股票发行的法律文件，协助、督促股份有限公司按法定条件、法定程序顺利完成发行工作。在这一业务中，律师主要应当注意下述一些问题。

（一）审查公司是否具备发行股票的条件

股票的具体发行条件因股票的类型或者发行时的情况不同而有所区别，我们通常所说的股票发行，主要是指公开发行股票。因此，律师应特别注意在不同情况下公开发行股票的条件。按《公司法》的规定，只有股份有限公司才有资格公开发行股票。

新设立的股份有限公司申请公开发行股票的条件，在《股票条例》第8条中有明确规定，而第9条对于原有企业改组为股份有限公司、申请公开发行股票的条件作了规定。另外，对于股份有限公司增资公开发行股票，定向募集公司申请公开发行股票所应具备的条件，《股票条例》也都作了详细的规定。作为律师，应当针对不同的情况，运用法律知识，给委托人以正确的指导。

（二）明确股票种类，并协助公司确定发行方式与发行价格

股票的种类很多，像优先股票与普通股票、记名股票与无记名股票、有表决权股票与

无表决权股票等。在一般情况下,我们所说的股票主要是"一股一票"、有票面金额、不记名的普通股票。我国现在没有规定无面额股票和无表决权股票。

股票的发行方式,常见的有直接发行与委托发行、公开发行与内部发行。我国股票发行一般分为下述 3 种:

(1) 公开发行,即股份有限公司以同一条件向社会公众公开发行股票;

(2) 私募发行,即由公司发起人共同认购同一公司的股票,发起人必须是法人;

(3) 内部发行,即向公司内部的职工发行股票。

我国《公司法》和《股票条例》都规定,公开发行的股票,应当由证券经营机构承销,即公开发行的股票必须采用委托发行的方式,而不能自己直接发行。

关于股票价格,我国《公司法》第 127 条规定,股票发行价格可以按票面金额,也可以超过票面金额,但不得低于票面金额。以超过票面金额发行股票所得溢价款列入公司资本公积金。股票溢价发行的具体管理办法由国务院另行规定。

(三) 协助公司按法定程序发行股票

按照《公司法》和《股票条例》的规定,申请公开发行股票,应按下列程序进行。

1. 提出申请

申请人应首先聘请会计师事务所、资产评估机构、律师事务所等专业性机构,对其资信、资产、财产状况进行审定、评估和就有关事项出具法律意见书,然后按隶属关系,分别向省级人民政府、计划单列市人民政府或者中央企业主管部门提出公开发行股票的申请。在申请人申请时,律师应当协助其准备、制作法定的文件并提交给有关部门。

2. 地方政府或中央主管部门审批

在国家下达的股票发行规模内,地方政府对地方企业的发行申请进行审批;中央企业主管部门在与申请人所在地的地方人民政府协商后,对中央企业的发行申请进行审批。

律师应提醒申请人,有关地方政府、中央企业主管部门审批申请的期限为自收到发行申请之日起 30 个工作日内,以使其及时采取措施维护自己的权益。

3. 证券监督管理委员会复审

申请人的发行申请被地方政府或中央主管部门批准后,应当送证监会复审。在这一程序中,申请人除应报送申请时的文件外,还应报送有关地方政府或者中央企业主管部门批准发行申请的文件及证监会要求报送的其他文件。

证监会的复审期限为自收到复审申请之日起 20 个工作日。经证监会复审同意的,律师应协助申请人向证券交易所上市委员会提出申请,经上市委员会同意接受上市的,方可发行股票。

四、股票上市中的律师业务

这一节讨论的内容是律师证券业务,包括股票与债券,因此也应当谈及债券上市中的律师业务,但由于目前我国证券交易所上市的债券主要是政府公债、金融债券和公司(企业)债券,其中,政府公债因其可信度高而被豁免上市申请、审查及收费等一切事项,公司(企业)债券的上市,与股票上市有相似的规定,因此,我们就以股票上市中的律师业务作为本部分内容的主题,以此来说明律师在证券上市中的业务及应注意的问题。

(一)审查公司是否具备股票上市的条件

证券交易所是集中进行证券交易的场所,但并不是任何一家公司的证券都可以在交易所内自由交易。为了保证证券的流通性和证券交易的安全,股份有限公司公开募集发行的股票,要进入证券交易所挂牌交易,必须具备相当的条件。对此,《公司法》与《股票条例》都作了相应的规定,而我国的两家证券交易所(上海证券交易所与深圳证券交易所)也对此作出了同样规定,律师应帮助委托方把好这一关,认真做好数据、文件等材料的制作。

(二)协助公司制作招股说明书

招股说明书是股份有限公司为向社会公众募集股份而公开发布的,介绍募集股份有关情况的法律文书。它是股份有限公司信息披露的重要文件,主要用来介绍公司章程的基本内容、公司的财力经济状况、本次募集股份的有关情况。律师应帮助公司按要求制作好这项文书,并要对公司出具的文件内容的真实性、准确性、完整性进行核查与验证,切实负责。

(三)律师出具法律意见书

由律师出具法律意见书,是国际上通行的一种做法。根据《股票条例》的规定,律师出具法律意见书是股票交易所必备的法律文件之一。因此,律师应当依法履行职责,抱着为委托方、为社会、为自己负责的态度,做好这项工作。

律师出具法律意见书应依内容及格式要求全面说明,但也可根据实际情况作适当的取舍或增加其他内容,对此应在工作报告中作特别说明,在法律意见中不宜使用"基本符合条件"、"假设"、"推定"一类用语,对于不符合条件的事项或者律师已经勤勉尽责仍不能对其法律适用作出确定意见的事项,应发表保留意见,并应指出上述事项对本次发行上市的影响程度。

律师不得出具有虚假内容、严重误导性内容或有重大遗漏的法律意见。律师有权及时知晓已上报的申报材料的任何变动,并要经律师书面确认。此书面意见也应当立即报送中国证监会。发行人取得发行、上市的许可,律师应发表补充意见,说明法律意见书出具日至招股说明书公布日期间,法律意见书所涉及的内容及发行人的法律地位是否发生重大变化,若有,则应就此发表法律意见,上报中国证监会。

报送中国证监会的法律意见书应当是由两名取得从事证券法律业务资格的律师及其所在的律师事务所签字、盖章的正式文本,法律意见书应按照规定的格式制作,包括名称、抬头、引言、正文、结尾等部分的内容都必须规范。

(四) 协助公司依法定程序申请股票上市交易

1. 向证券交易所申请

申请股票上市,应当向证券交易所提出申请,并聘请具有保荐资格的机构担任保荐人。

根据《证券法》第 50 条的规定,股份有限公司申请股票上市,应当符合下列条件:

(1) 股票经国务院证券监督管理机构核准已公开发行;

(2) 公司股本总额不少于人民币 3000 万元;

(3) 公开发行的股份达到公司股份总数的 25% 以上;公司股本总额超过人民币 4 亿元的,公开发行股份的比例为 10% 以上;

(4) 公司最近 3 年无重大违法行为,财务会计报告无虚假记载。证券交易所可以规定高于前述规定的上市条件,并报国务院证券监督管理机构批准。

根据《证券法》第 52 条的规定,申请股票上市交易,应当向证券交易所报送下列文件:

(1) 上市报告书;

(2) 申请股票上市的股东大会决议;

(3) 公司章程;

(4) 公司营业执照;

(5) 依法经会计师事务所审计的公司最近 3 年的财务会计报告;

(6) 法律意见书和上市保荐书;

(7) 最近一次的招股说明书;

(8) 证券交易所上市规则规定的其他文件。

股票上市交易申请由证券交易所依法审核同意,并由双方签订上市协议。

2. 发布上市公告

股票上市交易申请经证券交易所审核同意后,签订上市协议的公司应当在规定的期限内公告股票上市的有关文件,并将该文件置备于指定场所供公众查阅。

签订上市协议的公司除公告前述的文件外,还应当公告下列事项:

(1) 股票获准在证券交易所交易的日期;

(2) 持有公司股份最多的前 10 名股东的名单和持股数额;

(3) 公司的实际控制人;

（4）董事、监事、高级管理人员的姓名及持有本公司股票和质券的情况。

 **延伸阅读**

IPO 概 述

IPO，全称 Initial public offering（首次公开募股），指某公司（股份有限公司或有限责任公司）首次向社会公众公开招股的发行方式，通常为"普通股"。有限责任公司 IPO 后会成为股份有限公司。

IPO 的相应英文解释：IPO is an acronym for Initial Public Offering. It is the first sale of a corporation's common shares to public investors. The main purpose of an IPO is to raise capital for the corporation。

对应于一级市场，大部分公开发行股票由投资银行集团承销或者包销而进入市场，银行按照一定的折扣价从发行方购买到自己的账户，然后以约定的价格出售，公开发行的准备费用较高，私募可以在某种程度上部分规避此类费用。

这个现象在 20 世纪 90 年代末的美国发起，当时美国正经历科网股泡沫。创办人会以独立资本成立公司，并希望在牛市期间透过首次公开募股集资（IPO）。由于投资者认为这些公司有机会成为微软第二，股价在它们上市的初期通常都会上扬。

不少创办人都在一夜之间成了百万富翁。而受惠于认股权，雇员也赚取了可观的收入。在美国，大部分透过首次公开募股集资的股票都会在纳斯达克市场内交易。很多亚洲国家的公司都会通过类似的方法来筹措资金，以发展公司业务。

五、上市公司信息披露中的律师业务

证券市场信息披露制度是指证券发行公司于证券的发行与流通诸环节中，依法将与其证券有关的一切真实信息予以公开，以供投资者作为证券投资判断参考的法律制度。

股票发行公司必须公告招股说明书是信息披露制度在证券发行市场的表现。在证券交易市场，上市公司必须定期向公众公开其经营和财务状况，及时地、不定期地提供可能对上市公司证券的买卖活动及价格有重大影响的任何信息，以保护投资者的安全，形成有效率的交易市场。

上市公司在证券交易市场需持续披露的文件包括上市公司的年度报告、中期报告等定期报告文件，以及临时报告书等文件。律师在上市公司信息披露中提供的证券法律服务主要是：参与起草、审查有关信息披露文件，督促上市公司依法披露有关信息等。

中国证监会要求披露的全部信息均为公开信息，律师应与上市公司共同做好这项工作。但律师应提醒上市公司，下列信息有权不予披露：法律、法规予以保护并允许不予披露的商业秘密;中国证监会在调查违法行为过程中获得的非公开信息和文件;根据有关法律、法规规定可以不予披露的其他信息和文件。

六、上市公司收购中的律师业务

上市公司收购,是指通过公开要约收购一家公司的股份而取得对该公司控制权的行为。公司收购虽然有利于优化资源配置和产业结构及企业组织结构,但由于公司收购涉及被收购公司(目标公司)控制权的争夺,对目标公司及其股东均有重大影响,易引起股市动荡,滋生内幕交易等证券欺诈行为。因此,法律、法规对此行为进行了专门立法,作出了严格的条件及程序规定。

律师在上市公司收购中就是要协助委托方依法定条件、法定程序完成收购行为,具体来说,主要业务是:审查收购条件;协助制订收购方案或者反收购方案;督促公司收购的当事人依法行事;参与起草、审查有关的法律文件,如公司收购公告、收购协议等。这就要求律师必须熟悉相应的法律、法规及证券交易所的规定,防止出现股市的大动荡。

 **实训练习**

例题

2008 年 3 月 6 日,A 销售有限责任公司聘用王某为业务员,双方签订了期限为 2 年的劳动合同。2008 年 4 月 29 日,双方又补签了一份《保密与竞业限制协议书》,约定:王某自本单位离职后 18 个月内,不得直接或间接从事与销售有关电子防盗器、警报器、扬声器之相关行业,亦不得泄露销售公司的机密或其他会损害销售公司的事情。若违反本条规定,王某需赔偿销售公司损失金 20000 元。

2000 年 5 月,王某以攻读硕士研究生为由,向销售公司提出辞职,并办理了离职手续。半年后,销售公司发现王某并未"读研"而是到了本市另外一家与自己公司具有竞争业务的乙公司任职。

问题:A 销售公司欲提起劳动仲裁,要求王某赔偿损失金 20000 元,请代表销售公司起草一份仲裁申请书。

律师与公证

第十三章
公证制度概述

学习目标

1. 掌握公证、公证制度的概念及内容；
2. 明晰公证制度的功能及基本原则；
3. 了解世界范围内公证制度的产生与发展。

引导案例

孙某朋友小李因买自住房缺钱，遂向孙某借 6 万元。双方约定还款期限为 1 年，并打了借条。孙某有一做律师亲戚建议他对该借款协议进行公证。于是孙某和小李到本地公证处对该借款协议进行公证，并签订了强制执行公证书。

1 年的借款期限已过，但小李未还款并请求孙某给予宽限一些时日。后孙某又屡次登门讨债，都无果而返。于是在律师亲戚建议下，孙某持公证处所开具的《执行证书》，向法院申请强制执行，讨回 6 万元借款。

[解析]

本案是典型的民间借贷合同公证，依据现行《中华人民共和国公证法》①第 37 条第 1 款规定："对经公证的以给付为内容并载明债务人愿意接受强制执行承诺的债权文书，债务人不履行或者履行不适当的，债权人可以依法向有管辖权的人民法院申请执行。"现行《公证程序规则》②第 39 条规定："具有强制执行效力的债权文书的公证，应当符合下列条

---

① 2005 年 8 月 28 日第十届全国人民代表大会常务委员会第十七次会议通过了我国首部《公证法》。根据 2015 年 4 月 24 日第十二届全国人民代表大会常务委员会第十四次会议通过的《关于修改〈中华人民共和国义务教育法〉等五部法律的决定》，对《公证法》作了相应修改。将第 46 条修改为："公证费的收费标准由省、自治区、直辖市人民政府价格主管部门会同同级司法行政部门制定。"

② 《公证程序规则》于 2006 年 5 月 10 日司法部部务会议审议通过，自 2006 年 7 月 1 日起施行。司法部 2002 年 6 月 18 日发布的《公证程序规则》（司法部令第 72 号）同时废止。

件:(一)债权文书以给付货币、物品或者有价证券为内容;(二)债权债务关系明确,债权人和债务人对债权文书有关给付内容无疑义;(三)债权文书中载明当债务人不履行或者不适当履行义务时,债务人愿意接受强制执行的承诺;(四)《公证法》规定的其他条件。"和第55条第1款规定:"债务人不履行或者不适当履行经公证的具有强制执行效力的债权文书的,公证机构可以根据债权人的申请,依照有关规定出具执行证书。执行证书应当在法律规定的执行期限内出具。"孙某可直接向当地法院申请强制执行。

第一节　公证的概念及特征

一、公证的概念

"公证"(notarization)一词最早来源于拉丁语"nota",是指古罗马有专门的"达比伦"所从事的一种特殊的证明活动。历经时代发展和变迁,"公证"现含义已指为国家或为社会所公认的证明活动,具有非诉讼性。现今,关于公证的概念学界并无统一,随着2005年我国《公证法》的首次出台,在第2条中规定:"公证是公证机构根据自然人、法人或者其他组织的申请,依照法定程序对民事法律行为、有法律意义的事实和文书的真实性、合法性予以证明的活动。"

二、公证的特征

通过上述《公证法》第2条规定,可见公证具有如下特征:

第一,公证主体是公证机构,而非公证员,即机构本位;

第二,公证活动的启动是基于自然人、法人或者其他组织的申请,即公证机构不能在没有当事人相关申请的前提下,而主动启动公证申请,为当事人办理公证;

第三,公证要依照法定程序而为之,即我国对公证活动已有相关立法规范(包括了实体上和程序上的规定,如《公证法》第四章公证程序作了详细规定),一切皆须依法行之;

第四,公证证明对象为民事法律行为[①]、有法律意义的事实[②]和文书[③];

---

① 根据我国《民法通则》第54和55条规定,民事法律行为是指公民或者法人设立、变更、终止民事权利和民事义务的合法行为。民事法律行为应当具备三个条件:一是行为人具有相应的民事法律行为;二是意思表示真实;三是不违反法律或者社会公共利益。

② 有法律意义的事实,是指法律所规定的,能够引起法律关系产生、变更或消灭的客观事实或者现象,可分为事件和行为两类。

③ 有法律意义的文书,是指有特定法律意义的各种文件、证书以及文字材料的总称,即反映具有特定法律意义的国家机关、社会组织、企事业单位或个人在社会活动中为处理事务、交流信息而使用的各种载体的文字、图表、声像等记录材料。

第五,公证目的是为了证明被证明对象具有真实性和合法性。[1]

此外,公证在作为一种非诉讼活动方面,主要是与人民法院审理案件的诉讼活动相区别,而具有自身显著特征。首先,时间序列上不同。公证是在发生民事争议之前,对民事法律行为、有法律意义的事实和文书的真实性及合法性予以证明。其次,公证是一种非诉讼活动,其目的在于借以防止纠纷,减少诉讼。即做到提前证明,有效化解可能会产生的争议及纠纷,减少日后不必要的民事诉讼程序;而人民法院的诉讼活动,是在发生民事权益纠纷并由当事人起诉之后进行的,其最终目的是做出法律裁决。再次,公证只有申请人,而无被申请人;但民事诉讼当事人则存在着申请人与被申请人。最后,公证活动是依据《公证法》等相关法律法规展开的;而民事诉讼活动是依据《民事诉讼法》等相关法律法规进行的。

第二节　公证制度的概念、特征及功能

一、公证制度的概念

公证制度在当代我国依法治国理念下,宏观上看对于保障经济的健康发展,维持社会良好秩序,保护公民、法人及其他社会组织的合法权益等方面,发挥着积极和重要作用。不同学者对于何谓公证制度所下定义不同。如公证制度是进行公证证明活动的一项法律制度,是公证机构和公证人员办理公证事项必须遵循的行为规范。[2] 所谓公证制度,是指公证组织制度、公证行为制度、公证管理制度以及公证救济制度的总称。

公证制度是一种预防性的司法证明制度。[3] 公证制度是保障实体法正确实施的程序性法律制度,是国家司法制度的重要组成部分。[4]

综上,公证制度是国家所确立的,对由公证机构所实施的一系列司法证明活动进行规范的制度。

二、公证制度的特征

作为我国司法制度的一个重要组成部分,公证制度具有如下特征。

(一)专属性

我国法律赋予公证机构专属行使公证证明权利,即公证机构作为行使国家法律赋予

---

[1]　王胜明、段正坤主编:《中华人民共和国公证法释义》,8~11页,北京,法律出版社,2006。
[2]　刘金华、俞兆光:《公证与律师制度》(第2版),1页,厦门,厦门大学出版社,2011。
[3]　王进喜主编:《律师与公证制度》(第2版),185页,北京,中国人民大学出版社,2013。
[4]　田平安主编:《律师、公证与仲裁教程》,286页,北京,法律出版社,2002。

的公证证明权的主体,依据事实和法律、法规,独立办理公证事务,不受其他单位、个人的非法干涉。[①] 此权利不可转让、不可放弃,公证机构以外个人、单位或社会组织不得行使该权利。

意大利规定公证书代表国家,并规定了公证人的职务印章上带有国徽和公证人的名字,公证书的页头注有"意大利共和国"字样。德国法律规定公证人为国家授权的自由执业者,使公证具有公职性和自由执业的双重性,公证人是行使国家公务的人员,利用国家赋予的权利为公共利益服务。

(二)独立性

《公证法》第 6 条明确规定:"公证机构是依法设立,不以营利为目的,依法独立行使公证职能、承担民事责任的证明机构。"这表明了公证行业是一种服务于公共利益的事业,不是任何一方当事人的代理人,公证机构在开展公证活动时,独立于任何个人、单位和社会团体,不受其干扰干涉,保证公证程序合法,保证出具的公证书真实有效。大陆法系国家在公证行业中规定,公证人不属于任何企业、事业单位,不属于任何团体和机关,公证人独自处理公证事务和承担相应的民事责任。

例如德国,在其《公证人法》中有如下规定:公证人职业的性质为非营利性质,公证人在开展工作的时候,必须使用刻有州徽的职务印章。公证人员是利用国家赋予的公证权,行使公证职能,为社会公共事业服务的自由职业者。[②] 意大利为保证公证人的独立性、公正性,国家禁止公证人加入任何党派,并且公证人不领取国家工资,而是按自由职业者方式个人执业,自主决定公证事务,并独立承担法律责任。[③]

(三)非营利性

《公证法》第 6 条中规定了公证机构不以营利为目的,表明公证机构不是商事主体,不以追求利润和营利为经营目的。如果公证活动具有营利性,势必导致私下抢业务、公证过程不透明不合法、为相关当事人出具虚假公证书等违法现象产生。

2015 年我国《公证法》第 46 条,对于公证收费又作了专门修改,规定了公证费的收费标准由各省、自治区、直辖市人民政府价格主管部门会同同级司法行政部门制定。上海市东方公证处收费标准按国家和上海市政府出台的相关规定,将收费项目分为证明法律行为,证明有法律意义的文书,办理遗嘱公证和保管遗嘱、清点保管遗嘱、确认遗嘱的效力,证明其他民事法律行为的设立、更正、终止,依法办理的其他民事法律事务,对已受理的公证事项,申请人要求撤回七大类。

---

① 马宏俊主编:《公证法学》,2 页,北京,北京大学出版社,2013。

② 法律教育网,http://www.chinalawedu.com/new/201311/caoxinyu201311041609 4181573502.shtml。

③ 刘金华、俞兆光:《公证与律师制度》(第 2 版),15 页,厦门,厦门大学出版社,2011。

其中，如证明非财产性民事协议如赡养协议、抚养、变更抚养协议等，每件收费 100 元；证明涉及财产关系的民事协议如家庭财产分割协议、遗产分割协议、婚前财产约定、离婚财产分割协议等，每件收费 400 元；证明民间借款、还款协议、合同的，每件收费 400 元；办理遗嘱公证的，每件收费 400 元（不涉及财产的 2000 元）；对声明书、委托书公证的，公民个人申办的每件收费 200 元；对招标投标开标、决标公证的，每件收费 3000 元；民事法律咨询的，涉及财产关系的，每半小时收费 100 元，不涉及财产关系的，每半小时收费 50 元，简单的口头咨询免费等。①

三、公证制度的功能

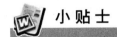 小贴士

> 我国《公证法》第 11 条规定："根据自然人、法人或其他组织的申请，公证机构办理下列公证事项：（一）合同；（二）继承；（三）委托、声明、赠与、遗嘱；（四）财产分割；（五）招标投标、拍卖；（六）婚姻状况、亲属关系、收养关系；（七）出生、生存、死亡、身份、经历、学历、学位、职务、职称、有无违法犯罪记录；（八）公司章程；（九）保全证据；（十）文书上的签名、印鉴、日期，文书的副本、影印本与原本相符；（十一）自然人、法人或者其他组织自愿申请办理的其他公证事项。法律、行政法规规定应当公证的事项，有关自然人、法人或者其他组织应当向公证机构申请办理公证。"第 12 条规定："根据自然人、法人或者其他组织的申请，公证机构可以办理下列事务：（一）法律、行政法规规定由公证机构登记的事务；（二）提存；（三）保管遗嘱、遗产或者其他与公证事项有关的财产、物品、文书；（四）代写与公证事项有关的法律事务文书；（五）提供公证法律咨询。"

从上述《公证法》相关公证事项规定所示，公证活动涉及大量与自然人、法人和其他社会组织相关的民事法律行为、具有法律意义的事实和文书，因此微观上来看，公证制度具有下述功能。

（一）预防纠纷

我国设立公证制度，正是为社会提供普遍证明力的公证证明，预防纠纷，减少诉讼。我国《公证法》在第 1 条中就明确规定了："为规范公证活动，保障公证机构和公证员依法履行职责，预防纠纷，保障自然人、法人或者其他组织的合法权益，制定本法。"

可见预防纠纷是公证制度的首要功能和基本功能。公证活动多发生在法律纠纷前，公证机构通过开展公证业务，依照法定程序对申请人申请的公证事项进行合法审查，依

---

① 上海市东方公证处，http://www.sh-notary.gov.cn/guide/charge.php。

法出具公证书,赋予其公证效力,从伊始就排除或减少日后产生纠纷隐患,避免走诉讼程序,来降低交易风险和成本,更好地保护当事人权益。并且,若经过公证后,仍有纠纷产生,公证具有证据效力,无疑也为纠纷诉讼提供帮助,帮助人民法院提高审理效率和公正审理。

(二)保障利益

公证制度可以通过其具有真实性和合法性统一构成的实质性证明方式,来发挥其保障自然人、法人和其他社会组织权益的作用,这是其重要功能。尤其是在现如今"互联网+"时代,如何更好地应对出现的各种新问题新挑战,有效保障当事人合法权益,也是公证机构所要面对的一个现实紧迫课题。

 案例 13-1

当今互联网时代,人肉搜索、网络语言暴力是互联网空间一大毒瘤,但因举证难度高,受害者选择维权的很少。今年高考结果出炉后,有网友在新浪微博质疑扬州某知名中学教学质量,引起群议汹汹。进行了微博身份认证的教师杨女士转发相关微博并声援质疑者,不料引火烧身,被"人肉搜索"后,部分网友对她及家人进行丑化和威胁。杨女士想将这些网民告上法庭,于是向扬州公证处求助。

[解析]

扬州公证部门评估认为,微博是一种数据信息,通常系统管理者与信息发布者不存在直接利害关系,微博信息被篡改可能性较小,可靠性较高,因此可以对微博信息进行证据保全。根据《公证程序规则》第 54 条规定:"公证机构派员外出办理保全证据公证的,由二人共同办理,承办公证员应当亲自外出办理。办理保全证据公证,承办公证员发现当事人是采用法律、法规禁止的方式取得证据的,应当不予办理公证。"公证员要求当事人使用公证处办公计算机和办公网络进行操作,并仔细把握和检查公证各环节,避免恶意技术手段干扰保全过程。同时,公证员采用现场记录、打印等多种方式监控保全全程,并结合截屏打印和实时打印,使保全的微博信息更加全面、证据形式更加直观。拿到公证书后,杨女士终于"有底气"向法院申请立案。①

(三)规范公证

我国《公证法》第 3 条规定:"公证机构办理公证,应当遵守法律,坚持客观、公正的原则。"第 22 条第 1 款规定:"公证员应当遵纪守法,恪守职业道德,依法履行公证职责,保

---

① 中国江苏网,http://news.163.com/15/1103/08/B7FVJ7JU00014AED.html。

守执业秘密。"《公证程序规则》第 2 条规定："公证机构办理公证,应当遵守法律,坚持客观、公正的原则,遵守公证执业规范和执业纪律。"《公证机构执业管理办法》[①]第 3 条规定："公证机构办理公证,应当遵守法律,坚持客观、公正的原则,遵守公证执业规范和执业纪律。公证机构应当加入地方和全国的公证协会。"

《公证员职业道德基本准则》[②]第 1 条和第 3 条分别规定了"公证员应当忠于宪法和法律,自觉践行社会主义法治理念"和"公证员应当依法办理公证事项,恪守客观、公正的原则,做到以事实为依据、法律为准绳"。从上述各项规定可以看出,公证机构和公证员开展公证活动必须在法制框架下进行,无论是实体上还是程序上都要合乎相关法律法规规定,只有如此,才能真正实现预防纠纷和保障利益的两大功能,并保证出具的公证报告具有真实法律效力。

同时,为保障公证机构和公证员依法公证,《公证法》赋予了公证协会和司法行政部门对公证机构、公证员相应的监督权,如第 4 条第 2 款和第 5 条分别规定了"公证协会是公证业的自律性组织,依据章程开展活动,对公证机构、公证员的执业活动进行监督"和"司法行政部门依照本法规定对公证机构、公证员和公证协会进行监督、指导"。

意大利对公证业实行公证人行业协会管理与司法部行政管理相结合的管理模式。德国赋予法院、司法行政机关和公证行业协会(设有公证人协会和公证人联合会)管理公证人和公证事务。法国实行行业协会管理为主模式,实行的是金字塔式的三级行业协会管理体制,即省公证人协会、地区公证人理事会和法国公证人高等理事会。[③]

 案例 13-2[④]

2003 年 11 月 18 日,毛某某学校认为自己所承租的白某某旅馆的房间供暖温度不达标,向西城区第二公证处提出对其承租房屋的室内温度进行测量并做证据保全公证。当天,第二公证处的两位公证员到达白某某旅馆,公证员使用毛某某学校购买的温度计,与毛某某学校的法定代表人共同对该旅馆的 16 间房进行了现场温度测量。毛某某学校的工作人员对测量温度的过程进行了录像。11 月 19 日,第二公证处对温度测量情况出具了公证书。

2004 年 2 月 10 日,白某某旅馆以第二公证处出具的公证书内容虚假、程序违法为由

---

① 《公证机构执业管理办法》于 2006 年 2 月 21 日司法部部务会议审议通过,自 2006 年 3 月 1 日起施行。

② 《公证员职业道德基本准则》于 2002 年 2 月 28 日中国公证员协会三届三次理事会通过,2010 年 12 月 28 日中国公证协会六届二次理事会会议修订。

③ 刘金华、俞兆光:《公证与律师制度》(第 2 版),16～21 页,厦门,厦门大学出版社,2011。

④ 法易网,http://case.fayi.com.cn/35440.html。

向西城区司法局提出撤销该公证申请。同年 4 月 5 日,西城区司法局作出维持该公证书的行政决定。白某某旅馆对西城区司法局的行政决定不服,向法院起诉,请求法院撤销该决定。

终审法院认为,根据当时正实施的《公证暂行条例》的相关规定,第二公证处根据毛某某学校申请的事项对室内温度测量进行证据保全,属于公证处的业务范围。但室内温度测量具有专业性,公证处可聘请或委托专业部门、有专业知识的人员进行。而公证处公证人员直接参与室内温度测量并做出公证书程序违法。西城区司法局作出维持公证书决定属于认定事实不清,适用法律错误,应予撤销。

[解析]

公证书作为证据比一般证据的可信度和法律效力要高,所以要求公证书必须客观公正。根据我国现行《公证法》第 40 条规定:"当事人、公证事项的利害关系人对公证书的内容有争议的,可以就该争议向人民法院提起民事诉讼"和第 43 条第 1 款规定:"公证机构及其公证员因过错给当事人、公证事项的利害关系人造成损失的,由公证机构承担相应的赔偿责任;公证机构赔偿后,可以向有故意或者重大过失的公证员追偿",如果因为公证书的内容虚假或取得公证书的程序违法给当事人造成损失,当事人可以要求公证机关赔偿。

第三节　公证制度的历史沿革

公证制度是私有制和商品经济发展的产物,是随着人类社会经济不断发展而逐步完善起来的一项司法或准司法证明制度。

一、外国公证制度的历史沿革

通常认为,巴比伦、古埃及和古希伯来时期的誊写员(les scribes)是公证人的鼻祖,其主要职责是赋予协议安全、可靠的形式,防止口头协议常出现记忆模糊或由于当事人的故意歪曲篡改而发生纠纷。[①] 历史上最早出现的公证制度萌芽于古罗马共和国末期,当时出现了被称为"诺达里"的人,它有书写人的意思,其专门为奴隶主起草各种文书、契约。

后来,在罗马法与罗马诉讼程序的形式主义统治下,罗马居民也感到需要一种从事拟定文书的法律行为的人为其服务,这样,在罗马就有了一种专门从事代书职业的人"达

---

① 王胜明、段正坤主编:《中华人民共和国公证法释义》,1 页,北京,法律出版社,2006。

比伦"。他们给予当事人以法律上的帮助,不仅代拟各种法律文书,还签字作证明。他们具有法律知识,领取国家规定的报酬。这种代书人的制度被认为是现代公证制度的起源。①

4世纪,罗马帝国广泛流行着宗教公证,教皇、大主教、主教均有自己的书记,他们的活动从教会组织逐渐伸展到世俗人的民事法律关系范围里来,与代书人互相竞争。9世纪到15世纪,随着皇帝与王公的世俗权力的加强,宗教公证从被限制到最后被剥夺,由国家建立了专门的机构公证处。公证处成为国家机关,公证人代替了代书人,公证人的活动取得了立法的确认。②

法国是现代公证制度的诞生地,于1803年颁布了《公证法》。该法规定了公证人是为从事辅助性司法活动而设立的公务员,但是,公证人不拿国家工资,按自由职业者方式独立执业,自主决定公证事务,并独立承担法律责任。法国公证人由司法部长任命,实行终身制。法国公证人事务所分为单一型的公证人事务所和合伙型的公证人事务所。法国《公证法》明确规定了公证证书不仅具有裁判上的证明力,而且在法兰西共和国领域内具有执行力。

其后,比利时、意大利、德国、日本、土耳其等大陆法系国家也都陆续实行公证制度。如意大利于1913年颁布了《公证法》。在意大利,公证机构出具的公证书具有高于其他书让的证明力,公证人签发的执行证书具有强制执行的效力。意大利公证人实行人所合一的体制,即一个公证人事务所只有一名公证人,其行业规范主要是指意大利公证人协会于1994年制定的《公证人业务道德准则》。德国于1961年颁布了《公证人法》,1970年又颁布了《公证证书法》。德国将公证人分为专职(独立)公证人(5个州)、公职公证人(2个州)和律师公证人三种类型,以律师公证人和专职公证人为主。

作为英美法系代表的美国,其公证制度属于州立法范围内,各州享有公证立法权,都制定了自己的公证法。此外,联邦法和全美公证人协会也都出台了涉及公证内容的相关规定和模范法规。公证人由各州州长或州务秘书任命,其业务范围同大陆法系国家相比,受到很大限制。主要包括接受宣誓、制作确认书、制作票据拒绝证书和见证当事人签名等。英国作为判例法传统国家,并无统一的公证法,只是通过国会通过的有关公证人的法令和教会的传统法规来规定公证制度。③

---

①　王进喜主编:《律师与公证制度》(第2版),187页,北京,中国人民大学出版社,2013。

②　百度百科网,http://baike.baidu.com/link?url=hUtb8dJOHLSmvhy4c5LTcvOdxj_SXOEK1SF8CL-E81wAyLihCDIVskkoTfHl3iHNlujCZMLBuyN0yoHqSml6ZK。

③　刘金华、俞兆光:《公证与律师制度》(第2版),15~24页,厦门,厦门大学出版社,2011。

二、我国公证制度的历史沿革

（一）1949 年中华人民共和国成立前

"公证"在我国的法律发展史上并未被提及,在我国传统的法文化中崇尚的是刑法,"出礼则入刑"是我国法律制度的体现。[①] 但有学者以史料佐证指出我国公证制度发端于西周时期,秦汉为公证文化的衰落与私证文化的起搏,唐代为公证文化的复苏与私证文化的勃兴,宋代为国家公证、民间公证的空前活跃前代,元代为国家公证与民间私证的急剧逆转时代,明清为公证与私证文化的稳中求变与推陈出新时代。[②]

我国的公证制度是从古代私证制度演化而来。中国古代有"中人"作证的习俗,当人们买卖房屋土地、立遗嘱、进行借贷等行为时,为避免双方当事人有日后反悔或争议时,邀请中立的证人在契约文书上也要签字画押,他们的证明不具有法律约束力,但在民间契约关系中却代表了一种权威与公正。[③] 后来私证逐渐被公证所取代,宋代出现的专业代书、证明机构——书铺为中国古代最早的公证机构。此处书铺不是专指刊印售卖书籍营利的商铺,而是指代理各种公证业务,如证明当事人供状、婚姻、地产契约等。

我国历史上真正意义上的公证制度出现于民国时期。如广东省特区法院于 1920 年首先推行公证制度。我国最早出现关于"公证"的法规是《大清民事诉讼草案》,这一法规是由清末法家代表人物沈家本编订。1935 年由当时的司法行政部颁行的《公证暂行规则》(旧中国的第一个公证法规,基本结构模仿了当时的日本公证制度)、《公证暂行规则实施细则》《公正费用规则》《公证法实施细则》等标志着公证制度正式在我国确立。[④]

此外,中华人民共和国成立前,在先后解放的哈尔滨、沈阳、上海等城市的法院设立了公证机构,开办公证业务。

（二）1949 年中华人民共和国成立后

新中国成立后,1950 年下半年,南昌市、上海市人民法院率先开办公私合同公证业务。1951 年前后,中央人民政府司法部指示各大行政区司法部积极领导各城市人民法院开办公私合同公证业务。

1951 年 9 月,中央人民政府委员会颁布了《中华人民共和国人民法院组织暂行条例》,其中第 12 条和第 20 条规定了县级人民法院、中央及大行政区直辖市人民法院管辖公证及其他法令所定非讼事件。该暂行条例为新中国公证工作有立法根据的首个法律

---

① 法律教育网,http://www.chinalawedu.com/new/201311/caoxinyu20131104160941815735O2.shtml。
② 马宏俊主编:《公证法学》,8～31 页,北京,北京大学出版社,2013。
③ 王胜明、段正坤主编:《〈中华人民共和国公证法〉释义》,3 页,北京,法律出版社,2006。
④ 王进喜主编:《律师与公证制度》(第 2 版),187 页,北京,中国人民大学出版社,2013。

文件。1956 年,司法部决定扩大公证业务范围,向国务院报关了《关于开展公证工作的请示报告》,并得以批准。1957 年,全国公证业务数量如雨后春笋般快速增长,公证员队伍也不断壮大。

1957 年,由于"反右"斗争扩大化,社会主义法制遭到极大破坏,公证工作也陷入困境。1958 年初,各地公证处被大批撤销。到 1959 年,全国司法行政机关被撤销,公证工作归属于人民法院管理。除了几个大中城市的人民法院和为数有限的公证处还在办理一些出于国际惯例所需的涉外公证业务外,国内公证业务基本停办。随后的"文化大革命"时期,国内公证业务实际上已停止了。

20 世纪 70 年代初,各级人民法院逐渐恢复后,公证业务也随之复苏。党的十一届三中全会后,司法部尚未重建之前,各地在最高人民法院领导下,使公证制度在全国得以恢复和发展。司法部重建不久后于 1980 年 3 月 5 日发出《关于公证处的设置和管理体制问题的通知》,明确公证处归属司法行政机关领导。

1982 年,3 月 1 日,国务院颁行《关于办理几项主要公证行为的试行办法》。同年 4 月 13 日国务院又颁行了《中华人民共和国公证暂行条例》,这是新中国第一个公证法规。为细化公证工作相关规定,司法部于 1986 年 12 月 4 日颁布了《办理公证程序试行细则》。经过几年试行后,1991 年 4 月 1 日又颁布了《公证程序规则(试行)》,并颁布了《公证书格式》《公证处内部使用文书格式》等配套规定。

根据党的十四届三中全会关于建立社会主义市场经济体制的要求,公证体制也进入改革阶段。2000 年 7 月国务院批准了司法部提交的《关于深化公证工作改革的方案》,指出了公证改革的指导思想、目标和公证工作的发展目标,提出了建立与市场经济体制相适应的公证机构、建立高素质的公证专业队伍、规范和完善公证处内部运行机制和建立有中国特色的公证管理体制等方面的具体安排。2002 年 6 月,司法部部长办公室会议审议通过了《公证程序规则》。

2003 年 9 月,司法部向国务院报送了此前经历 1990、1995、2002 年三次送审的《中华人民共和国公证法(送审稿)》。我国公证制度真正成熟于 2005 年《中华人民共和国公证法》的通过和出台,2006 年 3 月 1 日正式实施,它标志着我国公证制度进入了新的发展阶段。

从《公证法》的内容不难看出,我国沿用的是大陆法系国家的相关公证制度,同时还融入了许多英美法系国家的公证制度,总体上体现出"混合型"的特点。① 新的《公证程序规则》于 2006 年 5 月 10 日司法部部务会议审议通过,自 2006 年 7 月 1 日起施行(司法部 2002 年 6 月 18 日发布的《公证程序规则》同时废止)。

---

① 法律教育网,http://www.chinalawedu.com/new/201311/caoxinyu20131104160941815735 02.shtml。

　　2015年4月24日第十二届全国人民代表大会常务委员会第十四次会议通过了对《中华人民共和国公证法》的修改决定,并自公布之日起施行。

 **实训练习**

　　1. 什么是公证? 公证的特征有哪些?

　　2. 什么是公证制度? 公证制度的特征及功能有哪些?

　　3. 我国现有哪些与公证相关的立法规定?

律师与公证

第十四章

公证实务

知识拓展

我国对于公证机构不予办理公证的事项在《公证法》第 31 条和《公证程序规则》第 48 条作了相同规定："有下列情形之一的，公证机构不予办理公证：

（一）无民事行为能力人或者限制行为能力人没有监护人代理申请办理公证的；

（二）当事人与申请公证的事项没有利害关系的；

（三）申请公证的事项属专业技术鉴定、评估事项的；

（四）当事人之间对申请公证的事项有争议的；

（五）当事人虚构、隐瞒事实，或者提供虚假证明材料的；

（六）当事人提供的证明材料不充分或者拒绝补充证明材料的；

（七）申请公证的事项不真实、不合法的；

（八）申请公证的事项违背社会公德；

（九）当事人拒绝按照规定支付公证费的。"

END

第一节　合　同　公　证

根据我国《公证法》第 11 条规定,自然人、法人或其他组织的申请,公证机构可以办理的公证事项有 11 项,其中合同公证为最主要也是生活中最常见的公证事项之一。

一、合同公证的概念及特征

合同公证是公证机构根据合同当事人的申请,依照法定程序,对合同双方当事人自愿签订的合同的真实性、合法性进行审查、确认后,出具公证书的一种非诉讼活动。合同公证制度是国家对合同的签订和履行实行监督的法律制度。公证机关指导合同当事人依法签订合同,使合同真实、合法,并促使签约各方认真履行合同,预防纠纷,减少诉讼,维护国家利益和合同当事人的合法权益。

从上述概念可得知合同公证具有以下法律特征。

(一) 合同双方当事人特定

2006 年《公证程序规则》第 9 条规定了公证当事人是指与公证事项有利害关系并以自己的名义向公证机构提出公证申请,在公证活动中享有权利和承担义务的自然人、法人或者其他组织。第 10 条规定了无民事行为能力人或者限制民事行为能力人申办公证,应当由其监护人代理;法人申办公证,应当由其法定代表人代表;其他组织申办公证,应当由其负责人代表。

第 11 条第 2 款规定了公证员、公证机构的其他工作人员不得代理当事人在本公证机构申办公证。第 12 条规定了居住在港澳台和国外的当事人委托他人代理申办涉及继承、财产权益处分、人身关系变更等重要公证事项的,其授权委托书应当经其居住地的公证人(机构)公证或者经司法部指定的机构、人员证明,和我驻外使(领)馆公证。可见,作为合同的当事人,必须是签订合同的,并具有民事权利能力和民事行为能力的自然、法人和其他组织。

(二) 合同公证对象为双方当事人签订的合同

合同类型广泛,内容十分复杂。最为常见的合同有我国《合同法》上第 9～23 章所规定的买卖合同、供用电/水/气/热力合同、赠与合同、借款合同、租赁合同、融资租赁合同、承揽合同、建设工程合同、运输合同、技术合同、保管合同、仓储合同、委托合同、行纪合同和居间合同之外,还包括当事人依法订立的农村承包经营合同、企业承包经营合同、劳动合同、土地使用权出让(转让)合同等。①

（三）合同公证具有自愿性和强制性双重特性

一方面,合同双方当事人为使双方权利与义务能更好得到保障和合同有效实施,而协商自愿公证;另一方面,为了确保签订合同的双方履行合同条款,避免产生纠纷和诉讼,对合同内容是否符合有关法律法规及签订合同的双方代表是否具备合法资格等,根据国家法律法规或相关规定,进行强制公证。

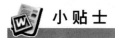 **小贴士**

合同公证书范本②

（＿＿＿）＿＿＿字第＿＿＿号

兹证明当事人＿＿＿＿＿、＿＿＿＿＿（应写明姓名、年龄、性别、职业、住址、民族等内容）于＿＿＿＿年＿＿月＿＿日来到我处,在我的面前,自愿在前面的《＿＿＿＿合同》上签字(或者盖章,同时应写明合同名称、合同编号、合同签订日期、生效日期等主要内容)。

经审查,＿＿＿＿、＿＿＿＿（当事人姓名）所签订的《＿＿＿＿合同》符合《＿＿＿＿法》和《＿＿＿＿条例》(或者其他法律法规,列出名称及条款)第＿＿＿条之规定,是合法有效的。

＿＿＿＿市公证处

公证员：＿＿＿＿（签名）

＿＿＿＿年＿＿月

二、典型的买卖合同公证

根据我国《合同法》第130条规定,买卖合同是指出卖人转移标的物的所有权于买受人,买受人支付价款的合同。买卖合同公证,是指国家公证机关根据买卖合同当事人的申请,依照法定程序,证明当事人之间签订买卖合同的行为以及买卖合同本身的真实性与合法性的非诉讼活动。③ 买卖合同是人类经济社会中最常见及最典型的合同,买卖合同公证也是合同公证中最常见与最主要的公证事项。

买卖合同公证程序包括当事人向公证机关提出申请和公证机关依法审核出具公证

---

① 王进喜主编：《律师与公证制度》(第2版),274页,北京,中国人民大学出版社,2013。
② 找法网,http://china.findlaw.cn/info/gongzheng/htgz/1062548.html。
③ 刘金华、俞兆光：《公证与律师制度》(第2版),89页,厦门,厦门大学出版社,2011。

书。买卖合同当事人向公证机构提出申请,需要填写公证申请表,并提交以下材料。

(1) 申请人资格证明。自然人应当提交身份证明,如居民身份证、户口簿等;法人应当提交法人资格证明和身份证明;委托他人代理的,应当提交授权委托书和代理人的身份证明;其他组织应当提交其他组织的资格证明及其负责人的身份证明。

(2) 买卖合同书文本及其附件。有担保的,应当提交担保人的身份证明和资格证明材料。

(3) 出卖人对标的物所有权证明或其有权处分的证明。

(4) 公证机构要求提交的其他材料。①

公证机构受理申请人的买卖合同公证后,应当重点审查以下内容:

(1) 买卖合同双方当事人的主体资格和行为能力,主要包括当事人的民事权利能力和民事行为能力、担保人的担保能力、代理人的代理权及代理权限的范围等是否符合法律的规定。

(2) 买卖合同双方当事人的意思表示是否真实、自愿。

(3) 卖方对标的物是否有所有权和处分权。

(4) 买卖合同的内容是否真实、合法,合同条款是否明确、完备。

(5) 有关证明文件和材料是否齐全、真实、有效,如签名、印鉴是否齐全,并与申请人提供的签名、印鉴相符等。②

 案例 14-1

被执行人刘某于 2009 年 5 月与第三人张某签订房屋买卖合同,将自己位于湖东高尔夫花园 18 幢的住宅一处卖给张某,该合同在公证处办理了公证,尚未正式办理过户手续。2009 年 10 月,申请人岳某持生效法律文书到法院申请执行被执行人刘某 42 万元。法院依法将被执行人刘某存款 6 万元和湖东高尔夫花园 18 幢的该房产查封。刘某表示该房屋已经卖出并且办理了公证。③

[解析]

根据我国《公证法》第 2 条规定,公证是公证机构根据自然人、法人或者其他组织的申请,依照法定程序对民事法律行为、有法律意义的事实和文书的真实性、合法性予以证明的活动。公证效力具有三方面内容:一是证据效力;二是使法律行为生效的效力;三是强制执行的效力。但值得注意的是,公证不具有物权变动的效力。

我国不动产物权的变动,系采登记要件主义,同时以登记为不动产物权的公示方法。

① 王进喜主编:《律师与公证制度》(第 2 版),275~276 页,北京,中国人民大学出版社,2013。
② 刘金华、俞兆光:《公证与律师制度》(第 2 版),90 页,厦门,厦门大学出版社,2011。
③ 北大法律网,http://article.chinalawinfo.com/ArticleHtml/Article_52350.shtml。

我国《物权法》第10条规定:"不动产登记,由不动产所在地的登记机构办理。国家对不动产实行统一登记制度。统一登记的范围、登记机构和登记办法,由法律、行政法规规定。"

此外,我国2014年出台的《不动产登记暂行条例》第2条第1款规定了"本条例所称不动产登记,是指不动产登记机构依法将不动产权利归属和其他法定事项记载于不动产登记簿的行为。"所以,房屋买卖合同虽经过公证处公证,但是没有正式办理过户手续,仍然是出卖方的财产,法院是可以执行的。

第二节 继承、遗嘱和遗产分割协议公证

一、继承公证

(一)继承公证的概念

继承公证,是指公证机关根据当事人的申请,依照法律规定,证明继承人继承被继承人遗留的个人合法财产权利的一种非诉讼法律行为。实行继承公证制度有利于保护公民个人财产所有权、预防与减少家庭财产纠纷,维护社会和家庭的稳定与团结,创造良好社会风尚。

(二)继承公证的程序

1. 当事人申请

根据我国《公证法》第25条规定,"自然人、法人或者其他组织申请办理公证,可以向住所地、经常居住地、行为地或者事实发生地的公证机构提出。申请办理涉及不动产的公证,应当向不动产所在地的公证机构提出;申请办理涉及不到产的委托、声明、赠与、遗嘱的公证,可以适用前款规定",继承公证被继承人住所地或者遗产所在地的公证机构受理,所继承的遗产不在同一地时,由主要遗产所在地的公证机构受理,若涉及不动产的,均由不动产所在地的公证机构受理。

当事人申请办理继承公证时,应提交下列材料:

(1)申请人的身份证明,如居民身份证、户口簿等;代理人代为申请的,委托代理人需提供授权委托书、身份证明,委托书应当经当地公证机关公证;监护人代办的,应当提供监护人的证明材料;

(2)申请继承的遗产的产权证明,如房屋所有权证明、银行存折等;

(3)被继承人的死亡证明;

(4)被继承人的亲属关系证明和有无依靠被继承人生活的人的证明;

(5)公证机构要求提交的其他材料。

2. 公证机构审查并依法出具公证书

公证机构受理当事人申请后,应审核查明以下情况:

(1) 被继承人的姓名、性别、出生日期、生前住址、死亡时间、死亡地点、死亡原因、婚姻状况、近亲属状况、遗留的财产的范围、财产种类、财产数量、生前是否立有遗嘱或者签订有遗赠抚养协议等。

(2) 继承人的范围、人数、资格、权利能力、有无代位继承人或者转继承人、是否遗漏了合法继承人等。此处,要注意依据我国《继承法》第7条的规定,"继承人有下列行为之一的,丧失继承权:(一)故意杀害被继承人的;(二)为争夺遗产而杀害其他继承人的;(三)遗弃被继承人的,或者虐待被继承人情节严重的;(四)伪造、篡改或者销毁遗嘱,情节严重的",若有上述情形,该继承人丧失继承权。

(3) 在有继承人死亡的情况下,审查其死亡时间和有关当事人是否真正具有代位继承人资格。

(4) 当事人接受或者放弃继承的意思表示是否真实和具体情况。

公证机构审核上述无误后,向当事人出具继承公证书。

 案例 14-2①

当事人李老太拿着丈夫王某的股票凭证向海南省海口市椰海公证处申请办理继承权公证,承办公证员在审查材料及询问过程中发现以下情况:

第一,当事人李老太(1956 年出生)和丈夫王某(1943 出生),年龄较悬殊,相差十几岁,并且二人仅生育一个独生儿子。

第二,当事人李老太提供的户口簿除记载李老太和丈夫王某及儿子以外,还记载着一个外孙女。

第三,王某生前单位出具的证明反映王某和李老太仅生育一个儿子。

第四,经核实,王某生前单位出具的证明材料与事实不符。

第五,经查,李老太的丈夫王某与李老太结婚前为丧偶,与前任妻子生育一个女儿。

在掌握案件详细情况后,承办公证员认为应当对本案进行核实取证才能保护本案继承人,防止遗漏其他继承人。

[解析]

根据我国《公证法》第29条规定:"公证机构对申请公证的事项以及当事人提供的证明材料,按照有关办证规则需要核实或者对其有疑义的,应当进行核实,或者委托异地公

---

① 法邦网,http://www.fabang.com/a/20140318/641922.html。

证机构代为核实,有关单位或者个人应当依法予以协助。"《公证程序规则》第27条规定:"公证机构可以采用下列方式,核实公证事项的有关情况以及证明材料:(一) 通过询问当事人、公证事项的利害关系人核实;(二) 通过询问证人核实;(三) 向有关单位或者个人了解相关情况或者核实、收集相关书证、物证、视听资料等证明材料;(四) 通过现场勘验核实;(五) 委托专业机构或者专业人员鉴定、检验检测、翻译。"

本案中公证员通过采用当事人谈话笔录,核实单位书面证明,查阅人事档案,核对书证、视听资料、物证等证据材料,电话与证人核实,获得最终真实、有效材料。同时,为保护继承公证中被遗漏的其他继承人的合法权益,要求继承人李老太及儿子来到公证处,告知了隐瞒其他法定继承人的法律后果及提供不真实证明材料的法律责任。

李老太及儿子权衡利弊后,明确表示愿意与王某的女儿共同办理王某的股票继承权公证。据此,承办公证员要求李老太重新补充证明材料并且与儿子、女儿亲自到公证处,为其制作了详细的谈话记录,请三个继承人共同签名确认。

二、遗嘱公证

(一) 遗嘱公证的概念

案例 14-3

申请人甲某,男,某年出生,因患病住院医疗,为处理其遗产向我处申请遗嘱公证。我处受理后及时指派公证人员现场去医院办理遗嘱公证,通知有利害关系的当事人回避。经了解,申请人曾有两次婚史,其与前妻协议离婚,与前妻生有三个子女,均已成年,其父母均健在,且已80高龄。前妻由其三个子女共同抚养,申请人称其与前妻所生三个子女均不孝,与后妻结婚后,夫妻双方感情很好,生病住院期间一直由后妻照顾,故立遗嘱准备将房屋交由后妻刘某继承。

公证人员告知其在处理遗产时应为无生活来源的法定继承人(父母)保留一定的遗产份额,征得其本人同意后,及时办理了公证。时隔几周后,申请人在医院死亡后,申请人之弟闻讯后从外地赶来为其父母和侄儿、侄女主张遗产继承权。申请人之弟来我处咨询,公证人员告知,申请人生前确实在公证人员面前立有遗嘱,其所有财产只有按遗嘱继承,在其得知遗嘱内容后,只得悻悻返回,避免了一起可能出现的家庭财产纠纷。①

[解析]

我国《继承法》第19条规定:"遗嘱应当对缺乏劳动能力又没有生活来源的继承人保

---

① 民心网,http://www.mxwz.com/txy/view.aspx?ID=1050229。

留必要的遗产份额。"第 20 条规定:"遗嘱人可以撤销、变更自己所立的遗嘱。立有数份遗嘱,内容相抵触的,以最后的遗嘱为准。自书、代书、录音、口头遗嘱,不得撤销、变更公证遗嘱。"

最高人民法院关于贯彻执行《中华人民共和国继承法》若干问题的意见中第 37 条规定:"遗嘱人未保留缺乏劳动能力又没有生活来源的继承人的遗产份额,遗产处理时,应当为该继承人留下必要的遗产,所剩余的部分,才可参照遗嘱确定的分配原则处理。继承人是否缺乏劳动能力又没有生活来源,应按遗嘱生效时该继承人的具体情况确定。"

第 42 条规定:"遗嘱人以不同形式立有数份内容相抵触的遗嘱,其中有公证遗嘱的,即使其本人后来有了行为能力,仍属无效遗嘱。遗嘱人立遗嘱时有行为能力,后来丧失了行为能力,不影响遗嘱的效力。"可见,公民有权以遗嘱的方式处分自己的财产,但应为无生活来源的法定继承人保留必要的份额,遗嘱继承优于法定继承,公民立遗嘱的形式有口头、录音、自书和公证四种形式,但公证遗嘱的效力最高。

遗嘱公证是指公证机构依据当事人的申请,依法证明遗嘱人设立遗嘱的行为真实合法,并出具公证书的一种非诉讼法律行为。公证遗嘱一经成立即具有法律效力,表现在具有不可任意变更性、在法定遗嘱形式中其效力最高。[①]

(二)遗嘱公证的程序

订立遗嘱必须由立遗嘱人亲自到公证机构依法定程序进行申请,不得由他人代理,具体程序如下。

(1)立遗嘱人向所在地的公证机构提出申请,并填写公证申请表。申请表应包含申请人的姓名、性别、出生日期、身份证号码、工作单位、住址等;请求公证的事项及公证书的用途;提交材料的名称、份数及有关证人的姓名、地址;申请的时间及其他需要说明的问题。立遗嘱人还应在申请表上签名或盖章,填写申请表有困难的,可由公证员代填写。

(2)立遗嘱人应提交身份证明、遗嘱所涉及财产的所有权证明及其他证明材料。

(3)公证机构认为符合规定、决定受理的,应发给受理通知单,并按规定标准收取公证费。根据我国《公证法》第 34 条规定第 2 款规定,对符合法律援助条件的当事人,公证机构应当按照规定减免公证费。所以,当立遗嘱人若交纳公证费有困难的,可提出书面申请缓交。

(4)公证人员通过询问证人、调取书证物证、视听资料、现场勘验、进行鉴定等方式,对遗嘱涉及的事项、财产进行审查。立遗嘱人应当如实陈述与公证事项有关的事实,并提供相应真实、有效、合法的材料。

---

① 王进喜主编:《律师与公证制度》(第 2 版),295 页,北京,中国人民大学出版社,2013。

（5）公证机构还应严格审查遗嘱见证人、遗嘱执行人的资格。

（6）根据《公证程序规则》第 28 条第 2 款规定，遗嘱公证应由两名公证人员共同办理。特殊情况下由一名公证员办理时，至少应有一名见证人在场，见证人应在遗嘱和笔录上签名。

（7）经公证人员审查合格，认为可以出具证明，承办公证员需草拟公证书后，连同材料报批。任何公证员不得审批自己所承办的公证事项。

（8）审批合格后，按司法部规定或批准的格式制作公证书，不得非法涂改、挖补，必须修改的应加盖公证机构校对章。公证机构应制作公证书正本和若干副本发给立遗嘱人。

（9）除法律另有规定外，遗嘱公证书从审批人批准之日起生效。

（10）遗嘱公证书由立遗嘱人到公证机构领取；必要时，也可由公证机构发送。

三、遗产分割协议公证

（一）遗产分割协议公证的概念

遗产分割协议公证，是指国家公证机构根据遗产继承当事人的申请，依法证明当事人之间签订的遗产分割协议真实、合法的非诉讼法律行为。

（二）遗产分割协议公证程序

遗产继承当事人申请办理遗产分割协议公证，应当到被继承人主要遗产所在地或继承人比较集中的住所地的公证机构申请办理。

需要提交办理遗产分割协议公证的材料有：

（1）申请人各自的身份证明材料，如居民身份证、户口簿。

（2）没有完全民事行为能力的当事人由其监护人代为申请；委托他人代为申请办理的，应向公证机构提交所需证明材料。

（3）申请人各自享有继承资格的证明材料。

（4）被继承人的死亡证明材料和其所遗留的各项财产的产权证明。

（5）遗产继承当事人所达成的遗产分割协议。遗产分割协议，是指依法应当继承遗产的继承人以及有关当事人之间，就遗产分配问题协商一致而达成的书面协议。

遗产分割协议，一般应包括下列内容：

（1）各继承人和有关人员（如未成年继承人的监护人）的姓名、性别、出生年月日、住址和职业以及与被继承人的亲属关系等。

（2）遗产人（被继承人）的姓名、性别、出生时间、死亡时间和地点等。

（3）被分割遗产的名称、数量、地点等。

（4）具体分割方案。这部分应写详细、明确，不能模棱两可。

（5）如果遗产人生前负有债务，应在协议中写明各继承人应承担的债务份额和偿还方式等。

（6）遗产分割后的交付方式、具体时间及违约责任等。

（7）在继承人当中，如果有放弃继承权或拒受遗赠或已死亡等特殊情况的，也应该写清楚。

（8）其他有关事项。

（9）最后最好要注明"本协议经公证证明后生效"的字样，并注明"本协议一式×份，协议人各执一份，公证处存一份"。

（10）协议的各方当事人亲笔签名或盖章或按指模，并注明订协议日期。①

公证机构收到上述材料后，注意审核遗产分割协方是否真实有效，内容是否合法、适当。审核无误后，向申办遗产分割当事人出具公证书。

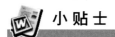 **小 贴 士**

遗产分配协议书范本②

继承人：＿＿＿＿＿＿，被继承人之母。

继承人：＿＿＿＿＿＿，被继承人之父。

继承人：＿＿＿＿＿＿，被继承人之妻。

继承人：＿＿＿＿＿＿，被继承人之＿＿＿＿。

被继承人＿＿＿＿＿于＿＿＿＿年＿＿月＿＿日不幸去世，留下＿＿＿＿股票＿＿股（去世当日市值×万元）、坐落于某市某街某号的＿＿平方房产＿＿处（评估值＿＿万元）、存款＿＿万元，价值＿＿万元的家具及家用电器。因被继承人未留下任何遗嘱，经协商，达成如下遗产分割协议：

1. 股票由＿＿＿＿＿、＿＿＿＿＿分配。

2. 房产由＿＿＿＿＿取得，＿＿＿＿＿需向未取得房产的＿＿＿＿＿、＿＿＿＿＿、＿＿＿＿＿各补偿＿＿万元。

3. 存款由＿＿＿＿＿、＿＿＿＿＿、＿＿＿＿＿等＿＿人平均分配，各得＿＿万元。

4. 家具及家用电器由＿＿＿＿＿、＿＿＿＿＿取得。

5. 如有其他争议可通过协商处理。

6. 其他：＿＿＿＿＿＿＿＿＿＿＿＿＿＿＿＿

本协议自各方签字之日起生效。

---

① 华律网，http://www.66law.cn/topic2010/a2098/。

② 华律网，http://www.66law.cn/topic2010/ycfpxysfb/66457.shtml。

本协议正本＿＿＿份,协议人各执一份。

协议人签字:＿＿＿＿＿＿

＿＿＿＿＿＿＿

二〇＿＿年＿＿月＿＿日

第三节 与婚姻关系有关的公证

一、婚姻状况公证

(一)婚姻状况及婚姻状况公证的概念

婚姻状况,通常是指有关自然人的婚姻基本现况,包括未婚、已婚、离婚、再婚四种情形。

婚姻状况公证,是指公证机构根据当事人的申请,依法对当事人现未婚、已婚、离婚等婚姻状况的法律事实的真实性、合法性进行证明的非诉讼法律行为。婚姻状况公证与当事人身份、财产上的权利义务等关系密切,在民事公证中占有重要地位。常用于当事人申请入境签证、出国探亲、到国外定居、办理结婚手续和取得各种财产权益等。①

办理婚姻状况公证主要有未婚状况公证、已婚状况公证、离婚状况公证、未再婚状况公证四种类型。

(二)婚姻状况公证的程序

鉴于办理上述四种婚姻状况公证的程序大同小异,因此作统一阐述。

1. 当事人提出申请

当事人申请办理婚姻状况公证,应向其户籍所在地的公证机构提出申请,填写公证申请表,并依法定要求提交相关证明材料。

(1)当事人申请办理已婚状况公证的,应当向公证机构提交下列证明材料:①当事人的居民身份证、户口簿;已注销户口的,可以提交原居住地公安机关或者派出所出具的户籍记载情况的证明。代为申请的,应当提交授权委托书及受托人的身份证。②结婚证。若当事人结婚证件已丢失的,需到婚姻登记机关补办《夫妻关系证明书》。③应当提交的其他材料。

(2)当事人申请办理离婚状况公证的,除提交的证明材料与申办已婚状况公证应提交的部分材料相同外,不同的是需提交婚姻登记机关出具的离婚证或人民法院已生效

---

① 刘金华、俞兆光:《公证与律师制度》(第2版),122页,厦门,厦门大学出版社,2011。

的离婚判决书或调解书。上述证件已经丢失或损坏的,当事人应向原婚姻登记机关申请补发《解除婚姻关系证明书》或向人民法院索取离婚证明,然后凭此才能申办离婚公证。

此外,未再婚公证分为离婚后未再婚公证和丧偶后未再婚公证两种。当事人申请办理离婚后未再婚状况公证的,还应当提交离婚证书、人民法院准予离婚的判决书、调解书等材料;办理丧偶后未再婚公证的,当事人还应当提交原结婚证、派出所和医院出具的配偶死亡证明,宣告死亡的,还应当提交人民法院的判决书。

(3)当事人申请办理未婚状况公证的,应当向户籍所在地的公证机构申请,并依法提交下列证明材料:申请人的身份证明、申请人未曾登记结婚的证明、已离境的申请人应提交出国护照;其他公证机构认为应当提交的材料。

2. 公证机构审核后出具公证书

公证机构受理当事人申请后,应当注意审查以下内容。

(1)对于申办结婚状况公证的,除审核当事人提交的证明材料外,还要注意结婚登记时当事人是否达到了法定结婚年龄。如登记时尚未达到法定结婚年龄,但申办公证时已达到的,公证机构应证明其结婚证的复印件内容与原件相符,但不可出具结婚公证书。如申请人在申办结婚公证时也未达到法定结婚年龄的,公证机构应当不予办理公证。[①]

(2)对于申办离婚状况公证的,除审核当事人提交的证明材料外,要注意的是对于我国公民持未经国内中级人民法院裁定承认的外国法院的离婚判决书申办离婚公证的,公证机构不予办理公证。此外,对于一审判决书准予离婚的,要审查一审判决是否已经生效,必要时当事人需提交一审法院出具的该判决书已生效的证明。

(3)对于申办未婚状况公证的,除审核当事人提交的证明材料外,要注意的是对于未达到法定结婚年龄的申请人申办未婚公证的,公证机构不予办理,但可以出具申请人尚未达到法定结婚年龄的公证书。

(4)对于申办未再婚状况公证的,除审核当事人提交的证明材料外,还要注意的是需要审查申请丧偶未再婚公证的当事人提交的证明其配偶已经死亡的材料是否真实、可靠。

最后,经上述认真审核后,认定真实、有效,符合法律规定条件的,公证机构可以依法出具相应的公证书。

---

① 王进喜主编:《律师与公证制度》(第 2 版),303 页,北京,中国人民大学出版社,2013。

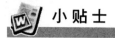 **小贴士**

婚姻状况公证书格式①

格式一 结婚公证书

（____）____字第____号

　　根据_____省_____市（县）_____街道办事处（或者乡镇政府）颁发的编号为____号的结婚证书，兹证明_____（男，_____年____月____日出生）与_____（女，_____年____月____日出生）于_____年____月____日在_____（地点）登记结婚。

中华人民共和国_____市（县）公证处

公证员：_____（签名）

_____年____月____日

格式二 未婚公证书

（____）____字第____号

　　兹证明_____（男或者女，_____年____月____日出生），现在_____（住址），至今未曾登记结婚。

中华人民共和国_____市（县）公证处

公证员：_____（签名）

_____年____月____日

格式三 离婚公证书

（____）____字第____号

　　兹证明_____（男，_____年____月____日出生）与_____（女，_____年____月____日出生）于_____年____月____日在_____（地点）登记结婚，于_____年____月____日在_____（原婚姻登记机关名称，或者经人民法院判决）离婚。其夫妻关系自该日终止（登记离婚之日或者判决之日）。

中华人民共和国_____市（县）公证处

公证员：_____（签名）

_____年____月____日

---

① 中国安康网，http://www.ankang.gov.cn/govggfw/hysy/hygz/2015/06/11/08410877570.shtml。

格式四　夫妻关系公证书

（　　）　　字第　　号

根据　　　　（调查材料、当地人证等），兹证明　　　　（男，　　　年　　月　　日出生）与　　　　（女，　　　年　　月　　日出生）于　　　　年　　月　　日在　　　　（地点）按照当地我国民族传统风俗习惯结婚，是夫妻关系。

中华人民共和国　　　　市（县）公证处

公证员：　　　　（签名）

　　　　年　　月　　日

二、婚前财产协议公证

（一）婚前财产协议公证的概念

婚前财产协议公证，是指公证机构根据当事人的申请，依照法院程序，对夫妻或者未婚双方就各自婚前的财产和债务的范围以及权利的归属达成协议行为的真实性、合法性给予证明的非诉讼法律行为。[①]

它分为两种形式，一种是未婚双方在结婚登记前达成的婚前财产协议办理公证；一种是为夫妻双方在婚姻关系存续期间达成的婚前财产协议办理公证。

（二）婚前财产协议公证的程序

1. 当事人向公证机构提出申请

当事人双方申请办理婚前财产协议公证，应当向其住所地或协议签订地的公证机构提出申请，并填写公证申请表，依法提交以下证明材料。

（1）双方身份证明，如身份证、户口簿等，已婚的还需提交结婚证。要注意的是当事人双方必须亲自办理该申请，不能委托他人代理，也不能由另一方当事人申办。

（2）与婚前财产协议有关的财产所有权证明。如房产证、未拿到产权证的购房合同和付款发票等能证明财产属性的证明等。

（3）双方已经草拟好的协议书。

（4）依规定其他应当提交的材料。

2. 公证机构认真审核后出具公证书

公证机构受理当事人申请后，应认真审核：

（1）双方当事人的身份和民事行为能力。

（2）双方当事人的意思是否表示真实、达成一致。

---

① 王进喜主编：《律师与公证制度》（第2版），305页，北京，中国人民大学出版社，2013。

（3）协议内容和形式是否真实、有效、合法。

（4）公证员认为应当审查的其他内容。

公证机构经审核确认无误后，向双方当事人出具婚前财产协议公证书。

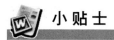 小贴士

婚前财产协议公证书范本①

（　　　）　　字第　　号

兹证明　　　　（应写明姓名、性别、出生年月日和现住址）于　　　年　　月　　日在　　　　（地点或者公证处），在我和　　　　（可以是其他公证员，也可以是见证人）的面前，立下了前面的婚前财产协议，并在婚前财产协议上签名上签名（或者盖章）。

经查，协议双方的行为和协议的内容符合《中华人民共和国婚姻法》第　　条的规定，是合法有效的。

　　　　　　　　公证处

公证员：　　　　、　　　　（签名）

　　　　年　　月　　日

三、夫妻财产协议公证

（一）夫妻财产协议公证的概念

夫妻财产协议公证，是指公证机构根据当事人的申请，依法证明夫妻双方就夫妻关系存续期间实行何种财产制和所得财产的分配及产权归属事项达成协议行为的真实性、合法性的非诉讼法律行为。② 它对于预防家庭纠纷，减少家庭矛盾和诉讼，发挥着重要作用。

（二）夫妻财产协议公证的程序

1. 当事人向公证机构提出申请

申请办理夫妻财产协议公证的双方当事人，应当亲自向其住所地或协议签订地的公证机构提出申请，填写公证申请表，并提交以下证明材料：

（1）申请双方当事人的身份证明，如居民身份证、户口簿。

（2）双方当事人已经草拟好的夫妻财产协议书。

---

① 三联网，http://www.3lian.com/zl/2014/10-09/245474.html。

② 王进喜主编：《律师与公证制度》（第2版），307页，北京，中国人民大学出版社，2013。

（3）与协议内容有关的所有权证明、使用权证明材料及双方签署的财产清单。

（4）依规定应当提交的其他材料。

2. 公证机构认真审核后出具公证书

公证机构在收到双方当事人所提交的夫妻财产协议公证申请后，应当认真审核以下内容：

（1）双方当事人的身份证明和民事行为能力证明。

（2）双方当事人的意思表示真实自愿。

（3）协议内容和形式真实、合法、有效。

（4）夫妻财产协议不得对他人的财产进行约定。

（5）公证员认为应当审查的其他内容。

公证机构经审核确认无误后，向双方当事人出具婚前财产协议公证书。

 案例 14-4

2012年8月，小王、小李夫妻二人前来我处咨询，想申办夫妻财产协议公证。小王、小李于2009年登记结婚，婚后由双方父母共同出资购买住房一处，其中女方父母出资二十万元，男方父母出资五万元，房产权属登记在男方小王名下。现该夫妻二人想办理公证，证明他们购房产为小李的个人财产。

公证员了解到该夫妻二人的想法后，告知他们：根据2011年8月份开始施行的新婚姻法司法解释的精神，由双方父母出资购买的不动产，产权登记在一方子女名下的，该不动产可认定为双方按照各自父母的出资份额按份共有，由此建议小李、小王夫妻二人携带有关的房产权属证明、出资证明等相关材料来公证处申办夫妻财产约定协议公证。①

[解析]

我处公证员在受理小李与小王的夫妻财产协议公证申请后，向他们详细告知了有关法律规定，并调查核实了相关的事实证据，由他们二人分别提供了双方父母出资的证明材料、购房合同及房产权证、结婚登记证书等，同时进一步征询了他们双方的真实意思，帮助他们完善了协议内容，最终约定，虽然房产权属登记在小王名下，但根据我国《婚姻法》及最高人民法院《关于适用〈中华人民共和国婚姻法〉若干问题解释》的有关规定，该不动产由双方按照各自父母的出资份额按份共有。对此处理方式，小夫妻俩及双方父母均表示满意，觉得公平合理，也确实能维护双方的权益，防范纠纷。

公证员在办理婚前财产公证或夫妻财产协议公证的过程中，应严格依据我国婚姻法

---

① 黑龙江公证网，http://www.hljgz.cn/shownews.asp?id=1218。

及最高人民法院的司法解释等相关法律规定,及中国公证协会《办理夫妻财产约定协议公证的指导意见》的有关精神妥善办理。

第四节　收养关系的公证

 案例 14-5

2012年,温江区万春镇住户办理遗产继承公证时,牵扯出了一个特殊的公证案例。一家拆迁户户主原有6个子女,在户主去世后,其中5个子女前来办理继承公证,均刻意隐瞒了从小被抱养出去的老二的存在。①

[解析]

经温江公证处调查核实后,确定被收养人依然适当地享有亲生父母遗产继承权。通过与当事人沟通协调,公证处最终使得当事人同意被收养人回来办理继承公证,从而维护了被收养人的权益。公证员格春蕾介绍,在该案例中,被收养人被抱养出去时未办理收养登记,与养父母之间的事实收养关系无法确定。且根据《收养法》相关规定,如果被领养的孩子对亲生父母尽了赡养义务,那么对亲生父母的遗产仍享有适当的继承权。

"这个案例中,被收养人在养父母去世后,时常回家与亲生父母同住,尽到了对亲生父母的赡养义务,即使事实收养关系能够确立,仍然享有对亲生父母的适当继承权。"温江公证处公证员明察秋毫,没有放过一个细枝末节,并严格遵守法律的规定,维护了被收养人的合法权益。是公正和责任的体现。

一、收养关系公证的概念

收养关系公证,是指公证机构根据当事人的申请,依照法定程序证明当事人之间收养、解除收养他人子女的民事行为及有关收养协议的真实性、合法性的非诉讼法律行为。

收养关系公证可分为确认收养关系公证和解除收养关系公证。通过对收养关系进行公证,可以预防纠纷,减少诉讼,保护当事人的合法权益,维护社会安全稳定。

---

① 网易新闻,http://news.163.com/15/0828/04/B2316KJI00014Q4P.html。

二、确认收养关系公证的程序

(一)当事人向公证机构提出申请

根据我国《公证法》第 26 条规定,自然人、法人或者其他组织可以委托他人办理公证,但遗嘱、生存、收养关系等应当由本人办理公证的除外。所以申请办理收养关系公证的当事人,即指收养人、有识别能力的被收养人和送养人须亲自到公证机构申请办理,填写收养关系公证申请表,提交所需材料如下:

(1)收养人、送养人的主体资格和基本情况证明;

(2)送养人应当提交的证明材料;

(3)被送养人的户口证明或出生证明等;

(4)收养人、送养人双方订立的书面收养协议;

(5)公证机构认为应当提交的其他证明材料。①

(二)公证机构认真审核后出具公证书

公证机构办理收养关系公证时,应认真审查以下内容:

(1)当事人各方身份证明是否属实;

(2)收养人、送养人是否具有民事行为能力;

(3)当事人各方的意思表示是否真实、有效、合法、正当;收养 10 周岁以上的被收养人,是否已经征得被收养人的同意;

(4)收养人的经济状况、健康状况、道德品质和抚养能力;

(5)收养协议内容是否真实、有效、合法;

(6)公证员认为其他需审查的内容。

公证机构经审核确认无误后,向当事人出具收养关系公证书。

三、解除收养关系公证的程序

(一)当事人向公证机构提出申请

申请办理解除收养关系公证的当事人须亲自到公证机构申请办理,填写解除收养关系公证申请表,提交所需材料如下:

(1)双方当事人的身份证明;

(2)双方收养关系成立的公证书或者其他能够证明收养关系成立的证明材料;

(3)解除收养关系协议书。被收养子女年满 10 周岁的,应征得其本人同意,并在该协议书中写明。当事人双方对既缺乏劳动能力又无生活来源的父母或者未成年养子女

---

① 刘金华、俞兆光:《公证与律师制度》(第 2 版),125～126 页,厦门,厦门大学出版社,2011。

的生活安置问题以及养父母在收养期间支出的生活费和教育费的补偿问题须作出约定；

（4）公证机构认为应当提交的其他证明材料。[①]

（二）公证机构认真审核后出具公证书

公证机构办理收养关系公证时，应认真审查以下内容：

（1）当事人各方身份证明是否属实；

（2）当事人各方的意思表示是否真实、有效、合法、正当。被收养子女年满 10 周岁的，是否已经征得被收养人的同意。解除收养关系的原因和事由是否正当；

（3）解除收养关系协议是否真实、有效、合法；

（4）当事人双方解除收养关系后有无独立生活能力以及对其生活是否作出妥善安排；

（5）公证员认为其他需审查的内容。

公证机构经审核确认无误后，向当事人出具解除收养关系公证书。

第五节　身份关系的公证

一、出生公证

（一）出生公证的概念

出生公证，是指公证机构根据当事人的申请，依照法定程序对当事人在何时、何地出生的事实的真实性予以证明的非诉讼法律行为。出生公证对申请当事人有重大意义，主要用于国外定居、留学、结婚、继承、办理出入境、取得国籍等方面。

（二）出生公证的程序

1. 当事人向公证机构提出申请

申请办理出生公证的当事人可以向出生地或住所地公证机构申请办理，移居境外的当事人应向其在境内的最后住所地公证机构申请，填写出生公证申请表，提交所需材料如下。

（1）当事人的身份证明；

（2）人事档案管理部门出具的证明其出生事实的证明，如当事人所在单位的人事、组织、劳资等部门出具的，人才交流中心出具的，当事人住所地街道办事处或者乡镇人民政府政府出具的，当事人为在校学生的由所在学校出具的证明；

（3）代理人代为申请的，应当提交授权委托书和代理人的身份证明；

---

① 王进喜主编：《律师与公证制度》（第 2 版），313 页，北京，中国人民大学出版社，2013。

（4）公证机构认为应当提交的其他证明材料。①

2．公证机构认真审核后出具公证书

公证机构办理收养关系公证时，应认真审查以下内容：

（1）当事人身份证明是否属实；

（2）当事人出生日期、出生地点是否准确、真实；

（3）所提交的材料是否真实、有效、合法；

（4）公证员认为其他需审查的内容。

公证机构经审核确认无误后，向当事人出具出生公证书。

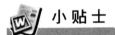 **小贴士**

出生公证书范本②

（＿＿＿）＿＿字第＿＿＿号

　　根据＿＿＿＿＿（写明调查的材料，包括档案记载、知情人证明等）兹证明＿＿＿＿＿，男（或者女），于＿＿＿＿＿年＿＿月＿＿日出生。＿＿＿＿＿的父亲（或者养父）是＿＿＿＿＿，母亲（或者养母）是＿＿＿＿＿（如果是养父母关系应注明收养登记证或者收养公证书的编号）。

中华人民共和国＿＿＿＿＿省＿＿＿＿＿市公证处
公证员：＿＿＿＿＿（签名）
＿＿＿＿＿年＿＿月＿＿日

二、生存公证

（一）生存公证的概念

生存公证，是指公证机构根据当事人的申请，依法对当事人健在的事实的真实性予以证明的非诉讼法律行为。生存公证书主要用于当事人向居住国或地区领取抚恤金、养老金、赔偿金等方面。

（二）生存公证的程序

1．当事人向公证机构提出申请

申请办理生存公证的当事人应当亲自向其住所地的公证机构提出申请，不得委托他

---

①　刘金华、俞兆光：《公证与律师制度》（第 2 版），128 页，厦门，厦门大学出版社，2011。

②　法律快车网，http://www.lawtime.cn/info/minfa/minshifalvwenshu/2011061565521.html。

人代理申请,如果因当事人健康、行动不便等特殊原因确实无法前往公证处申请的,公证机构可派公证员到其住所地办理有关公证手续,填写生存公证申请表,提交所需材料如下:

(1) 当事人的身份证明;

(2) 当事人所在单位出具的办理生存公证证明;申请人无工作单位的,由其住所地社区或街道办事处(乡、镇人民政府)出具证明;为在校学生的,由所在学校出具证明;

(3) 公证机构认为应当提交的其他证明材料。[①]

2. 公证机构认真审核后出具公证书

公证机构办理生存公证时,应认真审查以下内容:

(1) 当事人身份证明是否属实;

(2) 当事人所提交的材料是否真实、有效、合法;

(3) 公证员认为其他需审查的内容。

公证机构经审核确认无误后,向当事人出具生存公证书。

三、死亡公证

(一)死亡公证的概念

死亡公证,是指公证机构根据当事人的申请,依法对自然人死亡的事实的真实性予以证明的非诉讼法律行为。死亡公证书主要用于死者的亲属以及其他利害关系人继承遗产、领取抚恤金、保险金或福利费等方面。

(二)死亡公证的程序

1. 当事人向公证机构提出申请

申请办理死亡公证的当事人应当向死亡事实发生地所在的公证机构提出申请,填写死亡公证申请表,提交所需材料如下:

(1) 当事人的身份证明;

(2) 死者单位人事、劳资或组织部门出具的证明;

(3) 自然死亡的,提交户籍管理部门出具的注销户口证明或者医院、公安部门出具的死亡证明书;宣告死亡的,提交人民法院的宣告死亡判决书;

(4) 公证机构认为应当提交的其他证明材料。[②]

2. 公证机构认真审核后出具公证书

公证机构办理死亡公证时,应认真审查以下内容:

---

① 王进喜主编:《律师与公证制度》(第 2 版),317 页,北京,中国人民大学出版社,2013。

② 王进喜主编:《律师与公证制度》(第 2 版),316 页,北京,中国人民大学出版社,2013。

(1) 当事人身份证明是否属实；

(2) 当事人所提交的材料是否真实、有效、合法；

(3) 当事人死亡的事实、死亡的确切时间和死亡的原因；

(4) 当事人应当与申请事项有法律上的利害关系，如果申请人与死亡公证无利害关系，则公证机构不予以公证；

(5) 公证员认为其他需审查的内容。

公证机构经审核确认无误后，向当事人出具死亡公证书。

四、经历公证

(一) 经历公证的概念

经历公证，是指公证机构根据当事人的申请，依法对当事人在某段时间内，在某地、某单位从事某种工作的事实的真实性予以证明的非诉讼法律行为。经历公证书主要用于当事人办理入境签证手续、到国外谋职、提供劳务和技术服务等方面。

(二) 经历公证的程序

1. 当事人向公证机构提出申请

申请办理经历公证的当事人应当向户籍所在地或本单位所在地的公证机构提出申请，填写经历公证申请表，提交所需材料如下：

(1) 当事人的身份证明。委托他人代办的，代办人还应当提供当事人的委托书及代办人的身份证明；

(2) 当事人所在单位或者上级主管单位出具的工作经历证明；

(3) 提交国家主管部门正式颁发的职称证书或评定职称的文件；

(4) 公证机构认为应当提交的其他证明材料。

2. 公证机构认真审核后出具公证书

公证机构办理经历公证时，应认真审查以下内容：

(1) 当事人身份证明是否属实；

(2) 当事人所提交的材料是否真实、有效、合法；

(3) 公证员认为其他需审查的内容。

公证机构经审核确认无误后，向当事人出具经历公证书。

五、学历公证

(一) 学历公证的概念

学历公证，是指公证机构根据当事人的申请，依法对当事人的学习经历或者当事人所持有的毕业证书、肄业证书、学位证书及学习成绩单等证件的真实性、合法性予以证明的非诉讼法律行为。学历公证书主要用于当事人到国外或有关地区求学、进修、谋职或者提供劳务和技术服务等方面。①

(二)学历公证的程序

1. 当事人向公证机构提出申请

申请办理学历公证的当事人应当向住在地或学校所在地的公证机构提出申请,如果当事人已移居国外,则应当向出国前最后住所地或学校所在地的公证机构申请办理,填写学历公证申请表,提交所需材料如下:

(1)当事人的身份证明。委托他人代办的,代办人还应当提供当事人的委托书及代办人的身份证明;

(2)当事人所在单位出具的办理学历公证的证明信;无工作单位的,由住所地社区或街道办事处或存放档案的人才交流中心出具证明信;在校学生的,由所在学校出具证明信;

(3)提交毕业证书、学位证书、肄业证书、成绩单等的原件,需要附译文的,还应当将中文证件和译文一并提交;

(4)公证机构认为应当提交的其他证明材料。

2. 公证机构认真审核后出具公证书

公证机构办理学历公证时,应认真审查以下内容:

(1)当事人和代办人身份证明是否属实;

(2)当事人所提交的毕业证书、学位证书、肄业证书、成绩单等材料是否真实、有效、合法;

(3)公证员认为其他需审查的内容。

公证机构经审核确认无误后,向当事人出具学历公证书。

 **小 贴 士**

学历公证书范本②

(____)____字第____号

兹证明_____,(男或女,于_____年____月____日出生)于_____年____月____日入_____大学_____系学习_____专业,学制____年,于_____年____月毕业。

---

① 刘金华、俞兆光:《公证与律师制度》(第2版),133页,厦门,厦门大学出版社,2011。

② 香港公证网,http://www.hkgongzheng.com/GongZheng/Degree_Notary_Samples.html。

照片

中华人民共和国＿＿＿＿＿＿省＿＿＿＿＿＿市公证处

公证员（签名）＿＿＿＿＿＿

＿＿＿＿＿＿年＿＿月＿＿日

六、无犯罪记录公证

（一）无犯罪记录公证的概念

无犯罪记录公证，是指公证机构根据当事人的申请，依法对当事人在中华人民共和国居住期间，是否受过我国司法机关的刑事制裁这一法律事实的真实性予以证明的非诉讼法律行为。无犯罪记录公证书主要用于当事人办理国外定居、移民、结婚、收养子女、劳务输出等方面。

（二）无犯罪记录公证的程序

1. 当事人向公证机构提出申请

申请办理无犯罪记录公证的当事人应当向其住所地的公证机构提出申请，填写无犯罪记录公证申请表，提交所需材料如下：

（1）当事人的身份证明。委托他人代办的，代办人还应当提供当事人的委托书及代办人的身份证明。当事人已经出境的，应当提交护照或有效旅行证件、通行证的复印件。当事人已经注销户籍的，应提交原住所地派出所出具的户籍记载情况证明；

（2）当事人所在单位或户籍所在地公安部门出具的"未受刑事处分"证明；

（3）公证机构认为应当提交的其他证明材料。

2. 公证机构认真审核后出具公证书

公证机构办理无犯罪记录公证时，应认真审查以下内容：

（1）当事人和代办人身份证明是否属实；

（2）当事人所提交的材料是否真实、有效、合法；

（3）当事人必须达到我国《刑法》所规定的刑事责任年龄，否则不能为其办理公证；

（4）未受过刑事处分公证证书的使用具有较强时间性限制，一般有效期为 6 个月。期限届满后，当事人还需重新申请办理无犯罪记录公证；

（5）公证员认为其他需审查的内容。

公证机构经审核确认无误后，向当事人出具无犯罪记录公证书。

第六节　涉 外 公 证

一、涉外公证的概念及特征

涉外公证,是指公证机构办理的具有涉外因素的证明的非诉讼法律行为,即公证的当事人、所证明的对象或者公证书使用地等因素中至少有一个或一个以上涉外因素的公证。

涉外公证是相对国内公证而言,其具有不同于国内公证的显著特征。如下:第一,申请办理涉外公证的当事人具有涉外因素,包括外国自然人、外国法人、外国组织和无国籍人;第二,公证的客体对象具有涉外因素;第三,公证书主要使用地是除本国以外的国家或地区;第四,适用法律具有双重性,既要符合我国法律有关规定,还要遵守国际条约和国际惯例,此外还要符合公证书使用国的有关具体规定;第五,具有时间效力性和使用专门的公证用纸制作。

二、涉外公证的作用

涉外公证保障与发展我国与世界上其他国家和地区民间往来和商贸往来,保障国家、公民、法人和其他社会组织的合法权益,是我国公证制度的一个重要组成部分。具体体现在四个方面:第一,用于公民办理出入境手续;第二,用于涉外民事,如域外探亲、定居、谋职、留学、考试等;第三,用于涉外经贸往来,如域外设立办事机构、进出口贸易、吸引外资、域外招投标、提供劳务和合作技术等;第四,用于办理涉外法律事务,如域外诉讼。

三、涉外公证程序的特别规定

(一)涉外公证办理机构

我国可以办理涉外公证业务的机构有两类:一是国内公证处;二是我国驻外使(领)馆。对此,我国《公证法》第 33 条规定:"公证书需要在国外使用,使用国要求先认证的,应当经中华人民共和国外交部或者外交部授权的机构和有关国家驻中华人民共和国使(领)馆认证。"第 45 条明确规定:"中华人民共和国驻外使(领)馆可以依照本法的规定或者中华人民共和国缔结或者参加的国际条约的规定办理公证。"

(二)涉外公证书

涉外公证书,是涉外公证的书面载体。根据我国《公证法》第 32 条第 2 款规定:"公证书应当使用全国通用的文字"。《公证程序规则》第 43 条规定:"制作公证书应当使用全国通用的文字。在民族自治地方,根据当事人的要求,可以同时制作当地通用的民族文字文本。两种文字的文本,具有同等效力。发往香港、澳门、台湾地区使用的公证书应当使用全国通用的文字。发往国外使用的公证书应当使用全国通用的文字。根据需要和当事人的要求,公证书可以附外文译文。"可见公证员在制作涉外公证书时,还是以中文为主,有需要时可以附外文译文。

四、常见的几类涉外民事公证

 案例 14-6

　　小吴和外国妻子相识于 2010 年。虽然国家不同、语言不同、生活习惯不同使两人之间发生过不少冲突和摩擦,但两人终于在 2013 年底领取结婚证书。小吴的罗马尼亚丈母娘考虑到女儿远嫁异国他乡,而且还在读研究生没有收入来源,虽然有房子住,但是女婿婚前买的,房子只有女婿一个人的名字,女儿名下既没有房产又没有存款,将来生了宝宝的话还需要大笔花销抚养小孩,自己的女儿一点财产保障都没有。所以小吴的外国丈母娘向中国女婿提出了要求,要女婿给自己的女儿一份"保障",并且必须是权威部门出具的书面文件才可以。①

　　而所谓的"保障"就主要围绕着小吴婚前买的这套商品房。为了给自己的女儿寻求保障,丈母娘要求小吴在自己的商品房的房产证上加上妻子的名字。但是小吴的问题是,他现在的商品房准备出售,但是又想满足丈母娘的要求。于是小吴带着妻子,到南京公证处求助解决。小吴告诉公证员,因为房子距离自己工作的地方比较远,两人并不住在这套房子里,所以小吴想把房子卖掉。因为自己的妻子是外国人,假如到房产局加名字之后再将房子卖掉需要走涉外二手房买卖的流程,到时候交易手续将会非常麻烦,所以不想采取此种方式。

　　[解析]

　　公证员考虑到既然房子要卖掉,那就将售房所得款项办个夫妻财产约定公证,约定其中部分款项归女方所有,这样就能给其妻子保障,达到丈母娘的目的了。而夫妻财产约定公证的办理也并不复杂,为了让罗马尼亚丈母娘看得方便,公证员按照涉外公证事项办理了这份夫妻财产约定公证,将公证书附上翻译件,很快就帮小吴夫妻解决了问题。小吴拿到公证书之后,对公证员表示了感谢。

---

① 成都公证处网,http://www.cdgzc.com/show_130_791_1.html。

案例 14-7

伴随着暑假的到来,为让孩子度过一个愉快的、有意义的假期,很多市民选择带孩子出国旅游或让孩子随校出国参加夏令营活动。但是,出国需要办理的手续让不少市民感到头疼。成都公证处在暑期到来之际,开通了暑假涉外公证绿色通道,快速、便捷为市民朋友办理出国旅游亲属关系、子女出生、家长委托书或声明书公证。同时,提供了绿色服务通道小贴士。

成都市公证处工作人员向市民介绍如要办理上述公证,需要准备身份证明:父母双方、孩子个人的身份证原件,如孩子还没领取身份证,可只提供户口簿。并需要准备父母及子女的户口簿和父母的结婚证,如果离婚则需要市民提供离婚证或法院离婚判决或调解书,同时,带上能证明亲属关系的证件或证明,证件包括出生医学证明和独生子女证。如果需出具证明信,应由派出所或有人事管理权的单位出具,证明孩子与父母的关系。

那么,办理上述公证还有哪些注意事项呢,工作人员告诉记者:家长一方随同孩子出国的,不随同孩子出国的家长必须本人亲自到公证处办理,随同孩子出国的家长及出国孩子可不亲自到公证处。当家长双方都不随同子女出国的,而是委托学校、旅行社等带孩子出国,但必须由家长双方亲自到公证处办理委托书或声明书公证。①

(一)涉外婚姻状况公证

涉外婚姻状况公证,是指公证机构对涉外婚姻成立、变更、解除的情况的真实性、合法性予以证明的非诉讼法律行为。它主要包括了未婚、已婚、离婚、未再婚四种婚姻状况的公证,用于当事人到国外定居、出入境、探亲、办理婚姻手续等事项。

申请办理涉外婚姻状况公证的当事人应当向法定公证机构提交以下材料:第一,当事人身份证明;第二,当事人的结婚证或离婚证,法院判决书或调解书;第三,配偶一方的死亡法定证明;第四,婚姻登记部门出具的未婚证明,第五,公证机构认为其他需要的材料。

公证机构受理后认真审查上述材料,若提交和根据需要补充材料证明具有真实性、有效性、合法性,则公证机构向当事人出具涉外婚姻状况公证书。

(二)涉外继承公证

涉外继承公证,是指公证机构根据当事人的申请,对涉外继承关系中继承人继受被继承人遗产的权利进行确认,以及继承人为继受国外遗产的有关法律行为、法律事实和

---

① 网易新闻网,http://news.163.com/15/0709/04/AU29MDV900014Q4P.html。

法律文书的真实性、合法性进行证明的非诉讼法律行为。

申请办理涉外继承公证的当事人应当向法定公证机构提交以下材料：

第一，当事人身份证明。若有代办人，则需提交授权委托书和代办人的身份证明；

第二，被继承人的死亡证明；

第三，被继承人的遗产状况证明；

第四，继承人与被继承人之间的亲属关系证明，以及有无依靠被继承人生活的人的证明；

第五，公证机构认为其他需要的材料。

公证机构受理后认真审查上述材料，尤其是要审查被继承人的死亡情况等，还要继承人主体是否适格。若提交和根据需要补充材料证明具有真实性、有效性、合法性，则公证机构向当事人出具涉外继承公证书。

(三) 涉外亲属关系公证

涉外亲属公证，是指公证机构根据当事人申请，对我国公民之间或与境外国家或地区的公民存在的亲属关系予以证明的非诉讼法律行为。我国对于亲属关系的涉外公证范围比较宽泛，不仅仅包括直系血亲，还包括旁系血亲、姻亲。涉外亲属公证可以用于我国公民到国外定居、留学、探亲、继承遗产、领取抚恤金等方面。

申请办理涉外亲属关系公证的当事人应当向法定公证机构提交以下材料：第一，当事人和当事人亲属关系另一方的身份证明；第二，当事人与亲属关系另一方的亲属关系证明；第三，公证机构认为其他需要的材料。

公证机构受理后认真审查上述材料，尤其是要审查所提交的材料是否具有真实性、合法性，当事人之间亲属关系是否真实合法等。若审核无误，则公证机构向当事人出具涉外亲属关系公证书。

五、涉外经济公证

涉外经济公证，是指公证的当事人、所证明对象或公证书使用地诸因素中有一个或一个以上涉外因素的经济公证业务。[①] 主要包括两大类公证业务：一类是我国企业和其他组织到域外从事进出口贸易、设立办事机构、参加投标等在域外参加诉讼、仲裁、索赔等而申请办理的公证；另一类是公证机构按照法律、法规和行政规章的规定，对涉外招标、拍卖等法律行为进行现场监督公证以及对外经外贸、涉外房地产等涉外经济合同的公证。[②]

---

① 张云柱主编：《现代公证法学》，310 页，北京，新华出版社，2010。
② 马宏俊主编：《公证法学》，328 页，北京，北京大学出版社，2013。

其中介绍最典型的国际货物买卖合同公证。

国际货物买卖合同公证,是指公证机构根据当事人的申请,对其所签订的国际货物买卖合同行为的真实性、合法性予以证明的非诉讼法律行为。

申请办理国际货物买卖合同公证的当事人应当向法定公证机构提交以下材料:

第一,买卖双方的法人资格证明、法定代表人的身份证明、代理人的授权委托书和身份证明;

第二,国际货物买卖合同的中文文本原件;

第三,需相关主管机关批准的要提交主管机关的批文;

第四,公证机构认为其他需要的材料。

公证机构受理后认真审查上述材料,尤其是要审查所提交的材料是否具有真实性、合法性,合同双方的主体资格、双方当事人是否具有民事行为能力、双方签订的合同是否意思真实自愿等。若审核无误,则公证机构向当事人出具国际货物买卖合同公证书。

一、不定项选择题

1. 公证员某甲与商人某乙是好朋友,一日某乙找到某甲希望为其所签订的一份合同办理公证,经由某甲的介绍,其所在的公证机构为某乙办理了公证手续,并由某甲在公证书上签字。后来发现某乙所提供的合同系生意对象某丙伪造的,因为该伪造合同某乙损失 50 万元。请问,对于某乙的损失,应该如何承担(　　)责任。

A. 由公证员某甲承担赔偿责任

B. 由某甲所在公证机构承担赔偿责任

C. 先由某甲所在公证机构承担赔偿责任,其后可以向某甲追偿

D. 由某乙自己承担责任

2. 某公证处依甲某申请作出了确认乙某放弃继承权的公证书。乙某认为,公证处作出上述公证书时,是在他患急性脑溢血住院治疗期间由另一继承人甲某持他的签名申请办理的,故请求法院判决撤销公证书。根据此案,以下说法正确的是(　　)项。

A. 公证机构不能办理有关继承的事项

B. 公证机构不得为不真实、不合法的事项出具公证书

C. 公证机构办理公证无须对申请公证的事项是否真实、合法作出审查

D. 因为公证申请是甲某提出的,所以乙某没有权利对公证的效力提出质疑

3. 公证员和公证机构公开办理遗嘱公证应当注意下列(　　)问题。

A. 遗嘱人倘若同意公开办理,必须以明示的方式向公证员表达

    B. 遗嘱人在决定采取何种办理方式前,公证员应当向遗嘱人说明遗嘱公证的通常办理方式

    C. 如果遗嘱人决定公开立遗嘱,公证员应当让其说明公开的范围、公开的内容,以及公开办理的具体操作方式

    D. 遗嘱人同意公开办理遗嘱公证时,公证机构和公证员仍应依照法律法规的规定严格履行自己的保密义务

4. 甲某急需用钱,向乙某借款 50 万元,并以自己的房产作抵押。甲某和乙某签订了抵押借款协议,在协议中,借款人乙某明确表示"如借款期限届满不能还款时,自愿接受人民法院的强制执行"。双方在公证处对此协议办理了强制执行公证。关于此案,下列说法不正确的是(　　)。

    A. 如乙某到期不能还钱,甲某必须先经过诉讼程序,经法院判决后申请执行

    B. 如乙某到期不能还钱,甲某可以直接向人民法院申请执行

    C. 公证机关出具的强制执行公证不符合法律规定

    D. 公正机关出具的强制执行公证符合法律规定

5. 某公证处指派甲公证员一人对该市福利彩票开奖进行了现场公证。同时,在人手不够的情况仅指派了乙公证员一人对申某的遗嘱公证申请进行了公证,在乙公证员办理公证的时候邀请了一名见证人参与。以下说法正确的是(　　)。

    A. 甲公证员不能一人进行现场公证,但可以邀请一名见证人共同办理现场公证

    B. 甲公证员不能一人进行现场公证,应当有两名公证员共同办理

    C. 任何情况下,遗嘱公证必须由两名公证员共同办理

    D. 特殊情况下,只能由一名公证员办理遗嘱公证时,应当邀请一名见证人在场

二、思考题

1. 什么是涉外公证? 其有哪些作用?

2. 涉外婚姻状况公证的程序有哪些?

3. 涉外继承公证要注意的问题有哪些?

4. 什么是涉外国际货物买卖合同公证? 申办当事人要提交的材料有哪些?

参 考 资 料

著作

1. 中华全国律师协会：《律师执业基本技能》，北京，北京大学出版社，2009。
2. 张云柱：《现代公证法学》，北京，新华出版社，2010。
3. 刘金华、俞兆光：《公证与律师制度》，厦门，厦门大学出版社，2011。
4. 雷绍玲、陆俊松：《律师实务》，广州，暨南大学出版社，2012。
5. 马宏俊：《公证法学》，北京，北京大学出版社，2013。
6. 徐家力、王文书、赵定一：《律师实务》，北京，法律出版社，2013。
7. 王进喜：《律师与公证制度》，北京，中国人民大学出版社，2013。
8. 王俊民：《律师与公证制度教程》，北京，北京大学出版社，2013。
9. 中华全国律师协会：《律师执业道德与执业基本规范》，北京，北京大学出版社，2013。
10. 吴江水：《合同业务律师基础实务》，北京，中国人民大学出版社，2014。
11. 中华全国律师协会：《律师职业道德与执业基本规范》，北京，北京出版社，2014。
12. 沈德咏：《最高人民法院民事诉讼法司法解释理解与适用》，北京，人民法院出版社，2014。
13. 徐宗新：《刑事辩护实务操作技能与职业风险防范》，北京，法律出版社，2014。
14. 任继海：《律师实务与职业伦理》，北京，中国政法大学出版社，2014。
15. 周琰：《律师事务所规模化研究》，《中国司法》，2014(4)。
16. 蒋信伟：《律师职业操守和执业行为规范》，北京，法律出版社，2014。
17. 陈卫东：《中国律师学》，北京，中国人民大学出版社，2014。
18. 薛少峰、李红：《律师公证制度与实务》，北京，法律出版社，2014。
19. 李真、李祖军：《律师实务》，北京，中国政法大学出版社，2014。
20. 陈宜、王进喜：《律师公证制度与实务》，北京，中国政法大学出版社，2014。
21. 栾兆安、张予宪：《律师文书写作技能写作与范例》，北京，法律出版社，2015。
22. 徐家力、宋宇博：《律师实务》，北京，法律出版社，2015。
23. 华滨：《律师执业思维、方法、规划》，北京，法律出版社，2015。

参考网站

1. 衡阳市中级人民法院：《非诉行政执行案件立案制度》，http://hyzy.chinacourt.org/。
2. 百度百科，http://baike.baidu.com/。
3. http://www.chinalegalaid.gov.cn/.
4. 中华全国律师协会官方网站，http://www.acla.org.cn/about.jhtml。
5. 日本律师联合会官方网站，http://www.nichibenren.or.jp/cn/introduction.html。
6. 人民网，http://www.people.com.cn/GB/news/37454/37461/3072002.html。
7. 司法部网站，http://www.moj.gov.cn。